Marie-Luise Kreuter

Kräuter und Gewürze aus dem eigenen Garten

Marie-Luise Kreuter

KRÄUTER & GEWÜRZE

AUS DEM EIGENEN GARTEN

Naturgemäßer Anbau, Ernte, Verwendung

blv

Inhalt

Kräutergärten einst und heute

Der Stammbaum der Kräuter ist so alt wie die Menschheit. Die Hausfrau, die feingehackte Petersilie über dampfende Kartoffeln streut, und der Freizeitgärtner, der an der sonnigsten Stelle seines Gartens ein Kräuterbeet anlegt, bewegen sich auf dem Boden jahrtausendealter Traditionen. Sie verwenden beide Pflanzen ganz besonderer Art: duftende, aromatische, würzige Gewächse, die den Speisen einen unverwechselbaren Geschmack verleihen.

Alle Küchen- und Gewürzkräuter sind aber gleichzeitig auch Heilkräuter. Sie besitzen die verschiedenartigsten medizinischen Eigenschaften. Eine Köchin, die Kräuter benützt, fährt immer doppelgleisig: sie würzt mit edlen Zutaten, die den Gaumen eines Feinschmeckers entzücken, und sie serviert gleichzeitig Gesundheit in der Salatschüssel und im Suppenteller.

Das Wissen um diese verborgenen Eigenschaften der Kräuter ist uralt. In Pfahlbauten aus der Jungsteinzeit fanden Ausgräber Reste von Mohn, Angelika und Kümmel. Wahrscheinlich handelt es sich um wildwachsende Wald- und Wiesenpflanzen, die in grauer Vorzeit gesammelt wurden. Den Menschen der Steinzeit waren diese Heil- und Würzkräuter sicher ähnlich vertraut wie den Naturvölkern, die ihre urtümliche Lebensweise bis in unser Jahrhundert beibehielten. Medizinmänner der Indianer oder afrikanischer Stämme kannten die Wildpflanzen ihrer Umgebung sehr genau. Sie nutzten ihre Heilkräfte mit sicherem Instinkt; ihr Wissen stammte aus uralter überlieferter Erfahrung.

Die »gezähmten« Kräuter, die im eingezäunten Gärtchen neben einem festen Haus angepflanzt wurden, tauchten erst viel später in der Geschichte auf – als die freiwandernden »Naturkinder« seßhaft wurden und an verschiedenen Stellen der Erde die ersten Reiche der Ackerbauern entstanden.

Die alten Hochkulturen der Chinesen, Inder und Ägypter besaßen bereits umfangreiche Kräuterkenntnisse, die uns zum Teil sogar in jahrtausendealten Schriftstücken überliefert sind. Die erste Sammlung chinesischer Kräuterrezepte entstand lange vor Christi Geburt. Eines der ältesten Dokumente stammt aus dem Vorderen Orient. Die Sumerer in Mesopotamien schrieben es im 4. Jahrtausend vor Christus auf Tontäfelchen. Lorbeer, Kümmel und Thymian waren damals schon bekannt. Koriander, Minze und Zwiebeln wuchsen um 1200 vor Christus in altägyptischen Gärten an den Ufern des Nils.

Der babylonische König Assurbarnipal (669–626 v. Chr.) trug die größte Bibliothek der damals bekannten Welt zusammen. Diese »Bücher« sind in der berühmten Keilschrift des Zweistromlandes auf Tontäfelchen niedergeschrieben. Darin ist bereits die Rede von Kardamom, Kümmel, Dill, Fenchel, Thymian und Safran. Auch im Alten Testament ist im Hohen Lied Salomons schon ein »Würzgärtlein, da Balsamkräuter wachsen« erwähnt. Kräuter wurden also im Land der Propheten bereits angepflanzt und nicht nur als Wildpflanzen gesammelt.

Die große Zeit der Kräuterkundigen brach in der griechischen und römischen Antike an. Ärzte und Gelehrte sammelten das gesamte damals bekannte Wissen über Heil- und Würzpflanzen. Sie kannten und erprobten alle erreichbaren Pflanzen ihrer Heimatländer. Darunter waren auch zahlreiche Gewürzpflanzen, die später über die Alpen gelangten und noch heute in unseren Kräutergärten wachsen. Die Bücher der antiken Ärzte und Botaniker bildeten fast 2000 Jahre lang die Basis des medizinischen Wissens im gesamten Abendland. Der berühmte Arzt Hippokrates (ca. 460–337 v. Chr.) heilte mit Kräutern. Theophrastus (ca. 372–287 v. Chr.) schrieb eine umfangreiche Heilpflanzenlehre. Man nannte ihn deshalb später den »Vater der Botanik«. Einer der hervorragendsten Kräuter-Forscher des Altertums war Galenus (ca. 131–200 n. Chr.). Er kannte alle Pflanzen, über die er schrieb, aus eigener Anschauung und Erfahrung. Noch heute werden im medizinischen Sprachgebrauch Arzneien, die aus pflanzlichen Stoffen hergestellt werden, »galenische Präparate« genannt. Der bedeutendste Kräuterkenner des Altertums aber war Dioskurides, der um die Mitte des 1. Jahrhunderts nach Christi Geburt lebte. Er verfaßte ein großes Werk, in dem 600 Pflanzen genau beschrieben sind. Größtenteils handelte es sich dabei um die Gewächse seiner kleinasiatischen Heimat und um

griechische Pflanzen. Dioskurides kannte fast alle Heil- und Gewürzkräuter, die auch heute noch verwendet werden. Er teilte sie in wildwachsende und in angebaute Arten ein. Außerdem beschrieb er genauestens ihre Beschaffenheit und gab Tips für die Ernte und die Lagerung.
Aber bereits in antiken Zeiten waren die duftenden und würzigen Kräuter nicht nur unter den Arzneischätzen gelehrter Ärzte, sondern auch in den Händen phantasievoller Köchinnen zu finden. Man würzte in griechischen Küchen Kürbis mit Liebstöckel oder Kümmel und verfeinerte Suppen, Soßen, Fleisch- und Fischgerichte mit Minze, Anis, Koriander, Thymian, Pfeffer, Raute und Salbei.
Aromatische Düfte aus dem Kräutergärtchen dienten seit uralten Zeiten auch den Verführungskünsten der Frauen. In den Kulturen des alten Orients und der Mittelmeerländer salbten und parfümierten sich die Schönen mit allem, was die Natur zu bieten hatte. Von Sappho zum Beispiel, der reizvollen Dichterin des klassischen Griechenlands, wird berichtet, daß sie das Haar mit Majoran salbte, die Kniekehlen mit Minze einrieb und noch ein wenig Thymianduft auf den Hals verteilte. Raffinesse aus dem Kräutergarten!

Auch bei den »alten Römern« kursierten alle diese Kräuterkenntnisse gleichzeitig. Berühmte Autoren wie Plinius der Ältere (23–79 n. Chr.) und Columnella (1. Jahrhundert n. Chr.) beschrieben zahlreiche Kräuter und ihre Wirkungen. Bei den Gastmählern des Lucullus wurden sie den Feinschmeckern in vollendeter Komposition serviert, und in den Gemächern der Frauen mixte man mit Hilfe würziger Früchte und duftender Blättchen abenteuerliche Schönheitsmittel. So soll sich Kleopatra mit wohlriechendem Kräuterwasser gewaschen und mit Salben, die nach Zimt und Nelken dufteten, eingerieben haben. Die üppige Messalina schwor dagegen auf eine Mischung aus Erbsenmehl, Zwiebeln, Raute und Wein.

Aus den hochzivilisierten Kulturen des Mittelmeerraumes wanderte ein großer Teil der aromatischen Kräuter samt den dazugehörigen Gebrauchsanweisungen über die Alpen. Zuerst brachten römische Soldaten ihre Würzgewohnheiten mit nach Germanien und Franken. Später waren es vor allem die Benediktinermönche, die aus ihrem Stammkloster auf dem Monte Cassino Ableger vieler Heil- und Küchenkräuter in neugegründete Siedlungen im rauhen Norden mitnahmen. Die Klostergärtner hüteten dort jahrhundertelang das Wissen um die aromatischen Gewächse.
812 nach Christus erließ Kaiser Karl der Große eine Verordnung für seine Landgüter (Capitulare de villis). Darin gab er genaue Anweisung, welche Gemüse und Kräuter unbedingt angebaut werden sollten. Dazu gehörten unter anderem bereits: Salbei, Raute, Eberraute, Rosmarin, Kümmel, Anis, Kresse, Petersilie, Sellerie, Liebstöckel, Dill, Fenchel, Senf, Bohnenkraut, Krauseminze, Bachminze,

Der Garten von Kloster Michaelstein im Harz wurde nach alten Vorbildern neu angelegt. Heil- und Gewürzpflanzen wachsen in holzumrandeten Kastenbeeten.

Wilde Minze, Schnittlauch, Zwiebeln, Knoblauch, Koriander, Kerbel und Muskatellersalbei. Ein vielseitig sortierter Kräutergarten, den man heute, gut 1000 Jahre später, nicht mehr um allzu viele Gewächse bereichern muß!

Kräuterväter der Antike und des Mittelalters.

Aber erst mit der Erfindung der Buchdruckerkunst wurden die jahrhundertelang hinter Klostermauern gehüteten Geheimnisse der Kräuterkunde auch breiteren Volksschichten zugänglich. Kurz nach den ersten Bibel-Drucken entstanden – in der Übergangszeit zwischen Mittelalter und Renaissance – die berühmten Kräuterbücher von Otho Brunfels (1530), Hieronymus Bock (1539), Leonhard Fuchs (1543), Petrus Andreas Matthiolus (1544) und Jacobus Theodorus Tabernaemontanus (1588). Sie waren verschiedenartig gestaltet, enthielten aber alle eine große Fülle von genauen Pflanzenbeschreibungen, Rezepten und hervorragenden, naturgetreuen Abbildungen. Die Kenntnisse dieser Männer, die von Beruf Ärzte, Professoren oder Lehrer waren, erwecken noch heute Bewunderung. Sie erhielten zu Recht den achtungsvollen Beinamen »Kräuterväter«. Wenn man bedenkt, daß Tabernaemontanus allein sieben verschiedene Sauerampfersorten haargenau beschreibt, dann kann ein Kräutergärtner in unserem Jahrhundert, das sich so gern des Fortschritts rühmt, nur vor Neid erblassen. Und der Sauerampfer ist nur ein einziges bescheidenes Beispiel – es ließe sich hundertfach vermehren!

Seit der Verbreitung der großen Kräuterbücher war das Wissen um Gewürz- und Heildrogen »unter die Leute« gekommen. Von nun an wuchsen sie auch immer öfter und zahlreicher in den Bauern- und Bürgergärten. Eine Hochblüte der Kräuterverwendung entwickelte sich dann noch einmal im 18. und 19. Jahrhundert, als große Ärzte und Laien die »Naturheilkunde« wieder zum Leben erweckten. Namen wie Samuel Hahnemann, Sebastian Kneipp und Johann Künzle sprechen hier für viele andere. Der Umgang mit Kräutern aus »des Herrgotts Apotheke« wurde durch diese neue medizinische Bewegung wieder populär. So kam es, daß unsere Urgroßmütter in ihrer Hausapotheke eine ganze Reihe wirksamer Kräutertees, aber auch selbstgemachte Tinkturen, Essenzen und Salben bereitstehen hatten. Ebenso selbstverständlich benutzten sie in der Küche eine reiche Auswahl würziger Kräuter, die den Speisen eine besondere Note verliehen. Viele dieser grünen, duftenden Köstlichkeiten stammten aus einem eigenen Kräutergärtchen, wo sie frisch geschnitten und gleich verwendet wurden.

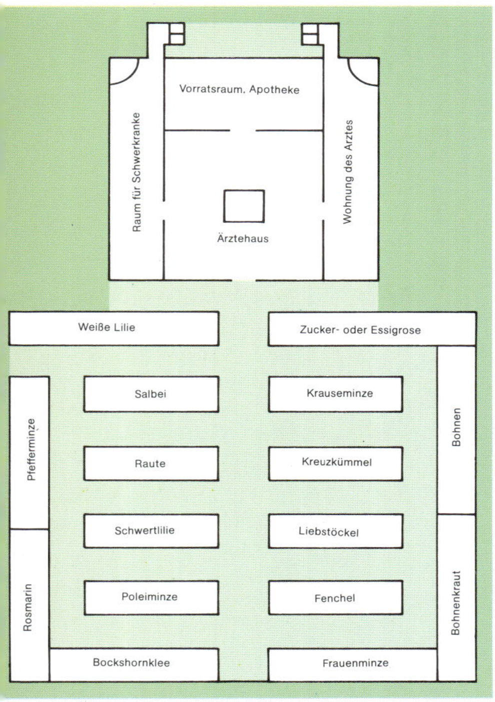

Arznei- und Kräutergarten aus dem Bauriß des Klosters St. Gallen, 820 n. Chr.

Im 20. Jahrhundert ging die Kenntnis vom Umgang mit frischen Kräutern wieder zurück. Sicher war die Begeisterung für die Errungenschaften der Technik, der Chemie und der preiswerten industriellen Massengüter an dieser Entwicklung beteiligt; »Natur« – das bedeutete für eine fortschrittliche Generation so etwas wie »die Welt von gestern«. Außerdem konzentrierten sich Millionen von Menschen in den großen Städten und in Ballungsgebieten der Industrie. Für Gärten blieb dort nur wenig Raum. Und wenn irgendwo ein Stückchen Erde liebevoll bebaut wurde, dann diente es meist der Pflege von Blumen. Schönheitsdurstig blieben die Menschen der Städte. Für gewöhnliches Gemüse aber war ihnen die Arbeitszeit zu schade. Davon gab es genügend im Laden um die Ecke – frisch oder in Konserven. Kräuter vergaß man fast ganz. Außer Schnittlauch und Petersilie erinnerte nichts mehr an Urgroßmutters würzige Küchengeheimnisse.

Erst als die Warnungen der Umweltschützer immer lauter wurden, begann man sich darauf zu besinnen, daß auch eine hochtechnisierte Gesellschaft gegen die Grundregeln von »Mutter Natur« auf die Dauer nicht leben kann. Das Pendel schlug – wie schon so oft in der Geschichte der Menschheit – zurück.

Die junge Generation, aber auch Menschen aller Alters- und Berufsgruppen, suchen heute nach Ausgleichen, die das Leben in einer von Industrie und Technik geprägten Welt menschlicher gestalten könnten. Der Wunsch, wieder natürlicher und gesünder zu leben in einer von allen Seiten gefährdeten Umwelt, ist weit verbreitet. Kräuter – im Garten und in der Küche – sind wieder gefragt, man entdeckt alte Rezepte und erfindet begeistert neue hinzu. Ermutigend und beruhigend zugleich wirkt außerdem die Tatsache, daß in chemischen Laboratorien die Kräuter voll rehabilitiert wurden. Moderne Wissenschaftler bestätigen die Existenz wirkungsvoller Inhaltsstoffe. Es war also weder abergläubischer Hokuspokus noch Quacksalberei, was in der Vergangenheit mit diesen besonderen Gewächsen betrieben wurde. Die chemische Analyse bestätigt die Erfahrung der alten Kräuterväter: ätherische Öle, Bitterstoffe, Vitamine, Mineralstoffe und viele andere Substanzen wurden in den Gewürzpflanzen nachgewiesen. Sie bewirken Duft, Aroma und heilkräftige Prozesse.

Ringelblumen und Mohn bringen fröhliche Farben in den Garten der Gewürze.

Es spricht sich aber auch langsam herum, daß Würzkraft und Geschmack der uralten, neuentdeckten Köstlichkeiten am besten sind, wenn sie frisch aus eigener Ernte kommen. Ein Gewürzgärtchen lohnt sich deshalb für jede passionierte Köchin. Aber auch die Feinschmecker in der Stadt brauchen nicht zu resignieren. Die wichtigsten Kräuter kann man sogar auf dem Balkon oder in Blumentöpfen ziehen. Beim Umgang mit aromatisch duftendem Basilikum oder würzigem Thymian ist es auch für eine Küchenfee im Jeanslook amüsant zu wissen, daß sie die gleichen Pflanzen benutzt wie die alten Griechen und Römer. Und der Kräutergärtner von heute, der den richtigen Platz für seinen Salbeistrauch aussucht, handelt kaum anders als der Klosterbruder im Mittelalter.

Mittelalterliches Kräutergärtchen – die Pflanzen wachsen in einem Kastenbeet und in Töpfen.

Eine duftende Spur führt ununterbrochen durch lange Jahrtausende. Begeben auch Sie sich mutig auf den Boden uralter Erfahrungen mit den würzigen Gewächsen, bei deren Wohlgeruch Ihnen schon das Wasser im Munde zusammenlaufen wird. Kräuteranbau und Kräuterrezepte sind keine Hexerei. Sie werden mit dieser Kunst bald so vertraut sein wie die Babylonier oder die Pächter Karls des Großen. Das heißt – ein wenig verhext werden Sie vielleicht doch: Wer das Aroma selbstgeernteter Kräuter wiederentdeckt hat, wer jemals die echte »grüne Soße« aus sieben frischen Kräutern aß oder ein Kalbsschnitzel gefüllt mit Salbeiblättern servierte, der kommt nie wieder von solchen gesunden Genüssen los. Er ist auf den Geschmack gekommen! Kräuter-Zauber dieser Art ist im 20. Jahrhundert so wirksam wie in längst vergangenen Jahrtausenden.

Ein Platz an der Sonne

Kräuter brauchen einen ausgewählten Platz im Garten. Sie dürfen nicht irgendwo hingesteckt werden, wo zufällig noch eine kleine ungenutzte Ecke frei ist. Vergessen Sie nie bei Ihrer Planung, daß die meisten unserer Gewürzkräuter ursprünglich in warmen, sonnigen Ländern zu Hause waren. Zu diesen Einwanderern aus dem Süden gehören zum Beispiel Salbei, Thymian, Basilikum, Zitronenmelisse und noch viele andere. Meist stammen sie aus den Landschaften rund um das Mittelmeer. Einige sind an steinige, trockene, kalkhaltige Böden gewöhnt. Andere Kräuter lieben dagegen feuchten, tiefgründigen, humosen Boden. Sie gedeihen auch noch im lichten Halbschatten. Zu ihnen gehören zum Beispiel Sauerampfer, Boretsch, Pfefferminze und Liebstöckel. Aber auch diese Pflanzen brauchen genügend Licht und Luft. Kein Würzkraut gedeiht dort, wo es schattig und naß ist. Auch stickige Enge wirkt sich ungünstig aus. Bei der Auswahl derjenigen Kräuter, die Sie in Ihrem Garten anpflanzen möchten, müssen Sie also von Anfang an die verschiedenen Ansprüche berücksichtigen.

Wichtig für den erfolgreichen und vor allem glücklichen Umgang mit Kräutern ist außerdem eine Grundtatsache, die Sie sich fest einprägen sollten: Bei Gewürzkräutern kommt es nicht auf Blattmasse an, sondern auf die Qualität der Inhaltsstoffe. Diese bestehen in der Hauptsache aus ätherischen Ölen, Bitterstoffen, Gerbstoffen, Schleimstoffen, Glykosiden, Alkaloiden, Flavonen, Saponinen, Kieselsäure, Vitaminen und Mineralstoffen. Die Zusammensetzungen wechseln von einer Pflanzenart zur anderen. Diese Wirkstoffe verursachen den charakteristischen Duft und das würzige Aroma der Küchenkräuter. Sie enthalten aber auch die medizinisch wirksamen Bestandteile. Ätherische Öle und zahlreiche andere Stoffe entwickeln sich am reichhaltigsten in voller Sonne bei luftigem Stand. Der Boden darf eher zu mager als zu fett sein. Den meisten Gewürzpflanzen schadet es nur, wenn sie reichlich Wasser und Dünger bekommen. Sie wachsen dann zu schnell, entwickeln zu üppiges Blattwerk und schmecken fade.

Sie prüfen diese Erfahrung am besten mit der Zunge und mit der Nase nach. In nassen, kalten Sommern werden Sie erleben, wie empfindlich Gewürzkräuter auf die Umweltbedingungen reagieren. Ein so sonnenhungriges Kraut wie das Basilikum entwickelt unter diesen schlechten Voraussetzungen zwar Blätter, aber es bleibt klein, und der würzige Geschmack ist nur ein schwacher Abglanz des aromatischen Feuerwerks, das dieses »Königskraut« bei heißen Temperaturen im Süden entfalten kann. Die umgekehrte, positive Erfahrung können Sie aber auch im heimischen Kräutergarten an jedem warmen Sommertag machen: Schon wenn Sie über den Gartenweg gehen, wehen Ihnen von allen Seiten herrliche, intensive Gewürzdüfte zu. Sie können buchstäblich riechen, wo Thymian, Basilikum, Salbei oder Majoran wachsen. An solchen Tagen ist der Gehalt an ätherischen Ölen in den Pflanzen besonders hoch. Die nassen und die heißen Sommer sind natürlich in unseren Breiten im wahrsten Sinn des Wortes »Fügungen des Himmels«. Wir müssen sie hinnehmen, wie sie kommen. Um so mehr muß ein aufmerksamer Kräutergärtner darauf achten, seinen Pflanzen schon durch die Wahl eines guten, naturgemäßen Standortes die günstigsten Bedingungen zu schaffen, die in unserem Klima möglich sind.

Stellen Sie den »Südländern« den sonnigsten Platz zur Verfügung, den Sie finden können. Vor einer weißgetünchten Südmauer, die die Sonne reflektiert, herrschen zum Beispiel ständig höhere Temperaturen als im übrigen Gartenbereich – ein idealer Standort. Auch in geschützten Winkeln und Innenhöfen kann eine besonders günstige Kleinklimazone für Gewürzpflanzen entstehen. Denken Sie dabei an die Klostergärten – die Mönche verstanden viel von der Gartenkunst und vom Umgang mit Pflanzen. Hinter hohen schützenden Mauern gewöhnten sie die Ableger italienischer Gewürz- und Heilpflanzen an die rauhen Lebensbedingungen in nördlichen Breiten. Ihre Methoden waren so erfolgreich, daß wir noch heute – gut 1000 Jahre später – den Nutzen davon haben.

Wo Mauern oder dichte Zäune nicht vorhanden sind, können Sie sich mit natürlichem Windschutz helfen. Pflanzen Sie an die Nordseite Ihres Kräutergartens eine Hecke aus Sonnenblumen, Zuckermais oder rankenden Feuerbohnen. Sie halten kalte Winde ab. Dies ist vor allem

in rauhen Landschaften wichtig. Planen Sie dort auch an der »Wetterseite« schützende Hecken oder einjährige hochwachsende Pflanzen. Achten Sie dabei aber immer auf genügend großen Abstand, damit keine Schattenlage entsteht.
Auch die Bodenverhältnisse sind sehr wichtig für ein gutes Gedeihen der Gewürzpflanzen. Die Entwicklung der wertvollen Inhaltsstoffe ist zum Teil von der Zusammensetzung der Erde abhängig, in der die Pflanzen wachsen. Die individuellen Ansprüche der unterschiedlichen Kräuter werden deshalb in den folgenden Kapiteln immer genau angegeben. Ganz allgemein kann man aber feststellen, daß schwere, lehmige Böden für Gewürzkräuter weniger gut geeignet sind. Ganz schwierig wird es, wenn sie undurchlässig sind und die Gefahr stauender Nässe besteht. Unter solchen Bedingungen müssen Sie vielleicht sogar unter dem Kräuterbeet eine Dränageschicht aus Sand und Kies anlegen, um für Wasserabzug zu sorgen.
Allgemein gilt: Schwere Böden müssen vor der Pflanzung mit Sand und Kompost aufgelockert werden. Sandige, auch

Frei und sonnig sollten Kräuterbeete liegen, damit sich die Aromastoffe gut entwickeln.

steinige Böden, die von Natur aus mager sind, werden von den meisten Kräutern besser vertragen als fette Erde und nasser Untergrund. Kompost und etwas Tonmehl sorgen hier für günstigere Wachstumsbedingungen.
Gepflegter, lockerer, tiefgründiger Humus ist natürlich – wie für alle Gewächse im Garten – auch für die Kräuter eine ideale Lebensgrundlage.

Fantasievoll, praktisch, naturgemäß

Jeder Garten spiegelt etwas vom Wesen seines Besitzers: seinen Ordnungssinn, sein Bedürfnis nach Harmonie der Farben, seine Freude am wuchernden Überschwang und noch vieles mehr. Auch ein Kräutergärtchen ist solch ein Spielplatz der »grünen Fantasie«. Es gibt keine festen Regeln für die Gestaltung. Auf den folgenden Seiten finden Sie nur Anregungen, die Sie nach eigenen Vorstellungen abwandeln können. Lassen Sie ganz ungezwungen Ihre Kreativität mitspielen. Verwirklichen Sie sich Ihre Träume von Düften und Gewürzen, von anmutigen Pflanzen und delikaten Küchenfreuden. Je länger Sie mit Kräutern leben, desto tiefer werden Sie in ihre Geheimnisse eindringen, desto besser werden Sie diese besonderen Pflanzen auch im Garten einordnen und betreuen.

Einige praktische Überlegungen sind dennoch angebracht, damit die Kräutergärtnerei auch gelingt. Denn zur Freude gehört auch der Erfolg.

Wenn es sich einrichten läßt, sollte der Gewürz- und Küchengarten so nahe wie möglich am Haus liegen. Die Hausfrau kann sich dann schnell und mühelos zu jeder Mahlzeit die passenden Gewürze frisch aus dem Garten holen. Das Kräuterbeet oder das Kräutergärtchen muß von allen Seiten bequem begehbar sein. Alle Pflanzen sollten in Reichweite stehen. Sie können dann jederzeit Blätter und Zweige abpflücken, ohne auf das Beet zu treten. Dieses kleine Garten-Kunststück ist natürlich nur dann möglich, wenn Sie vor der Pflanzung eine wohlüberlegte Denkpause einlegen: Sorgen Sie für Ordnung – sortieren Sie Ihre Kräuter genau nach der Höhe und dem Umfang, die sie als erwachsene Pflanzen haben werden. Von kleinen, zierlichen Setzlingen läßt man sich leicht täuschen! Alle hohen Gewächse setzen Sie dann in den Hintergrund, die halbhohen in die Mitte und die niedrigen an den Rand des Beetes. Dies ist das einfachste Grundschema.

Noch viel wichtiger als eine gewisse Ordnung ist die naturgemäße Pflege des Gewürzgartens. Auch bei der Gestaltung kann die »Natur der Kräuter« bereits eine Rolle spielen. So fühlen sich Salbei, Thymian, Lavendel und Rosmarin »wie zu Hause«, wenn sie auf einem niedrigen Trockenmäuerchen oder in einem sonnigen Steingarten wachsen dürfen. Unter ähnlichen Bedingungen gedeihen diese Kräuter an ihren ursprünglichen Standorten an heißen, felsigen Hängen rings um das Mittelmeer.

Wer Pfefferminze in die Nähe eines Teichufers oder Waldmeister unter Büschen ansiedelt, gärtnert ebenfalls naturgemäß; er nähert sich so weit wie möglich den »heimatlichen« Verhältnissen seiner Kräuter.

Heimische Gewürze, die auf Wiesen und an Wegrändern zu Hause sind, kann man auch im Garten als buntgemischte Gesellschaft mit Margeriten und Ringelblumen gemeinsam wachsen lassen. Zu dieser Gruppe gehören zum Beispiel Kümmel, Barbarakraut, Wermut, Beifuß, Johanniskraut, Quendel, Kamille und Malve.

Suchen Sie sich auf den folgenden Seiten dasjenige Kräutergärtchen aus, das Ihrem Herzen am nächsten steht. Ganz gleich, wie Sie es planen, bepflanzen und pflegen: Versuchen Sie dabei immer, soweit wie möglich mit der Natur zusammenzuarbeiten. Kräuter und Gewürze werden es Ihnen durch ihren ganz besonderen Zauber von Duft, Aroma und Heilkraft danken.

Locker und natürlich angeordnet bilden Agastachen, Sonnenhüte und Ringelblumen eine reizvolle Kräutergemeinschaft.

Ein Klostergärtchen nach altem Vorbild

In diesem Kräutergarten teilen Sie ein großes Beet säuberlich in Quadrate oder Rechtecke ein. Nach dem Vorbild der alten Klostergartenanlagen erhalten die verschiedenen Kräuterarten alle ein eigenes »Quartier«. Auf diese Weise ist für Ordnung und Übersicht gesorgt. Achten Sie aber auch innerhalb dieser Aufteilung darauf, daß hohe und niedrige Pflanzen stufenweise angeordnet sind, so daß sie sich nicht gegenseitig behindern. Die Unterteilung des »Klostergärtchens« in zahlreiche Einzelbeete ist ein wenig streng und altmodisch, aber sie hat viele praktische Vorteile: Die Abgrenzungen dienen gleichzeitig als Wege. Alle Kräuter sind deshalb bei der Ernte immer gut erreichbar. Auch das Unkrautjäten macht auf kleinen Flächen weniger Mühe. Die Größe der einzelnen Parzellen ist abhängig vom Umfang des gesamten Kräutergartens. Sie können ein Klostergärtchen im Mini-Format planen, Sie können aber auch eine weiträumige Anlage daraus gestalten, wenn Sie genügend Platz haben. Je kleiner das Gärtchen ist, desto mehr müssen Sie darauf achten, die Pflanzen »in Form« zu halten. Vor allem ausdauernde Stauden-Kräuter, die zu kräftigen Büschen heranwachsen können, müssen dann regelmäßig beschnitten werden.

Die reizvollste Überlegung bei der Planung der Klostergartenanlage ist die Wahl des Materials. Es muß sich gleichzeitig als Begrenzung und als Weg eignen. Suchen Sie sich unter den folgenden Beispielen dasjenige aus, das am besten zu Ihrem Garten paßt.

Holzpflaster Holz ist ein natürlicher Stoff, der sich dem Charakter eines Kräutergartens gut anpaßt. Wer ganz konsequent naturgemäß handeln möchte, der wird sein Holz auch mit biologischen Mitteln behandeln, damit es länger hält. Harthölzer, wie Eiche oder Robinie, sind von Natur aus langlebiger als weiches Nadelholz.

Ziegelsteine Auch diese Steine aus gebrannter Erde fügen sich harmonisch in den Kräutergarten ein. Sie können sehr schmal verlegt werden, eignen sich also auch zur Unterteilung kleinerer Flächen. Zu mehreren in einer Reihe können sie aber ebensogut breitere bequeme Wege bilden.

Pflastersteine Sie bestehen meist aus hartem, dunklem Basalt oder Grauwacke. Verwendet werden sie ähnlich wie Ziegelsteine.

Bruchsteine Durch ihre unregelmäßigen Formen lockern sie die strenge Unterteilung auf. Zwischen hohen Stauden-Kräutern können sie auch zusätzlich als Trittplatten verwendet werden.

Flache große Kieselsteine Dieses Material erscheint auf den ersten Blick als weniger praktisch. Aber es hat eine Menge Vorteile: Die Chinesen, das älteste Gartenvolk der Erde, haben die Kieselsteine schon seit uralten Zeiten in ihre Kulturen einbezogen. Sie legen Wege daraus an, weil die Steine sich in der Sonne aufheizen und diese Wärme noch stundenlang abgeben, wenn das Himmelsgestirn längst verschwunden ist. Natursteine erhöhen also bei geschickter Verwendung die Temperaturen in ihrem näheren Umkreis. Für die wärmebedürftigen Gewürzkräuter ist das ein sehr wichtiger Gesichtspunkt. Außerdem wäscht der Regen aus Natursteinen ständig geringe Mengen Mineralstoffe aus, die ins umgebende Erdreich gespült werden. Diese natürlichen Spurenelemente und Mineralsalze sind für die empfindlichen Duft- und Aromapflanzen im Kräutergarten verträglicher als intensive Dünger.

Das Sauberhalten der Kieselwege ist natürlich aufwendiger als das Kehren glatter Flächen. Aber für Gärtner, die mit allen Raffinessen arbeiten, die die Natur selbst bietet, wird dennoch der Nutzen dieser Methode die kleine Unbequemlichkeit wettmachen. Zumindest sind Steine als Gartenhelfer ein interessantes Experiment!

Betonplatten Dieses praktische, moderne Material hätte eigentlich an erster Stelle stehen müssen – so werden viele Leser vielleicht spontan denken. Aber nach der Lektüre des chinesischen Bei-

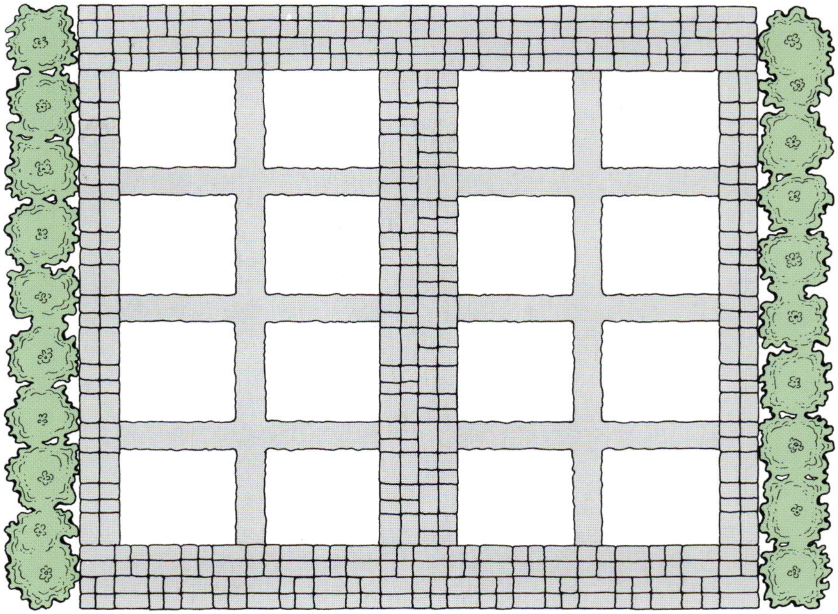

Nach dem Vorbild alter Klostergärten entstand dieser Plan mit strenger Beetaufteilung, Ziegelsteinwegen und schützender Hecke.

Eine moderne, stilvolle Variante des ländlichen Kräutergartens zeigt dieses Bild. Klassisch ist die formale Aufteilung.

spiels werden sie vielleicht eher den folgenden Argumenten zustimmen: Gerade im Kräutergarten sollte man soweit wie möglich mit natürlichen Mitteln arbeiten, weil die Qualität dieser Gewächse in besonderer Weise von positiven Umweltbedingungen abhängig ist. Dennoch sind Betonplatten, mit einigen kleinen Einschränkungen, zu empfehlen. Sie können sie in verschiedenen Abmessungen im örtlichen Fachhandel überall kaufen. Für jede Gartengröße gibt es ein passendes Plattenformat. Die Formen und Farben sind heute abwechslungsreicher und fantasievoller als in den »alten Betonzeiten«. Das Material läßt sich leicht verlegen, ist haltbar und gut zu reinigen.
Wie auch immer Ihre Wahl ausfallen mag – verlegen Sie alle Steine und Platten stets in einem Bett aus Schotter und Sand. Füllen Sie auch alle Fugen sorgfältig und dicht mit Sand. Diese Unterlage genügt im allgemeinen völlig. Das Einzementieren empfiehlt sich für ein Kräutergärtchen nicht. Man sollte eine so lebensvolle kleine Welt nicht in ein starres Korsett zwängen.
Die »Zutaten« für den Klostergarten sind so ausführlich dargestellt worden, weil sie charakteristisch sind für die meisten anderen Kräutergartenanlagen. Die verschiedenartigen Materialien, die sich für Wege, Abgrenzungen und Trittplatten eignen, werden auch in den folgenden Gestaltungsvorschlägen wieder auftauchen. Mit leichten Abwandlungen gelten dann die gleichen Verwendungsmöglichkeiten.

Ländlicher Kräutergarten

Der bäuerliche Kräutergarten hat eine jahrhundertelange Tradition. Er wurzelt in den alten Klostergärten, wurde aber den ländlichen Lebensbedürfnissen angepaßt. Gemüse, Kräuter und Blumen bildeten im Bauerngarten seit jeher eine bunte, fröhliche Einheit. Diese Mischung war ebenso praktisch wie erfolgreich. Die Bäuerin hatte in ihrem arbeitsreichen Alltag stets alles rasch zur Hand, was sie brauchte: Gemüse, Gewürze, Heilkräuter für Menschen und Tiere und den Blumenstrauß für die gute Stube. Außerdem gediehen alle Pflanzen in solch abwechslungsreicher Nachbarschaft besonders gut. Der bunte Bauerngarten ist der Urahn der Mischkultur, die heute wieder in unzähligen biologischen Gärten praktiziert wird.
Wenn Sie Ihr Kräutergärtchen ein wenig nostalgisch in ländlicher Tradition anlegen möchten, dann sollten Sie die Elemente des Bauerngartens mehr symbolisch übernehmen. Sie könnten die Beete zum Beispiel nach alter Tradition mit einer niedrigen Buchsbaumhecke einrahmen. Als Einfassung eignen sich aber auch Schnittsalat oder Monatserdbeeren.
Im Bauerngarten wurde nie willkürlich durcheinander gepflanzt. Deshalb sollten Sie für Blumen schmale Rabatten anlegen, zum Beispiel neben den Wegen oder als Abschluß der Beete. Zum ländlichen Kräutergarten passen die anmutigen Blumen der guten alten Zeit: Maßliebchen, Kartäusernelken, Marienglockenblumen, Reseda, Ringelblumen, Goldlack, Levkojen, Tränendes Herz, Akeleien, Madonnenlilien, Feuerlilien und Pompondahlien.
Pflanzen Sie in einem solchen Garten auch einige altmodische Kräuter, die heute fast in Vergessenheit geraten sind. Die Eberraute ist zum Besipiel eine solche uralte Bauerngartenpflanze. Wenn in früheren Zeiten die müde gearbeiteten Landfrauen sonntags in die Kirche gingen, dann nahmen sie ein Eberrautensträußchen mit. Sobald sie einzunicken drohten, hielten sie sich die zartgefiederten Zweige unter die Nase: durch den intensiven Duft wurden sie dann rasch wieder munter.
Auch Weinraute und Ysop gehören zu den traditionsreichen Kräutern des alten Bauerngartens. Wenn Sie genügend Raum zur Verfügung haben, können Sie im ländlichen Kräuteridyll auch noch einige Nutzpflanzen einfügen. Wählen Sie dafür aber Gewächse, die »überschaubar« bleiben und nicht zuviel Platz wegnehmen. Radieschen, verschiedene Salate, Buschbohnen und Kohlrabi eignen sich dazu. So entsteht eine heitere Mi-

schung aus Duftpflanzen, Gewürzen, Heilkräutern, Blumen und Gemüse. Ein solcher bäuerlicher Kräutergarten ist eine Augenweide und gleichzeitig eine Fundgrube für frische Delikatessen.

Naturnaher Kräutergarten

In einem Kräutergarten, der dem Vorbild der Natur besonders nahekommen soll, wird man auf eine »künstliche« Einteilung weitgehend verzichten. Dennoch muß auch hier die Hand des Gärtners ab und zu ordnend eingreifen, damit keine undurchdringliche Wildnis entsteht. Dann würden sich am Ende nur die stärksten behaupten und manches feine Würzkraut käme »unter die Räder«.

Zum naturnahen Kräutergarten gehört aber auch auf jeden Fall eine Wildpflanzenecke. Hier dürfen sich Brennesseln, Gundelrebe, Löwenzahn und Scharbockskraut ausbreiten. In einer sonnigen Ecke können Naturgärtner auch Wermut, Beifuß, Johanniskraut, Schafgarbe und Kamille ungezwungen wachsen lassen. Diese Kräuter brauchen, wenn sie einmal heimisch geworden sind, kaum noch betreut zu werden. Sie richten sich von selber ein und suchen sich ihre Plätze aus. Der Gärtner kann sich auf gelegentliches Auslichten und aufs Ernten beschränken.
In solchen Wildkräuterecken, die man weitgehend sich selbst überläßt, siedeln sich mit der Zeit auch andere Pflanzen an. Dann muß man von Fall zu Fall entscheiden, ob man die »Zugewanderten« als Bereicherung des Sortiments annimmt oder ob man sie wieder verbannt. Ein Stückchen natürlicher Kräutergarten ist auch jede Wildblumenwiese. Wer unter Obstbäumen eine solche Mischung aussät, der braucht – vor allem im Frühling – nur einen Spaziergang zu machen und kann dabei im Vorübergehen frische Kräuter ernten: Löwenzahn, Sauerampfer, junge Schafgarbenblätter, Gundelrebe, Gänseblümchen und viele andere eßbare Wildpflanzen liegen dem Kräuterkenner dann reichlich zu Füßen. Aber auch ein überzeugter Öko-Gärtner

Locker und natürlich sind die Pflanzen angeordnet in diesem Garten, der in die Landschaft übergeht.

möchte sicher nicht auf das zauberhafte Aroma von Salbei, Estragon und Zitronenmelisse verzichten. Diese Kräuter müssen, wenn sie gut gedeihen sollen, an ausgewählten Plätzen gepflanzt und gepflegt werden. Sie können in lockerer, möglichst natürlich wirkender Mischkultur auf einem sonnigen Beet angeordnet werden. Sehr sinnvoll ist es aber auch, wenn ein großer Teil der Kräuter direkt in die Pflanzen-Nachbarschaft des Nutzgartens einbezogen wird.
Dann hat zum Beispiel das Bohnenkraut seinen Platz neben den Buschbohnen, die Petersilie wächst neben den Tomaten, und der Dill bildet mit den Gurken eine harmonische Gemeinschaft.
Beim naturnahen Kräutergarten besteht sicher manchmal die Gefahr, daß die Grenze zwischen »Kultur« und »Wildnis« sich verwischt. Hier muß jeder Gärtner selber darauf achten, daß eine solche Anlage sinnvoll und praktikabel zugleich bleibt. »Gezähmte Halbwilde« könnte vielleicht als Motto über solchen Kräutergärten stehen. Sie sollen der Natur nahe sein, aber die Oberhand muß dennoch der Gärtner behalten.

Ein bunter Kräutergarten

Blütenschönheiten gibt es auch unter den Kräutern. Warum sollte man sie nicht im Garten oder auch auf dem Balkon mit Sommerblumen zu einer farbenfrohen Mischung vereinen. Natürlich muß der Charakter der verschiedenen Pflanzen aufeinander abgestimmt sein. So passen zu den würzigen Kräutern ganz besonders gut die duftenden Blüten von Reseda, Federnelken, Steinkraut und Goldlack. Aber auch Margeriten, Glockenblumen, Schleierkraut, Jungfer im Grünen und Akeleien lassen sich harmonisch zwischen Würz- und Heilpflanzen einfügen.
In einem etwas größeren Garten können Sie neben den Kräuterbeeten auch altmodische Duftrosen pflanzen. Zentifolien, Moosrosen und vor allem die Apothekerrose (*R. officinalis*) bilden eine zauberhafte Kulisse für die Gewürzpflanzen. Wenn Sie im Sommer einmal einen Duftstrauß aus Rosen, Lavendel, Ysop und Minze pflücken, dann werden Sie rasch »erschnuppern«, wie gut diese Gewächse zueinander passen.

Boretsch und Mohn streuen Farbtupfer ins sommerliche Kräuterbeet.

In diesem Apotheker-Garten sind die Heilpflanzen übersichtlich angeordnet.

Wer die bunte Fülle liebt, der sollte im Gewürzgarten vor allem eine große Auswahl reichblühender Kräuter zusammenstellen. Bunt und farbenfroh wirken zum Beispiel: Boretsch mit blauen Blütensternen, die orange-gelb leuchtenden Ringelblumen, Kapuzinerkresse mit gelben, roten und apfelsinenfarbigen Blumen, blauer Lavendel, lila-blauer Salbei, Ysop mit rosa oder blauen Blütenrispen, die rote Indianernessel, gelbe Himmelsschlüssel, die weiß-roten Blütenkörbchen der Gänseblümchen, rosa Malven und die prächtigen Riesengestalten der Königskerzen mit ihren mächtigen gelben Blüten-Kandelabern.
Schon an diesen wenigen Beispielen können Sie ablesen, daß ein Kräutergarten nicht grün und langweilig wirken muß. Wer es bunt mag, der braucht nur seiner Fantasie und dem Reichtum der Natur freien Lauf zu lassen.

Apothekergärtchen

Eine »grüne Apotheke« wünschen sich viele Kräutergärtner. Die Heilkräfte der Natur sind wieder gefragt, das Vertrauen in die sanften Methoden der Pflanzenmedizin wächst. Im Garten hinter dem Haus können Sie Heilpflanzen aus nächster Nähe betrachten und über längere Zeit beobachten. Dabei lernen Sie ihren Wuchs, die besonderen Formen von Blättern und Blüten ebenso kennen wie Duft und Geschmack. Sie werden vertraut mit den besten Erntezeiten und mit den verschiedenen Methoden der Zubereitung.
In der eigenen Hausapotheke dürfen aber selbst erfahrene Kräutergärtner nur diejenigen Heilpflanzen verwenden, die keine Gifte enthalten. Salbei, Thymian, Kamille, Melisse, Pfefferminze, Wermut, Ringelblumen und Fenchel leisten gute Dienste bei leichten Alltagsbeschwerden.
Wichtige Medizinalpflanzen, wie Fingerhut und Maiglöckchen, gehören dagegen ausschließlich in die Hand des Arztes. Auszüge aus diesen Gewächsen dürfen nur in ganz bestimmten Dosierungen angewendet werden. Schon kleine Fehler können schwerwiegende Folgen haben.
Wer in seinem Apothekergärtchen dennoch eine möglichst reichhaltige Sammlung von Arzneipflanzen zusammenstellen möchte, der muß sich seiner Verantwortung stets bewußt sein und vor allem darauf achten, daß Kinder keine giftigen Pflanzen pflücken und in den Mund stecken. Wenn Sie diese Einschränkungen beherzigen, können Sie einen interessanten und abwechslungsreichen Heilkräutergarten anlegen.
Hier bietet sich eine Aufteilung in kleine Einzelbeete ebenso an wie eine große, sorgfältig geordnete Rabatte. Welche Pflanzen sich besonders für den Apothekergarten eignen, können Sie bei den Einzelbeschreibungen leicht herausfinden. Dort sind die Heilwirkungen der jeweiligen Pflanzen stets kurz beschrieben. Da aber auch die meisten Gewürzkräuter gleichzeitig medizinische Eigenschaften haben, müssen Sie keine allzu strengen Trennungen beachten. Wählen Sie die Kräuter nach den eigenen Bedürfnissen und nach Anwendungsgebieten aus. So können Sie zum Beispiel eine Gruppe »Erkältungs-Kräuter« zusammenstellen. Dazu passen Thymian, Salbei, Huflattich, Spitzwegerich, Malven, Veilchen und Königskerzen. Unter dem Stichwort »Nervenberuhigung« bieten sich Zitronenmelisse, Lavendel, Johanniskraut, Baldrian und Hopfen an. Gut für den Magen sind Wermut, Pfefferminze, Majoran, Ysop und Kamille. Solche Zusammenstellungen lassen sich, wenn Sie die Kräuterporträts aufmerksam lesen, beliebig ergänzen und variieren.
Rund um das Heilkräutergärtchen, das der ständigen Nutzung dient, können Sie dann noch einen »historischen Rahmen« anlegen. In dieser besonderen Rabatte dürfen dann auch solche Apothekerpflanzen wachsen, die entweder nicht mehr gebräuchlich sind oder die von Laien nicht benutzt werden dürfen.

Fingerhut, Eisenhut und Maiglöckchen gehören zum Beispiel zu den giftigen Arzneipflanzen, die wunderschön blühen und deshalb das Bild des Apothekergartens reizvoll mitgestalten. Die schneeweißen, süß-duftenden Madonnenlilien wurden früher ebenso als Heilpflanzen benutzt wie die Florentinische Iris, die heimische Bauernpfingstrose (*Paeonia officinalis*), die Christrose und die Heckenrose. Sie alle eignen sich als farbenfrohe Randpflanzen, die dem Garten der natürlichen Medizin eine romantische Note verleihen und an längst vergangene Zeiten erinnern.

Kräuter, im Garten verteilt

Diese einfache, weitverbreitete Methode eignet sich für Gärtner, die aus Platzgründen kein Extrabeet für Gewürze »opfern« möchten. Aber auch diejenigen, die Küchenkräuter so schön finden, daß sie sie nicht als reine Nutzpflanzen ansehen, werden gegen »getrennte Verhältnisse« sein. Sie pflanzen den Lavendel und den Salbei zu den Rosen; Ysop, Melisse und Weinraute erhalten einen Platz in der Sommerblumenrabatte. Warum auch nicht? Küchenkräuter haben meist ausgeprägt schöne Blattformen und oft auch reizvolle Blüten. Ihr Duft ist eine sommerliche Kostbarkeit, die heutzutage sogar unter den Rosen selten geworden ist.

Pflanzen Sie also ruhig Ihre Kräuter in den Ziergarten, sie können sich überall sehen lassen! Achten Sie aber darauf, daß sie in Reichweite Ihrer Hände bleiben. Die Ernte sollte nicht zur Zirkusvorstellung werden, weil Sie irgendwo mitten im Blumenbeet auf einer Zehe balancieren müssen!

Im Nutzgarten eignen sich Petersilie, Schnittlauch, Thymian, Bohnenkraut und viele andere niedrige bis halbhohe Kräuter auch als Randpflanzung dort, wo die Gemüsebeete an den Weg grenzen. Dieser Platz ist auch zum Ernten sehr günstig. Wie Gewürzpflanzen ganz bewußt in die Mischkultur und in die Schädlingsabwehr eingeplant werden, können Sie in den Kapiteln »Naturgemäßer Pflanzenschutz« (Seite 36) und »Kräuter – Medizin für den Garten« (Seite 42) nachlesen.

Die hohen Kräuter, vor allem die ausdauernden Arten, pflanzen Sie am besten im Gemüsegarten am Zaun entlang. Sie können sich dort ungehindert ausbreiten und bilden außerdem noch einen abwechslungsreichen Sichtschutz. Gewürzkräuter sind ein Segen für die Gesundheit und für die Küche – warum sollten sie nicht auch ein Segen für Ihren Garten sein. Betrachten Sie sie in diesem Sinne als »grüne Schutzgeister« am Gartenzaun.

Der Steingarten als Kräuterparadies

Der Steingarten eignet sich vor allem für diejenigen Gewürzpflanzen, die Sonne und Trockenheit lieben. Thymian, Lavendel, Weinraute, Salbei, Origano, Ysop, Tripmadam und Bergbohnenkraut gedeihen in einem nach Süden ausgerichteten Steingarten oft besser als auf normalen Gartenbeeten. Sie entwickeln unter diesen Bedingungen, die den Felsenhängen ihrer Heimat ähneln, ein intensiveres Aroma. Da alle diese Kräuter auch ein hübsches Aussehen haben und reizvoll blühen, können Sie sie ohne weiteres zwischen die Zierpflanzen eines normalen Steingartens setzen.

Eine hübsche Idee ist aber auch der terrassenförmig abgestufte Steingarten, der ganz als Duft- und Würzgarten geplant ist. Hier können Sie Küchen-, Heil- und andere Duftpflanzen miteinander kombinieren. Voraussetzung ist allerdings, daß es sich immer nur um Gewächse handelt, die steinigen und trockenen Boden lieben. Pflanzen, die zusätzlich auch noch Kalk brauchen, müssen Sie in Gruppen zusammensetzen und entsprechend düngen. (Die speziellen Ansprüche der verschiedenen Kräuter fin-

Hier sind zahlreiche Kräuter in einen bäuerlichen Gemüsegarten eingeordnet.

den Sie in den folgenden Kapiteln.) Dieser Kräuter-Steingarten kann ganz besonders reizvoll sein und viele Raritäten enthalten. Als betörend duftender Abschluß einer Terrasse wäre er gleichzeitig eine blühende Augenweide und eine »dufte« Attraktion für sommerliche Sitzplätze. Allerdings ist die Auswahl der Kräuter, die an einem solchen Platz gedeihen, begrenzt. Wenn Sie es ein wenig bunter lieben, können Sie die Kräuter auch mit blühenden Steingartengewächsen mischen.

Die Kräuter-Rabatte

Diese Anlage gleicht im Aufbau ein wenig einer Stauden-Rabatte. Hier wachsen die Kräuter in einer lockeren, fast natürlichen Anordnung miteinander und scheinbar durcheinander. Aber dieser harmonische oder vielleicht sogar wildromantische Anblick darf nicht auf Kosten praktischer Überlegungen gehen. Gerade in der Kräuter-Rabatte muß mit sehr viel Ordnungssinn gepflanzt werden. Wählen Sie diese Art des Gewürzgartens nur, wenn Sie verschwenderisch viel Platz zur Verfügung haben. Denn hier müssen alle Gewächse in großzügigen Abständen gepflanzt werden. Dies ist einerseits nötig, damit sie sich gesund entwickeln können, ohne sich gegenseitig zu bedrängen, und andererseits, damit Sie überall reichlich Trittplatten auslegen können. Denn nur so erfüllt die Kräuter-Rabatte ihren Zweck als attraktive Variante eines Gewürz- und Heilpflanzengartens. Sie sollten jederzeit und mühelos von allen Gewächsen ernten können!
Selbstverständlich müssen Sie auf den stufenweisen Aufbau dieser Rabatte achten. Außerdem empfiehlt es sich immer, mehrere Pflanzen einer Art zusammenzusetzen. Bilden Sie Gruppen von Gewächsen, die in Farbe und Wuchsform zueinander passen. So könnten Sie zum Beispiel graublättrige Kräuter wie Salbei und Lavendel als Nachbarn pflanzen. Wenn Sie einige besondere Pflanzen in rhythmischen Abständen innerhalb der

Lavendel auf einem sonnigen Trockenmäuerchen

Kräuter zwischen Steinen: Lavendel, Thymian, und weißblühende Süßdolde.

Rabatte verteilen, dann wirken sie wie optische »Leitmotive«. Auch dieses große gemischte Kräuterbeet können Sie durch einige schöne Blütenstauden ergänzen. Am besten passen Wildstauden und historische Heilkräuter in diese Pflanzengemeinschaft: zum Beispiel Königskerze, Lilie, Alant, Fingerhut, Eisenhut, Akelei, Ringelblume, Goldrute, Malve und Johanniskraut.

Erhöhte Kräuterbeete

Diese Form des Küchengärtchens war in alten Zeiten offenbar sehr beliebt. Auf mittelalterlichen Darstellungen werden Sie oft kastenförmige Kräuterbeete entdecken, die von Brettern oder Weidengeflecht umgrenzt sind. Die Gewürzpflanzen sind sehr ordentlich und übersichtlich darin aufgereiht. Im Garten unserer Tage ist ein leicht erhöhtes Beet – ähnlich einem relativ niedrigen Hochbeet – dort zu empfehlen, wo die Bodenverhältnisse für die Anzucht von Kräutern ungünstig sind.
Wenn Sie zum Beispiel sehr schweren, nassen Boden haben, dann entfernen Sie auf dem vorgesehenen Platz die oberste Humusschicht und legen sie beiseite. Als Einfassung eignen sich dicke – möglichst mit natürlichen Substanzen imprägnierte – Balken, starke Bretter oder Rundholzpalisaden. Am Boden sollte in jedem Fall für eine Dränageschicht aus Sand oder Kies gesorgt werden. Wenn Sie den »Kasten« relativ flach halten, etwa 40–50 cm hoch, genügt es, über dem durchlässigen Unterbau eine lockere Mischung aus der ausgehobenen Gartenerde, Kompost und Sand einzufüllen.
Legen Sie erhöhte Beete möglichst im Herbst an, und decken Sie sie gut mit Mulchmaterial ab. Bis zum Frühling kann sich die Erde dann »setzen«. Bevor Sie säen und pflanzen, entfernen Sie die Mulchreste und gleichen Vertiefungen und Unebenheiten noch einmal mit Kompost aus.

Ein Kräuter-Rondell

Ein reizvoller optischer Blickfang ist ein kreisförmig angelegter Kräutergarten. Er hat die klassische Form eines Rades. Die Wege gleichen den Speichen. Die verschiedenen Kräuter werden auf die einzelnen Segmente des Kreises verteilt. Bei dieser Rondellform müssen Sie ganz besonders auf eine geschickte Abstufung der hohen und niedrigen Gewächse achten. Wenn Sie die »Riesen« an den äußeren Rand pflanzen – eine Überlegung, die im ersten Augenblick naheliegt – dann »mauern« Sie den Kreis zu. Im Inneren mangelt es den tiefwachsenden Kräutern bald an Luft und Sonne. Aus diesem Grunde darf ein Kräuter-Rondell nie zu klein geplant sein. Es sei denn, Sie beschränken sich auf eine Anzahl niedriger, übersichtlich wachsender Küchenkräuter, wie zum Beispiel Thymian, einjährigen Majoran, Petersilie, Schnittlauch und Tripmadam. Diese »Teppichpflanzung« läßt sich auch in einem Mini-Kreis ausbreiten.
Im großen Rondell gehen Sie dagegen am besten von innen nach außen vor. Ein zweiter Kreis im Zentrum der Anlage bleibt den hohen Kräutern vorbehalten. Hier können Sie zum Beispiel Liebstöckel, Boretsch, Fenchel, Alant oder Engelwurz anpflanzen. Ein ringförmiger Weg aus Steinen oder Platten grenzt den inneren Kreis ab. Daran schließen sich die strahlenförmigen Segmente des großen Außenkreises an.
Im mittleren Teil des Kräuter-Rondells wachsen dann die halbhohen Kräuter: zum Beispiel Salbei, Lavendel, Bohnenkraut, Ysop, Origano und noch viele mehr. Ganz am äußeren Rand finden, als hübsche Einfassung, die niedrigen Gewürze Platz. Reizend wirkt hier ein Kranz aus nicht rankender Kapuzinerkresse oder Thymian.

Für ein Kräuter-Rondell braucht man viel Platz, damit alle Pflanzen sich unbehindert entfalten können.

Im Labyrinth können Sie Ihre Fantasie spielen lassen mit Pflanzen und Formen.

Ein Kräuter-Labyrinth

Dieses Kräutergärtchen ist für verspielte Gärtnerfrauen, für verschmitzte Küchenkünstler oder einfach für Verliebte gedacht. Wobei es keine Rolle spielt, ob es sich um ein Pärchen handelt oder einfach um jemanden, der in das Leben, in einen warmen Sommertag oder in Kräuterdüfte verliebt ist. Im Garten darf ja auch gelacht werden!
Aber im Ernst: Im Kräuter-Labyrinth werden die geraden Wege durch verschlungene schmale Pfade ersetzt. Sie können dabei von einem Mittelpunkt ausgehen und von dort aus eine Spirale anlegen, die sich nach außen beliebig weit öffnet. Sie können aber auch verwickelte und verwinkelte Wege anlegen, die sich überschneiden. Wie in einem echten Labyrinth dürfen sie nicht auf den ersten Blick überschaubar sein. Alle Pfade werden mit niedrigem Buchsbaum eingefaßt, der im Sommer mit den Kräutern um die Wette duftet. Als Randpflanzen eignen sich aber auch Thymian oder niedrige bunte Tagetes. Sie können die »Irrwege« auch versüßen, indem Sie sie mit Monatserdbeeren einrahmen, die den ganzen Sommer lang aromatische Früchte tragen.
Die Form und die Zahl der Kräuterbeete ergibt sich aus der Art der Wegbiegungen, die Sie sich ausgedacht haben. Hier bleibt vieles Ihrer Fantasie überlassen. Achten Sie aber trotz allem Spaß am Spiel darauf, daß die Pflanzen so angeordnet sind, daß sie später alle genügend Luft und Licht haben. Denn die Freude am duftenden Gewürz-Labyrinth ist nur dann vollkommen, wenn alle Kräuter trotz »künstlerischer Freiheit« gesund und kräftig gedeihen.

Kräuter-Ornamente

Auch diese Gartenidee ist für solche Menschen gedacht, die Nützliches, Genießerisches und Schönes miteinander verbinden möchten. Bilden Sie aus Bruchsteinplatten, Ziegelsteinen oder Kieseln statt der geraden Wege beschwingte Rundungen, Halbkreise oder irgendeine andere ornamentale Form, die Ihnen gefällt. Halten Sie sich aber dennoch an eine möglichst klare Linienführung, und teilen Sie die Räume so auf, daß alle ausgesuchten Kräuter einen angemessenen Platz erhalten.
Das ornamental gestaltete Beet sieht besonders hübsch aus, wenn Sie außer mit den Linien auch ein wenig mit Farben spielen. Zu den Küchenkräutern passen in diesem Fall niedrige Sommerblumen, wie rosa Schleifenblumen, weißes Steinkraut, gelbe Tagetes oder blaue Jungfer im Grünen.

Duftende Kräuterhecken

Einige Gewürz- und Duftpflanzen lassen sich bereitwillig in Form schneiden. So können Sie zum Beispiel aus Lavendel, Eberraute und Heiligenkraut (*Santolina*) wunderschöne niedrige Hecken anlegen. Eine solche Einfassung, die beliebig zurückgeschnitten werden kann, eignet sich als Eingrenzung einzelner Beete oder eines ganzen Kräutergartens. Als duftender »Wegbegleiter« spielt sie eine besonders reizvolle Rolle. Ein wenig verspielt-romantisch wirkt eine Lavendelhecke rund ums Rosenbeet.
Lavendel und Heiligenkraut sind mit ihren silbergrauen Blättern immer ein hübscher Anblick. Im Sommer schmükken sie sich außerdem mit blauen oder gelben Blüten, die herrlich duften und lange haltbar sind. Die Eberraute mit ihrem feingefiederten, grau-grünen Laub ist vor allem ein Duftstrauch. Im Winter verliert er seine Blätter. Würzigen Wohlgeruch verströmt aber auch der Buchsbaum. Deshalb paßt diese traditionsreiche Einfassungspflanze des alten Bauerngartens gut zu Kräutern und Gewürzen.

Heitere Linienführungen bringen geschwungene Ornamente in den Garten.

Ein mobiler Kräutergarten

Ein beweglicher Kräutergarten kann eine ideale Lösung sein, wenn winzige Grundstücke, rauhes Klima oder ungünstige Bodenverhältnisse die Anlage eines »normalen« Kräutergartens unmöglich machen. Mit Hilfe von Kübeln und Trögen kann eine solche Anlage zum Beispiel den warmen Platz an einer geschützten Hauswand ausnützen. Sie können den mobilen Gewürzgarten auch ganz in die Nähe der Küche rücken. Dort ist er für die Hausfrau oder den Hobbykoch stets sichtbar und griffbereit. Wenn die Düfte aromatischer Gewürzkräuter im Sommer durchs Küchenfenster wehen, wirken sie ganz von selbst anregend und verleiten zu neuen Feinschmecker-Abenteuern.
Legen Sie den mobilen Kräutergarten nicht in einer Ebene an. Kombinieren Sie statt dessen verschieden hohe und unterschiedlich breite Gefäße miteinander. Sie erreichen dadurch einen terrassenförmigen Aufbau. Die Pflanzen bekommen auf den einzelnen Stufen mehr Licht und Luft, als wenn sie sich in einer Reihe zusammendrängen müßten. Sie können auf diese Weise auch besser hohe und niedrige Gewächse einordnen. Schließlich ist auch der Anblick eines solchen »Gewürzberges« heiterer und origineller als die preußisch-strenge Aneinanderreihung einfacher Kästen. Geschickte Heimwerker können sich auch eine rustikale Holztreppe bauen, auf der zahlreiche Töpfe und Schalen Platz finden. Schließlich gibt es noch die Möglichkeit, ein Gitter an der Hauswand zu befestigen. Dort werden an stabilen Haken kleine Kästen oder Töpfe mit Gewürzpflanzen aufgehängt. So geht der Kräutergarten »in die Luft« und benötigt noch weniger Platz.
Wählen Sie für einen beweglichen Garten auch mehrere große, tiefgründige Gefäße aus. Sie bieten Platz für diejenigen Kräuter, die sowohl starke Wurzeln als auch umfangreiche, buschige Gestalten bilden. Kleinere Gefäße ergänzen diesen »Grundstock«. Sie werden stufenförmig aufgestellt und passend mit mittelgroßen und niedrigen Kräutern bepflanzt.

Die würzig duftende Eberraute kann als Beeteinfassung gepflanzt und in buschige Form geschnitten werden.

Für den mobilen Kräutergarten eignen sich hervorragend die stabilen Plastikwannen, die für den Bedarf der Bauhandwerker hergestellt werden. Diese Gefäße können Sie in Heimwerkermärkten und Baufachgeschäften kaufen. Sie werden in verschiedenen Größen angeboten und sind sehr preiswert! Nur die Abzugslöcher am Boden müssen Sie selbst hineinbohren. Außerdem stehen überall im Blumenfachhandel formschöne Gefäße zur Wahl, die Sie in allen Größen miteinander kombinieren können. Besonders gut passen Terrakotta-Töpfe zu den Kräutern aus dem Süden. Auch eine Sammlung alter Steintröge läßt sich in ein Gewürzgärtchen verwandeln. Ein Hauch von Nostalgie weht um solche stilvollen Gefäße, und die Erinnerung an die Kräutergärten vergangener Jahrhunderte erwacht bei ihrem Anblick.
Ihrer Fantasie sind bei der Gestaltung einer beweglichen Gewürzsammlung keine Grenzen gesetzt. Beachten Sie aber sorgfältig alle praktischen Gesichtspunkte, damit das Spiel mit Kübeln und Pflanzen auch erfolgreich endet und dauerhafte Freude bereitet.
Wählen Sie einen sonnigen, windgeschützten Standort. Alle Gefäße müssen

Zahlreiche Kräuter wachsen, blühen und duften ohne Probleme in Töpfen auf dem Balkon oder auf der Terrasse.

große Abzugslöcher am Boden haben, durch die überschüssiges Wasser abfließen kann. Günstig ist eine Dränageschicht aus Sand, Kies oder Tonscherben. Mischen Sie die Erde, wenn möglich, selbst: Kompost dient als Grundlage. Sand und etwas Rindenhumus werden dazugegeben, bis ein lockeres Gemisch entsteht. Als Faustregel können Sie sich merken: je ein Drittel Humus, Sand und Rindenhumus. Wenn dies nicht möglich ist, so kaufen Sie gute Fertigerde in Säcken. Achten Sie aber darauf, daß sie keinen Torf enthält! In den großen Gefäßen können die Kräuter mehrere Jahre lang ungestört wachsen.

Kräuter auf Balkon und Fensterbank

Nicht jeder, der frische Kräuter liebt, ist gleichzeitig glücklicher Besitzer eines Gartens. Aber auch Balkongärtner brauchen nicht auf selbstgeerntete Küchengewürze zu verzichten. Es hat sich inzwischen längst herumgesprochen, daß viele Kräuter in Kästen, Kübeln und Blumentöpfen gut gedeihen. Sie werden zwar nicht so alt und auch nicht so umfangreich wie ihre Artgenossen im Garten – aber sie wachsen, sie blühen und sie schmecken! Für das Leben in luftiger Höhe gelten natürlich andere Bedingungen als für das ungehinderte Wachstum im Gartenboden. Die Gefäße bieten nur einen begrenzten Raum, die Nährstoffe werden rasch verbraucht, und die Feuchtigkeit muß öfter ergänzt werden.
Achten Sie beim Bepflanzen von Balkonkästen darauf, daß zunächst für einen guten Wasserabzug gesorgt ist. Decken Sie die Löcher am Boden des Kastens mit Tonscherben aus zerbrochenen Blumentöpfen ab. Eine dünne Bodenschicht aus Kies oder gewaschenem Sand sorgt zusätzlich für Dränage. Als Füllung können Sie Blumenerde verwenden, die es, in Säcken verpackt, fertig zu kaufen gibt. Achten Sie aber auf gute Qualität! Vielleicht haben Sie auch einen netten Nachbarn, einen Freund oder einen Gärtner, der Ihnen von seinem Kompost ein paar Eimer voll abgibt. Diese gute Erde mischen Sie dann mit ein paar Schaufeln Rindenhumus und Sand, bis Sie zum Schluß ein lockeres, krümeliges Substrat haben. Diese selbsthergestellte Erdmischung ist natürlich das beste, was Sie Ihren Pflanzen als Lebensgrundlage anbieten können. Vor allem wissen Sie genau, was drin ist!
Wenn Sie die Kästen halb mit Erde gefüllt haben, verteilen Sie ein paar Hände voll Hornspäne oder einen anderen, langsam wirkenden organischen Dünger darüber; »rühren« Sie diese nahrhafte Zutat mit den Händen leicht unter den Humus, und schütten Sie dann die restliche Erde hinein. Für die Füllung von Kübeln, Schalen und Blumentöpfen gilt die gleiche Reihenfolge; der Inhalt wird nur den jeweiligen Größenverhältnissen angepaßt. Der unter die Erde gemengte Vorratsdünger wirkt über längere Zeit.
Sie pflanzen Ihre Gewürzkräuter am besten an einem leicht trüben Frühlingstag und gießen gründlich an, wenn kein Regen das Wässern übernimmt. Feuchte Witterung erleichtert das Anwachsen. Nach etwa 3–4 Wochen, wenn die Pflanzen eingewurzelt sind, können Sie während des Sommers als zusätzliche Nahrung etwa zweimal im Monat einen flüssigen Dünger ins Gießwasser geben. Bio-Produkte, die sich dafür eignen, bekommen Sie im Fachhandel. Gute Dienste leistet natürlich verdünnte Brennesseljauche, falls Sie eine Gelegenheit haben, diese Nährbrühe anzusetzen. Im Gegensatz zu den Gartengewächsen müssen Sie Gewürzpflanzen, die in relativ beengten Gefäßen wachsen, mit Hilfe von Dünger zum Wachstum anregen. Sie dürfen aber auch hier nicht überernährt werden. So üppig wie Ihre Geranien braucht die Petersilie nicht ins Kraut zu schießen! Das Wässern dürfen Sie allerdings, vor allem an sonnigen Tagen, nie vergessen. Je regelmäßiger Sie Ihre Gewürzpflanzen versorgen, desto gesünder werden sie gedeihen.

Bei der Planung eines Kräutergärtchens auf dem Balkon stehen Ihnen verschiedene Möglichkeiten offen. Sie können zum Beispiel Blumen mit Kräutern in einer lustigen, bunten Mischung kombinieren. Sie können aber auch Gewürze in »Reinkultur« pflanzen, indem Sie ihnen Extra-Gefäße und einen besonderen Platz zuweisen. Für die Aussaat gelten im Prinzip die gleichen Vorschriften, die bei der Beschreibung der einzelnen Kräuter genannt sind: Empfindliche Arten ziehen Sie am besten im Zimmer auf der warmen Fensterbank vor. Die robusteren Kräuter können Sie draußen direkt in die Kästen säen. Zu dichte Saat muß ausgedünnt werden.

Ausdauernde Kräuter kaufen Sie am besten beim Gärtner. Starkwachsende Arten brauchen größere Gefäße oder Kübel, wo ihnen genügend Wurzelraum zur Verfügung steht. Diese Pflanzen, zu denen zum Beispiel Liebstöckel, Melisse, Estragon und Salbei gehören, müssen Sie immer wieder zurückstutzen, damit sie eine gedrungene Form behalten. Im allgemeinen können Gewürzstauden 2–3 Jahre in Gefäßen aushalten. Dann müssen sie meist erneuert werden. Die mehrjährigen Kräuter bleiben im Winter draußen und werden nur in ungünstigen Lagen mit einer lockeren Kiefernreisigabdeckung vor Frost geschützt. Vergessen Sie aber nicht, diese Pflanzen bei frostfreiem Wetter zu gießen – ganz ohne Feuchtigkeit werden sie nicht überleben. Denn die meisten ausdauernden Balkongewächse erfrieren nicht im Winter – sie verdorren!

Bei sehr strengen Frösten stellen Sie alle bepflanzten Gefäße in einer geschützten Ecke zusammen, umhüllen sie mit Zeitungspapier, Noppenfolie oder alten Decken, damit sie nicht durchfrieren.

Von den ein- und zweijährigen Kräutern eignen sich für den Balkonkasten: Petersilie, Kresse, Kerbel, Dill, Boretsch, Basilikum, Majoran, Portulak, Salatrauke und Bohnenkraut. Die Kapuzinerkresse ist beides zugleich: eine bunte Balkonblume und ein apartes Würzkraut. So können Sie das Angenehme mit dem Nützlichen verbinden.

Als ausdauernde Kräuter empfehlen sich für den Balkon: Melisse, Origano, Pfefferminze, Pimpinelle, Rosmarin, Salbei, Schnittlauch, Thymian, Tripmadam, Weinraute, Ysop, Lavendel, Estragon, Liebstöckel und – wenn Sie der strenge Geruch nicht stört – Wermut.

Eine Ausnahme unter den Balkongewürzen ist der Rosmarin. Er ist frostempfindlich und muß den Winter im Haus verbringen. Dafür ist er aber viel langlebiger als die anderen Stauden. Ein gutgepflegter Rosmarinstock kann sehr alt werden.

Gewürzpflanzen, die in Blumentöpfen gezogen werden, sollten den Sommer möglichst auf der Außenfensterbank verbringen. Vergessen Sie aber nicht, ein Gitter oder irgendeine andere »Absperrung« anzubringen, damit die Töpfe nicht herunterfallen können. Im Herbst holen Sie dann Ihren Mini-Garten in die Wohnung und pflegen die Pflanzen dort weiter, wie es im Kapitel »Überwinterung« beschrieben ist.

Eine solche kleine Kräutersammlung auf der Fensterbank kann übrigens ganz besonders reizvoll sein. Sie steht immer in »Riechweite«. Küchenwürze und aromatischer Duft spielen hier eine gleichermaßen wichtige Rolle. Gewürzkräuter im Blumentopf erinnern ein wenig an die Sitte aus der guten alten Zeit, als unsere Urgroßmütter mit viel Liebe ihre Duftpflanzen pflegten. Ihr altmodischer Zauber wurde zu Unrecht vergessen. Vielleicht entdecken gerade die jungen Frauen wieder eine Vorliebe für solche liebenswerten Kleinigkeiten, die den Alltag mit einem hübschen Schnörkel verzieren. Übrigens könnte es auch der Luft in den Städten nicht schaden, wenn sie hier und dort von einigen natürlichen Duftwolken gestreift würde. Basilikum, Lavendel, Thymian, Zitronenthymian, Rosmarin, Duftblattgeranien, Ysop und Minze eignen sich ganz besonders für eine solche Sammlung der Wohlgerüche, die überall Platz hat.

Kräuter in Terrakottagefäßen zaubern südländische Stimmung auf die Terrasse.

Der Boden: Prüfung, Vorbereitung und Pflege

Das Beste ist gerade gut genug für die Gesellschaft heilkräftiger und würziger Pflanzen, die in Ihrem Kräutergarten wachsen sollen. Sie haben sicher schon bei der Beschreibung der Standorte gemerkt, daß ein guter Gärtner nicht nach dem Motto handeln darf: Es wird schon irgendwie wachsen! Natürlich – jedes Lebewesen, auch die Pflanze, versucht, so lange wie möglich zu überleben. Aber was dabei herauskommt, ist dann oft nur noch ein Bild des Jammers. Sagen Sie also nie, Kräuter wachsen überall, sie sind anspruchslose »Mitläufer« im Garten. Dann werden Sie nur irgendwelches »Grünzeug« ernten, aber Sie werden nie erfahren, welche Fülle von Aroma und Würze ein Kraut wirklich entfalten kann. Ganze Feinschmecker-Welten bleiben Ihnen verschlossen, solange Sie nur karge Zweige im Schatten und matte Blättchen in dunklen Ecken pflücken! Wenn Sie schon zum Gewürzgärtner werden wollen, dann sollten Sie auch alle Freuden und alle Wohltaten genießen, die seit Jahrtausenden in dieser wundervollen duftenden Pflanzenwelt für diejenigen bereitliegen, die damit umzugehen verstehen.
Nachdem Sie also hoffentlich den schönsten »Platz an der Sonne« ausgesucht haben, besteht die nächste Aufgabe darin, den Boden sorgfältig zu prüfen und zu bearbeiten. Untersuchen Sie Ihre Gartenerde zuerst mit den Händen, ehe Sie ihr die Kräuter anvertrauen:

Durch Flächenkompostierung wird bester Humus direkt auf dem Beet erzeugt.

- Dunkler Humus, der zwischen Ihren Fingern in lockere Krümel zerfällt, ist der ideale Wurzelgrund für die meisten Pflanzen. Bodenkundler nennen diese Mischung »sandigen Lehm«. Hier genügt eine regelmäßige Versorgung mit Kompost. Die Wasserverteilung ist gut, die Nährstoffversorgung in der Regel ausgeglichen.
- Schwere, fette Erde, die sich zu festen Klumpen zusammendrücken läßt, ist für Kräuter kein günstiger Untergrund. Es handelt sich um Ton oder tonhaltigen Lehm. Solche Böden sind stark verdichtet und neigen zur Staunässe. Zunächst müssen Sie diese Erde mit scharfem Sand auflockern.
- Tiefwurzelnde Gründüngung sorgt für Hohlräume, die bis in den Wurzelgrund reichen. Regelmäßige Versorgung mit Kompost und Mulchdecken können die Struktur im Lauf der Jahre wesentlich verbessern.
- Magerer, trockener Sand, der Ihnen durch die Finger rieselt, ist zwar ein armer Boden, für den Kräutergarten aber günstiger als schwerer Lehm. Sandige Erde erwärmt sich leicht, sie trocknet aber auch schnell aus. Wasser und Nährstoffe versickern im Untergrund. Da die meisten Würz- und Heilpflanzen aber Trockenheit besser vertragen als »nasse Füße«, bereitet Sandboden dem Kräutergärtner keine allzu großen Sorgen. Kompost und Tonmehl sind hier die idealen Verbesserungsmittel. Bei regelmäßiger Versorgung wird die leichte Erde dann mit der Zeit humusreicher und bindiger.

Wichtig für die Beurteilung des Bodenzustandes ist auch der pH-Wert. Bei einer Messung, die Sie leicht selber durchführen können, erfahren Sie, ob Ihre Gartenerde mehr zum sauren oder zum alkalischen Bereich tendiert. Ideal ist für die meisten Pflanzen ein mittlerer pH-Wert zwischen 6 und 7. Test-Sets für eine solche Untersuchung bekommen Sie überall im Fachhandel.

Schließlich sollten Sie auch über die Nährstoffversorgung Ihrer Gartenerde Bescheid wissen. Genaue Auskunft kann darüber nur eine wissenschaftliche Analyse geben. Dafür schicken Sie eine Bodenprobe (500–1000 Gramm), die Sie aus verschiedenen Gartenbeeten mischen sollten, an ein Untersuchungsinstitut.

In jedem Bundesland gibt es die LUFA (Landwirtschaftliche Untersuchungs- und Forschungsanstalt). Diese Institute bearbeiten allerdings die eingehenden Bodenproben nur sehr schematisch. Auf vorgedruckten Formularen werden lediglich Bodenart, pH-Wert, Kali- und Phosphatgehalt sowie der Kalkzustand in Prozentzahlen vermerkt. Wer den Umgang mit solch nüchternem Zahlenmaterial nicht gewohnt ist, der kann damit nicht allzu viel anfangen.

Die umfangreiche Analyse eines biologischen Instituts hilft dem Gärtner dagegen wirklich weiter. Alle Untersuchungsergebnisse werden verständlich und ausführlich beschrieben. Der mehrere Seiten lange Bericht enthält außerdem die Schlußfolgerungen, die aus der Analyse zu ziehen sind, und praktische Ratschläge für notwendige Verbesserungsmaßnahmen. Die geeigneten naturgemäßen Dünger oder Bodenpflegemittel werden kurz aufgeführt. Der höhere Preis für diese wissenschaftliche Analyse mit »biologischer« Schlußfolgerung ist voll gerechtfertigt.

Nachdem Sie durch eigene und durch fremde Prüfung Ihren Gartenboden gründlich kennengelernt haben, können Sie gezielt mit den Vorbereitungen für Ihre Kräuterbeete beginnen. Lockern Sie die Erde zuerst gründlich auf, denn Sie wissen ja inzwischen, daß luftige Struktur und guter Wasserabfluß für das Gedeihen der meisten Würz- und Heilpflanzen sehr wichtig ist. Graben Sie nach Möglichkeit den Boden nicht um, denn dabei wenden Sie die oberste, fruchtbare Humusschicht in die Tiefe, und dort kann sie nicht mehr wirksam werden. Dafür gelangt dann »tote« Erde aus tieferen Schichten auf die Oberfläche. Benutzen Sie statt dessen eine Grabgabel oder eine spezielle »Bio-Gabel« (Bezugsquellen im Anhang), die Sie in den Boden stechen und dann mehrmals hin und her bewegen. Dadurch schaffen Sie genügend Hohlräume, die die Bodenstruktur auflockern und sie durchlässig machen für Luft und Wasser. Auch der »Sauzahn« ist ein Gartengerät, mit dessen Hilfe Sie die Erde bearbeiten können, ohne die Schichten durcheinanderzuwerfen.

Am günstigsten läßt sich ein Beet im Herbst vorbereiten; säen Sie zum Beispiel Gründüngung ein. Mischungen, die sich speziell für den Hausgarten eignen, werden in Fachgeschäften, Gartencentern oder Gartenkatalogen angeboten (siehe Bezugsquellen im Anhang). Sie können aber auch Leguminosen oder Kleearten einzeln im Samenfachhandel kaufen. Gut bewährt hat sich Senfsaat als Gründüngung. Alle diese Gewächse regenerieren das Bodenleben; sie sammeln, wie zum Beispiel die Leguminosen, Stickstoff, der als natürlicher Dünger in der Erde bleibt, und sie lockern mit ihren Wurzeln die Bodenstruktur auf.

Eine andere Möglichkeit, mürbe, krümelige Erde zu bekommen, ist die Methode des Mulchens. Das Beet wird im Herbst von Unkraut gesäubert, locker durchgehackt und anschließend mit einer Schicht Grobkompost bedeckt. Darüber breitet man noch Rasenschnitt, Laub, Stroh oder zerkleinerte Gartenabfälle aus. Unter dieser organischen Decke bleibt das Bodenleben sehr rege. Selbst wenn im übrigen Garten schon einige Grade Frost herrschen, »arbeiten« unter der Mulchstreu noch Regenwürmer und Mikroorganismen an der Zerkleinerung und Verdauung der reichlich angebotenen Abfälle, denn diese Schicht wirkt wie eine Flächenkompostierung. Sie hält die Erde feucht, locker und relativ warm. Das emsige, wohlgenährte Gewimmel von Kleintieren, Bakterien und Pilzen in dieser Region produziert unter besten Lebensbedingungen ständig neuen Humus. Die natürlichen Nährstoffreserven bauen sich auf gemulchten Beeten schnell wieder auf. Milliarden kleiner Helfer, die für das menschliche Auge meist unsichtbar bleiben, arbeiten hier im Dienste des Gärtners, ohne daß dieser eine Hand zu rühren braucht.

Kompost: Die Grundlage für gesundes Wachstum

Im Frühling ziehen Sie den Rest der Bodendecke mit dem Rechen weg und versorgen das Kräuterbeet mit ausgereiftem Kompost. Dies ist die beste Vorbereitung für ein gesundes Wachstum der Gewürzpflanzen. Der Zustand des Bodens und die Zusammensetzung der Erde haben nämlich einen großen Einfluß auf die Aromabildung. Jede heftige, starktreibende Düngung läßt die Gewürzpflanzen ins Kraut schießen. Sie entwickeln dann viel Blattmasse, aber die Produktion von ätherischen Ölen und anderen wertvollen Inhaltsstoffen geht zurück. Frischer Mist und Jauche sind aus diesem Grunde im Kräutergarten strengstens verboten. Wenn Sie regelmäßig die Beete mit Kompost versorgen, erreichen Sie auf die Dauer einen guten, ausgeglichenen Humuszustand. Die nötigen Nährstoffe sind in solchen Böden meist in ausreichender Menge vorhanden. Sie werden ja ständig durch ein aktives Bodenleben neu produziert.

Bodenprobe: Erde wird gemischt und verpackt.

Geräte für die naturgemäße Bodenbearbeitung: Grabgabel, Sauzahn, Vierzahn und Grubber.

Deshalb sollte ein passionierter Gewürzgärtner, wo immer dies möglich ist, einen Komposthaufen anlegen. Reservieren Sie für diese wichtige Aufgabe einen halbschattigen, etwas verdeckten Platz im hinteren Teil des Gartens. Der Kompost kann auch gut unter Bäumen aufgehäuft werden. Er darf aber nie zu einem übelriechenden, unordentlichen Abfallhaufen werden. Guter Kompost wird mit Verstand und mit Gefühl »komponiert«. Er fault nicht, sondern er verrottet. Was während dieses Zersetzungsprozesses entsteht, ist gute, nährstoffreiche Erde, die wie Waldboden duftet.

Die wichtigsten Regeln für das Kompostieren

Wo nur wenig Platz zur Verfügung steht, sammeln Sie die Abfälle am besten in einem Silo. Solche Kompostlegen, Kompostkisten oder Komposttonnen können Sie im Handel kaufen. Sie werden entweder aus verzinktem Metall, aus Holz oder aus Kunststoffmaterial hergestellt. Mit ein wenig Geschick können Sie einen solchen Behälter auch selber bauen.

Wichtig sind dabei immer eine ausreichende seitliche Durchlüftung und ein ungehinderter Wasserabzug am Boden.
Wer etwas mehr Raum hat, der kann direkt auf der Erde eine Kompostmiete aufschichten. Ein solcher Haufen soll an der Basis 1–1,50 m breit sein. Die Länge richtet sich nach der Größe Ihres Gartens und nach der Menge, die Sie brauchen. Praktisch sind 2 oder 3 Haufen nebeneinander. Dann haben Sie immer einen reifen, einen halbreifen und einen wachsenden Kompost zur Verfügung. Die Anlage muß auf lebendigem, lockerem Boden aufgebaut werden. So können die Kleintiere aus der Tiefe ins Innere des Haufens aufsteigen. Bei ungünstigen Wetterbedingungen können sie sich aber auch wieder in die Erde zurückziehen. Die unterste Schicht sollte aus lockerem, luftdurchlässigem Material bestehen. Verwenden Sie dafür kleingeschnittene Zweige, Stengel und grobe Pflanzenteile. Dann folgen lagenweise aufeinandergeschichtet alle organischen Abfälle aus dem Garten und aus der Küche. Dazu gehören zum Beispiel verwelkte Blumen, Blätter, Gemüsereste, Kartoffelschalen, Kaffeesatz, Eierschalen und natürlich alle Unkräuter, die noch keinen Samen angesetzt haben.
Sammeln Sie immer erst eine größere Abfallmenge. Vor dem Aufsetzen werden die verschiedenen Stoffe zerkleinert, damit sie schneller und harmonischer verrotten. Dazu benutzen Sie einen Spaten, eine Gartenschere oder einen Schredder. Vermengen Sie stets trockene, holzige Abfälle mit saftreichem Grünzeug. So entsteht eine ausgewogene, lockere Mischung.
Beginnen Sie erst mit dem Aufschichten, wenn Sie genügend Material gesammelt haben. Denn nur in einem hohen Haufen entwickelt sich rasch die Wärme, die für die erste Phase der Rotte notwendig ist. Zwischen die einzelnen Lagen, die etwa 20 cm hoch aufgehäuft werden, streuen Sie dann ein wenig kohlensauren Kalk oder Algenkalk. Als Nahrung für Ihre Mitarbeiter, die Bodenorganismen, fügen Sie noch ein paar Hände voll organischen Dünger hinzu. Dazu eignen sich zum Beispiel Hornspäne, Hornmehl oder geringe Mengen Geflügelmist.
Als anregende »Spritze«, die die Zersetzung rasch in Gang setzt, können Sie einen der im Handel erhältlichen Kompostbeschleuniger oder Kompoststarter über jede Schicht streuen. Die gleiche Wirkung haben aber auch ein paar Schaufeln voll grob verrottetem Kompost, falls Sie schon solche Vorräte besitzen. Dieser Humus ist reich an Bodenlebewesen und wirkt auf den rohen Komposthaufen wie Sauerteig beim Brotbacken.
Als nächstes folgt wieder eine Lage mit gemischten Abfällen. Kleingeschnittene Zweige von Gehölzen sorgen dafür, daß das Material locker und luftig bleibt und nicht zusammenbacken kann. Nach oben wird der Komposthaufen immer

Feste Wege erleichtern den Zugang zum Kompost, die Ranken der Kapuzinerkresse schützen die Feuchtigkeit in der Miete.

Der geöffnete Komposter gibt den Blick frei in sonst verborgene Welten: Die unteren Abfallschichten sind bereits in braune Erde umgewandelt.

schmaler, er hat zum Schluß die Form eines Zeltes. Wenn er etwa 1 m hoch gewachsen ist, erhält er einen schützenden Mantel aus Erde und Laub. Auch Grasschnitt, Stroh oder alte Säcke können dafür verwendet werden. Diese Abdekkung schützt den Haufen vor der Austrocknung durch Sonne und Wind. Ein guter Kompost sollte immer die Feuchtigkeit eines ausgedrückten Schwamms haben. Ist er nasser, so besteht die Gefahr der Fäulnis, trocknet er aus, dann schimmelt er, und das Leben in ihm stirbt ab. Bei Trockenheit müssen Sie deshalb Ihren Komposthaufen ab und zu begießen. Wenn es sehr lange regnet, können Sie die kleine Erdfabrik zeitweise mit einer Folie oder durch eine Bretterabdeckung vor übermäßiger Nässe und Fäulnis schützen.

Die Verwendung von Kompost

Nach 7 bis 12 Monaten ist der Kompost für die normale Verwendung im Garten fertig. Sie können ihn aber auch noch einmal umsetzen und ganz ausreifen lassen; dann bekommen Sie sehr feinen Kompost, der vor allem für Saatbeete gebraucht wird. Auch für Gewürzkräuter

Im Herbst oder im Frühling wird reifer Kompost rund um die Staudenkräuter verteilt.

Nahrhafte Pflanzenjauche aus Brennesseln kann jeder Kräutergärtner leicht zubereiten.

eignet er sich sehr. Streuen sie den Kompost in Ihrem Kräutergarten bei warmem, feuchtem Frühlingswetter über die vorbereiteten Beete. Er darf nur leicht und oberflächlich eingeharkt werden – gerade so, daß er Kontakt mit der Erde hat. Auf diese Weise kann er seine anregende Wirkung am besten entfalten. Er aktiviert das Bodenleben und sorgt so für die Vermehrung von fruchtbarem Humus. Niemals darf der kostbare Kompost vergraben werden. Dies wäre die reinste Verschwendung, weil er in tieferen Schichten nicht wirksam werden kann! Beim Pflanzen und Säen im Kräutergarten füllen Sie ebenfalls alle Saatrillen und alle Pflanzlöcher mit reifem Kompost. Im Herbst streuen Sie rund um alle ausdauernden Staudenkräuter noch einmal eine Portion »selbstgemachten Humus«.
Auf den Gemüsebeeten deckt ein guter Bio-Gärtner den ausgestreuten Kompost möglichst schnell mit Mulchmaterial zu.

Im Kräutergarten übernehmen Sie diesen Bodenschutz nur in der Nähe solcher Pflanzen, die feuchte Erde lieben. Bei den zahlreichen Kräutern, die eher trockene Verhältnisse bevorzugen, können Sie eine andere Methode ausprobieren: Legen Sie dort als Bodendecke flache Steine aus. Dieser Spezialmulch verhindert ein allzu starkes Austrocknen des lebendigen Bodens. Gleichzeitig speichern die Steine aber auch die Wärme, die alle Mittelmeerkräuter so sehr lieben. So können Sie mit ganz einfachen Mitteln der Natur wieder ein Stückchen näherrücken.

Düngung: Leichte Kost für Kräuter

Verwenden Sie – wenn überhaupt – nur organischen Dünger in Ihrem Kräutergarten. Besonders geeignet sind Hornspäne, Hornmehl oder Algendünger. Dies sind Dünger, die ihre Nährstoffe langsam, über einen längeren Zeitraum hinweg, an die Pflanzen abgeben. Deshalb treiben sie nie stark an. Sie haben eine milde, anhaltende Düngewirkung. Kräftige Gewächse, wie Liebstöckel, Boretsch oder Schnittlauch, können in mageren Böden eine solche Nährstoffzugabe brauchen, vor allem dann, wenn ein Garten noch nicht lange genug mit Kompost versorgt wurde und die Humusqualität noch zu wünschen übrig läßt.
Eines der mildesten und gesündesten Düngemittel ist eine Pflanzenjauche. Sie können sie jederzeit selbst herstellen. Füllen Sie in eine Holztonne, in einen großen Sauerkrauttopf aus Steingut oder in eine Kunststofftonne Brennesseln, Schachtelhalm und die Abfälle aller Kräuter, die in Ihrem Garten wachsen.

Die heilsamen Un-Kräuter können Sie sogar getrocknet im Handel kaufen, falls sie nicht von selbst an Ihrem Zaun oder auf Ihrem Grundstück auftauchen. Füllen Sie dann das Gefäß mit Wasser – wenn möglich Regenwasser – und rühren Sie mit einem Stock alles öfter um. Die Gärung setzt sehr schnell ein, wenn die Brühe einige Tage offen in der Sonne stehenbleibt. Danach legen Sie besser einen Deckel über das Gefäß, weil Jauchegerüche, auch wenn sie nur von Brennesseln stammen, nicht gerade angenehm sind. Nach etwa 2 Wochen ist die Pflanzenmasse vergoren. Von nun an können Sie diese gesunde Jauche für alle Kulturen, auch für Ihren Kräutergarten, benutzen. Die fertige Brühe muß 1:10 mit Wasser verdünnt werden.
Verteilen Sie diese Pflanzenjauche höchstens zweimal – Im Frühling und im Frühsommer – an Kräuter, die ein wenig Zusatznahrung brauchen und verkraften können. Dazu gehören zum Beispiel Liebstöckel, Angelika, Beinwell, Schnittlauch, Boretsch, Kapuzinerkresse und Meerrettich. Hinweise auf den Wasser- und Nahrungsbedarf der verschiedenen Pflanzen finden Sie in den Kräuterporträts immer dann, wenn sie von der Hauptregel abweichen. Im Normalfall können Sie sich an den Grundsatz halten: Kräuter brauchen keine Wohlstandsnahrung! Bei leichter Kost entwickeln sie ihre besten Eigenschaften.

So sieht die fertige, vergorene Jauche aus.

Aussaat: ein- und zweijährige Kräuter im Freiland

Bevor Sie nun endlich mit der ersten Saat beginnen, harken Sie das Beet noch einmal locker durch. Nachgewachsenes Unkraut zupfen Sie sorgsam aus und glätten die Fläche dann mit einem Rechen. Die Erde soll ganz feinkrümelig, mäßig feucht und vor allem schon ein wenig erwärmt sein. in kaltem, nassem Boden keimt kein Samenkörnchen!
Ziehen Sie mit den Fingern oder mit einem Holzstäbchen flache Rillen auf dem Saatbeet. Achten Sie darauf, daß die Reihen genügend Abstand voneinander haben. Genaue Maße sind auf allen Samentüten und in diesem Buch bei der Beschreibung der einzelnen Kräuter angegeben. Je feiner der Samen ist, desto flacher liegt er im Boden, desto dünner soll die Erdschicht sein, die Sie darüber streuen. Säen Sie nie zu dicht, damit die kleinen Pflanzen später auch Platz zum Wachsen finden und sich nicht unterirdisch »auf die Füße treten«. Drücken Sie die Samenkörnchen mit der Handfläche ganz leicht an, streuen Sie Erde darüber, und gießen Sie vorsichtig an.
Alle Samen brauchen zum Keimen eine feuchtwarme Atmosphäre. Mancher Mißerfolg ist einfach darauf zurückzuführen, daß ein Saatbeet einige Tage vergessen in der Sonne lag und austrocknete. Unter einer Folienabdeckung oder unter Frühbeetfenstern bleiben Feuchtigkeit und Wärme lange erhalten. Im Freiland müssen Sie entweder regelmäßig gießen oder aber in den ersten Tagen einen feuchten Sack über das Beet legen. Dies ist ein ebenso alter wie wirkungsvoller Gärtnertrick.
Sobald die Keimblätter über der Erde sichtbar sind, können Sie die Säcke wieder entfernen. Noch einfacher haben Sie es mit leichten Kunststoffvliesen, die über ein Saatbeet gelegt und seitlich mit

Das Beet ist für die Kräuteraussaat gut vorbereitet.

Steinen beschwert werden. Sie erwärmen die Erde, lassen aber genügend Licht und auch Feuchtigkeit durch, so daß sie einige Zeit über den Pflanzen liegenbleiben können. Eine solche Abdeckung schützt junge Aussaaten auch vor Schädlingen. Wenn die Pflanzen größer werden, entfernen Sie die Vliese!
In milden Landschaften können Sie schon im März mit den ersten Aussaaten im Freiland beginnen; in rauheren Gegenden warten Sie besser bis April. Verwenden Sie das beste Saatgut, das Sie bekommen können. Für den Bio-Garten gibt es bereits ein reichhaltiges Angebot von naturgemäß erzeugtem oder zumindest nicht chemisch gebeiztem Saatgut. (Bezugsquellen finden Sie im Anhang.)
Kaum empfindlich gegen Kälte sind Petersilie, Kresse und Kerbel. Sie können als erste im Freiland ausgesät werden.

Auf einer warmen Fensterbank wachsen die ersten Frühlingsaussaaten heran.

Im April ist die Erde schon warm genug für Boretsch, Dill, Kümmel, Löffelkraut und Ringelblumen. Ab Mitte Mai können auch Majoran, Portulak, Bohnenkraut, Schnittsellerie und Kapuzinerkresse draußen gesät werden. Kennzeichnen Sie alle Kräutersaaten mit Schildern oder Samentüten, damit Sie sie später auseinanderhalten können. Nach einiger Übung werden Sie mit der Zeit die unterschiedlichen Pflanzen schon erkennen, wenn sie die ersten grünen Blättchen zeigen.

Auch mehrjährige Staudenkräuter können Sie durch eigene Aussaat preiswert selber anziehen. Ab Mai säen Sie auf einem besonderen Anzuchtbeet Melisse, Schnittlauch, Fenchel, Pimpinelle und Liebstöckel aus.

Einige ein- und zweijährige Kräuter können in der Reihe stehenbleiben, so wie sie gesät wurden. Dazu gehören zum Beispiel Kerbel, Dill und Petersilie. Zu dichte Bestände werden nur ausgelichtet. Andere, wie Kapuzinerkresse und Majoran, pflanzen Sie, sobald sie kräftig genug sind, einzeln auseinander. Die Staudenkräuter müssen alle umgesetzt werden. Genaue Angaben dazu finden Sie bei den Pflanzenbeschreibungen im Hauptteil dieses Buches.

Vorkultur mit Wärme: ein- und mehrjährige Kräuter

Für die wärmeliebenden Südländer unter den Kräutern reichen die Strahlen unserer Frühlingssonne nicht aus. Säen Sie sie lieber auf einer warmen Fensterbank oder in einem geheizten Kleingewächshaus aus. Besonders das feurige Basilikum ist für solche Fürsorge dankbar. Aber auch Majoran gedeiht besser, wenn er schon im Warmen vorgezogen wird. Einige ausdauernde Kräuter, wie Lavendel, Thymian, Rosmarin und Salbei, können Sie nur unter geschützten Bedingungen mit viel Licht und Wärme großziehen.

Für den »Kräuter-Kindergarten« benötigen Sie eine warme, helle Fensterbank. Ausgesät wird in Blumentöpfen oder Saatschalen. Sie können auch Fensterbank-Gewächshäuser verwenden. Alle Gefäße sollten einen gut funktionierenden Wasserabzug am Boden haben. Legen Sie Topfscherben oder Kieselsteine über die Löcher, damit sie nicht verstopfen. Als unterste Schicht füllen Sie etwa fingerdick Sand in die Töpfe oder Schalen.

Die Erdmischung soll locker und leicht sein. Außer feinem Kompost verwenden Sie dafür reinen Sand und eventuell etwas Rindenhumus. Nur wenn Sie nichts anderes bekommen können, nehmen Sie Fertigerde.

Drücken Sie die Oberfläche leicht mit der Hand oder mit einem kleinen Holzstück glatt. Dann streuen Sie dünn den Samen aus und überdecken ihn leicht mit feinem Kompost. Zum Schluß drücken Sie die Erde mit den Fingern ganz behutsam an und befeuchten sie dann vorsichtig mit einem Wasserzerstäuber. Die Saat darf von diesem Zeitpunkt an nie trocken werden.

Je wärmer und feuchter die Umgebung ist, desto rascher und gleichmäßiger keimen die Samen. Legen Sie deshalb auf Saatschalen und Blumentöpfe eine Glasscheibe. Noch besser wirkt eine Plastikhaube. Stülpen Sie einfach einen Gefrierbeutel passender Größe über ein Gestell, das Sie sich aus zwei Drähten selber zurechtbiegen und über Kreuz in den Topf stecken. Unter diesem durchsichtigen Dach entsteht eine feucht-warme Atmosphäre, ähnlich wie unter dem Deckel des Mini-Gewächshauses.

Wenn sich das erste Grün zeigt, müssen Sie die Saatgefäße regelmäßig lüften, damit die kleinen Pflänzchen kräftig und gedrungen wachsen. Zuviel Feuchtigkeit verursacht jetzt Fäulnis; bei zu wenig Licht schießen die Keimlinge langbeinig und schwächlich in die Höhe.

Sobald Sie die kleinen Pflänzchen zwischen den Fingern fassen können, setzen Sie sie einzeln oder in Büscheln in kleine Töpfe mit sandiger Erdmischung um. Gut eignen sich auch Multitopfplatten aus Kunststoff. Hier können die kleinen Kräuter kräftige Wurzeln bilden.

Erst ab Mitte Mai, wenn keine strengen Fröste mehr drohen, pflanzen Sie die liebevoll herangezogenen Südländer in den Garten um.

Mit etwas zusätzlicher Wärme können Sie auch früher frische Frühlingskräuter ernten. In diesem Fall verwenden Sie am besten ein Frühbeet mit Fenster oder einen Folientunnel. Dort können Sie einige Kräuter neben Radieschen und Salat aussäen: Kresse, Kerbel, Dill und Boretsch gedeihen hier rasch und zart. Auch einen Schnittlauchballen aus den Freilandbeständen können Sie zeitweise umquartieren und im Warmen antreiben. Auf diese Weise werden die ersten Salate und die ersten würzigen Kräuter gleichzeitig erntereif. Zu einer Zeit, in der im Freiland noch kalte Nächte das Wachstum bedrohen, sind diese frischen Vitaminspender ein unvergleichlicher Genuß!

Auch Folientunnel und Frühbeet müssen bei warmem Wetter gelüftet werden. Gießen Sie vormittags oder am frühen Nachmittag. Abends, wenn Tunnel und Kasten geschlossen werden, müssen die Blätter der Pflanzen wieder trocken sein. Sonst besteht in kühlen Nächten die Gefahr der Fäulnis. Beobachten Sie alle Vorkulturen unter Glas und Folie besonders sorgfältig, damit Ihre Kräuter auch unter diesen etwas künstlichen Bedingungen so gesund und normal wie möglich wachsen.

Auspflanzen: mehrjährige Kräuter

Im Frühling oder im Herbst werden die vorgezogenen Staudenkräuter – vom Gärtner oder aus eigener Anzucht – in den Garten verpflanzt. Günstig sind die Monate April bis Mai oder Ende September bis Anfang November.

Der Boden des Beetes wird so vorbereitet, wie es schon in den Kapiteln »Bodenvorbereitung« und »Aussaat« beschrieben ist. Entfernen Sie in der Nachbarschaft der ausdauernden Kräuter das Unkraut ganz besonders sorgfältig, damit es später keine »Verfilzungen« gibt! Achten Sie immer wieder auf genügend

Ein Gewächshaus bietet ideale Bedingungen für die Anzucht wärmebedürftiger Kräuter wie Basilikum und Paprika.

Abstand zwischen den einzelnen Kräutern, damit die Pflanzen auch dann, wenn sie ihre volle Größe erreicht haben, noch viel Luft und Licht bekommen. Stauden bleiben ja viele Jahre am gleichen Platz stehen und müssen lange Zeit miteinander auskommen. Wenn sie zu dicht zusammenwachsen, werden die Pflanzen anfälliger für Krankheiten und Schädlinge.
Nachdem Sie die vorgezogenen, gut durchgewurzelten Stauden im richtigen Abstand auf dem Beet ausgelegt haben, graben Sie mit einer kleinen Schaufel Löcher, die mit reifem Kompost gefüllt werden. Setzen Sie die Pflanzen genau so tief in die Erde, wie sie vorher im Topf standen. Dann füllen Sie das Loch mit Humus zu und drücken die kleine Staude leicht mit den Händen an. So bekommen die Wurzeln überall Kontakt mit der Erde. Zum Schluß gießen Sie behutsam an. Achten Sie darauf, daß die Kräuter in den kommenden Wochen gleichmäßig feucht gehalten werden. Erst wenn sie gut eingewurzelt sind, vertragen sie auch Trockenheit.

Vermehren: Samen, Stecklinge, Wurzelausläufer, Absenker, Teilung

Viele Staudenkräuter lassen sich durch Aussaat vermehren. Über die Anzucht der empfindlichen Arten haben Sie schon im Kapitel »Vorkultur und Wärme« alles Wichtige erfahren. Robustere Kräuter können Sie auch auf einem kleinen, sorgfältig vorbereiteten Beet im Freiland aussäen. Hier wachsen zum Beispiel Zitronenmelisse, Schnittlauch, Origano, Pimpinelle, Beifuß, Engelwurz und Liebstöckel heran.

Vorgezogene Kräuter kann man überall kaufen.

Bei der **Aussaat** entsteht meist ein großer Überfluß von jungen Pflanzen. Wer seine Bestände nur durch wenige ausgewählte Kräuter bereichern möchte, der wählt besser andere Methoden der Vermehrung. Besonders unkompliziert ist die **Teilung**. Dazu eignen sich zum Beispiel Zitronenmelisse, Schnittlauch, Balsamkraut, Origano und Indianernessel. Diese Stauden bilden mit der Zeit einen umfangreichen Wurzelstock, den Sie ganz oder teilweise mit der Grabgabel herausheben. Dann trennen Sie den »großen Brocken« mit dem Spaten oder mit einem scharfen Messer in mehrere Stücke. Manche Pflanzen lassen sich auch mit den Händen auseinanderreißen. Gehen Sie bei allen Methoden der Teilung mit den Wurzeln immer so schonend wie möglich um! Die Einzelstücke werden gleich wieder mit genügend großem Abstand eingepflanzt. Sie dürfen dabei nicht tiefer in die Erde gedrückt werden als vorher. Diese Wurzelteilung bedeutet für die Gewürzstauden eine Verjüngung und für den Gärtner eine kostenlose Vergrößerung seiner Bestände.

Manche Kräuter bilden **Wurzelausläufer**, die unter der Erde immer weiter wandern. Hier ist die Vermehrung besonders einfach. Trennen Sie mit dem Spaten ein Wurzelstück samt dem grünen Trieb ab und pflanzen Sie es neu ein. Die oberirdischen Pflanzenteile müssen dabei um mindestens die Hälfte eingekürzt werden. Diese Form der Vermehrung können Sie bei Estragon und Pfefferminze anwenden.
Nur durch einzelne **Wurzeln oder Wurzelstücke**, die ausgegraben und wieder eingesetzt werden, lassen sich Liebstöckel, Alant, Beinwell und Meerrettich vermehren. Günstige Zeiten für die Wurzelteilung oder die Verpflanzung von Ausläufern und Wurzelstücken sind der Herbst oder das zeitige Frühjahr.
Stecklinge können Sie im Sommer schneiden, von Juni bis August. Wählen Sie dazu junge Triebe, die noch nicht verholzt sind, aber schon genügend Festigkeit haben. Ein Steckling wird mit einem scharfen Messer abgetrennt, ohne daß der Stengel gequetscht wird. Er soll etwa 5–7 cm lang sein. Die unteren Blätter schneiden Sie ab und stecken die Zweigspitzen dann in kleine Blumentöpfe, die mit einem Kompost-Sand-Gemisch gefüllt sind. Am besten wird der »Nachwuchs« dann im Frühbeet oder in einem Folientunnel untergebracht. Die Töpfchen müssen gleichmäßig feucht und schattig gehalten werden, bis sich die kleinen Pflänzchen bewurzelt haben. Sie merken es daran, daß sie zu wachsen beginnen und neue Blätter entwickeln. Dann werden die Stecklinge in etwas größere Töpfe umgesetzt.
Diese Jungpflanzen bleiben über Winter im geschlossenen Frühbeet. Sie können sie auch an einem mäßig warmen, hellen Fenster im Haus überwintern. Ausgepflanzt werden sie im nächsten Frühling. Durch Stecklinge können Sie zum Beispiel Salbei, Rosmarin, Lavendel, Ysop, Estragon, Thymian und Bergbohnenkraut vermehren. Manchmal nehmen Ihnen die Staudenkräuter aber auch die Arbeit ab. Ältere Pflanzen, zum Beispiel beim Salbei, biegen ihre Zweige bis zum Boden herunter und schlagen

Schnitt eines Eberrauten-Stecklings.

Salbei-Stecklinge sollen in Erde bewurzeln.

Teilung eines Schnittlauchballens.

dort ganz von selbst Wurzeln. Sie brauchen diese **Absenker** nur noch abzutrennen und zu verpflanzen.
Denken Sie bei allen Künsten der Vermehrung immer daran, daß das Abtrennen von Wurzeln oder Stecklingen stets einen schmerzlichen Eingriff ins Pflanzenleben bedeutet. Behandeln Sie deshalb Ihren »Kräuter-Kindergarten« behutsam und mit viel Einfühlungsvermögen. Trübe, leicht regnerische Tage sind für die Entwicklung neuen Lebens besser geeignet als strahlendes Sonnenwetter. Bei großer Hitze können die Wurzeln, die noch nicht voll funktionsfähig sind, nicht genügend Wasser »nachpumpen«. Die Pflanzen welken dann rasch – sie erleiden gewissermaßen einen Kreislaufkollaps. Bei feuchtem Wetter schlagen sie dagegen mühelos in der neuen Umgebung Wurzeln, und sind bald kräftig genug, um auch mit schwierigen Wetterbedingungen fertig zu werden.

Überwinterung: im Freiland, in Töpfen, Kübeln und Frühbeetkästen

Kräutergärtner können sich nicht damit abfinden, daß sie viele Wintermonate lang ohne frisches Grün, ohne Vitamine und ohne Duft und Würze verbringen sollen. Sie sinnen seit jeher auf Auswege, und ihre Erfahrungen beweisen, daß auch in der kalten Jahreszeit eine Kräuter-Kultur im kleinen Rahmen möglich ist. Es kommt, wie so oft im Leben, auf die Überlistung widriger Umstände und auf Geduld an. Kurzum: Man muß sich etwas einfallen lassen.

Hell und kühl wollen Rosmarin und Duftblattgeranien im Winter stehen – ähnlich wie Oleander und Alpenveilchen.

Winterharte Kräuter

Diese Kräuter bleiben auch während der kalten Jahreszeit im Garten grün: das Löffelkraut, die Winterkresse, der Winterportulak, die in fließendem Wasser wachsende Brunnenkresse und teilweise die Winterheckezwiebel. Auch die Petersilie überwintert im Freien und behält einen großen Teil ihrer Blätter. Sogar von der Weinraute, vom Thymian, Salbei, Bergbohnenkraut und Lavendel können Sie hier und da ein paar Blätter oder kleine Zweige pflücken. Sie besitzen allerdings in dieser Zeit nur einen schwachen Abglanz des Aromas, das sie an heißen Sommertagen speichern.

Alle anderen Kräuter, auf deren Würze Sie nicht verzichten möchten, müssen »künstlich« überwintert werden. Um einen besseren Überblick zu bekommen, kann man sie in drei Gruppen einteilen:

- Kühle Überwinterung mit Ruhezeit
- Mäßig warme Überwinterung im Haus
- Überwinterung im Frühbeetkasten

Kühle Überwinterung mit Ruhezeit

Darauf sind vor allem diejenigen Gewürzpflanzen angewiesen, die aus südlichen Heimatländern stammen und bei uns nicht frosthart sind. Rosmarin, Lorbeer und Zitronengeranie sind solche Topf- und Kübelpflanzen. Sie verbringen den Sommer im Freien und müssen im Spätherbst ins Haus geholt werden. Sie dürfen sie aber nie in einen dunklen Keller stellen! Ein kühler, frostfreier Platz, der unbedingt hell und luftig sein muß, ist das richtige Quartier für diese Gewächse. Ein altmodischer Wintergarten wäre der Idealfall! Aber auch im Treppenhaus, in einem frostfreien Gartenhaus oder in einem unbeheizten Schlafzimmer sind sie gut untergebracht. Die Südländer machen eine Ruhezeit durch und werden nur sparsam gegossen. Allerdings dürfen sie nie ballentrocken werden und die Blätter abwerfen. »Rappeltrocken« und »tropfnaß« – das sind die beiden Extreme, die Sie unbedingt vermeiden müssen. Mäßige Feuchtigkeit nach Bedarf – so könnte man den Idealzustand beschreiben, den Sie bald »im Gefühl« haben werden, wenn Sie Ihre Pflanzen aufmerksam beobachten.

Theoretische Beschreibungen und kluge Bücher können immer nur Wegweiser sein, marschieren müssen Sie selber auf der langen Straße der Erfahrungen. Aber das ist ja gerade die Übung, die alle Gärtner fit und bei guter Laune erhält. Haben Sie also – im Winter wie im Sommer – keine Angst vor dem eigenen Spürsinn; daraus erwächst das Fingerspitzengefühl im Umgang mit den stummen Pflanzenwesen, die ja niemals laut klagen können, wenn ihnen etwas fehlt. Haben Sie auch keine Angst davor, daß man Sie auslachen könnte, wenn Sie mit Ihren Pflanzen Zwiesprache halten. Es gibt viel mehr Menschen, die mit ihren Blumen, Salatköpfen oder Rosmarinstöcken reden, als man glaubt!

Dieser kleine Anstoß zum persönlichen Umgang mit Pflanzen ist für die schwierige Winterzeit besonders angebracht – denn schon manches hoffnungsvolle Pflänzchen wurde in diesen dunklen Monaten nach Vorschrift zu Tode gepflegt, während ein wenig Herz und Mut zur eigenen Entscheidung ihm das Leben gerettet hätte.

Außer denjenigen Kräutern, die vor nordischem Frost in Sicherheit gebracht werden, können Sie auch noch andere hereinholen, um sie für die Küche greifbar zu haben. Thymian, Zitronenthymian, Bergbohnenkraut, Lavendel, Salbei, Ysop und Origano lassen sich ebenfalls in Gefäßen im Haus überwintern. Zu diesem Zweck topfen Sie Pflanzen, die noch nicht ganz erwachsen sind, rechtzeitig im Spätsommer ein und bringen sie vor dem ersten Frost an den neuen Standort. Für sie gelten die gleichen Pflegebedingungen wie für Rosmarin und Lorbeer. Pflücken Sie von diesen Wintergästen aber nur sehr sparsam würzende Blätter. Ihre Ruhezeit bedeutet auch eine natürliche Schonzeit.

Mäßig warme Überwinterung im Haus

Dafür eignen sich ganz andere Kräuter. Sie wachsen trotz der kalten Jahreszeit auf einer wohltemperierten Fensterbank weiter und können ständig zum Würzen benutzt werden. Dazu gehören: Schnittlauch, Petersilie, Kresse, Kerbel, Melisse, Basilikum und Kapuzinerkresse. Junge Melissenpflanzen und Basilikum topfen Sie am besten schon im Frühling für diesen Zweck ein und pflegen sie den Sommer über im Garten. Sie müssen vor den ersten kalten Nächten ins Haus geholt werden. Kapuzinerkresse und Petersilie säen Sie im Sommer (Juli bis August) extra in Töpfe, die für die Winterernte bestimmt sind.

Schnittlauchballen und Wurzelpetersilie graben Sie im Herbst aus. Der Schnittlauch bleibt noch einige Zeit im Freien liegen. Er soll trocknen und durchfrieren. Erst danach wird er – während des Winters – eingetopft und zum Treiben ins Haus geholt. Die Wurzelpetersilie pflanzen Sie gleich im Herbst in Töpfe und schneiden das Laub ab. Sie wird dann noch einmal mit den Gefäßen eingegraben und mit Grasmulch zugedeckt. Im Winter holen Sie sich diese Töpfe nach Bedarf ans Küchenfenster, um sie dort anzutreiben.

Kresse und Kerbel werden dagegen im warmen Raum auf der Fensterbank ausgesät. Sie wachsen in Schalen oder Töpfen, Kresse gedeiht sogar auf feuchter Watte in einem Suppenteller. Die Aussaat dieser beiden schnellwachsenden Kräuter können Sie so oft wiederholen, wie sie gebraucht werden.

Alle Kräuter, die im Winter auf Ihrer Fensterbank weiterwachsen sollen, brauchen mäßige Wärme und viel Licht. Sie müssen also direkt hinter der Scheibe stehen! Auch bei diesem Mini-Gewürzgarten lassen Sie sich am besten von Ihrem Gefühl und Ihren Beobachtungen leiten. Pflanzen, die zu warm stehen, die aus lauter Fürsorge zuviel Wasser bekommen oder die unter trockener Zentralheizungsluft leiden, werden leicht von Ungeziefer befallen.

Sie treiben kraftlose, lange Triebe, die zu nichts nütze sind. Deshalb gilt für die Wintertreiberei die wichtigste Regel: Versuchen Sie in allem ein vernünftiges, gesundes Maß einzuhalten. Wärme ist nötig zum Wachsen, aber sie darf nicht übertrieben werden. Ebenso verhält es sich mit der Feuchtigkeit.
Am besten verträgt das Basilikum die Kultur im warmen Zimmer. Es wird auch in seiner südlichen Heimat, in Italien, oft als Topfpflanze gehalten. Alle anderen Kräuter halten die Treiberei nur ein paar Wochen lang aus. Dann geht ihr Leben zu Ende, oder sie müssen ins Freiland zurückgebracht werden. Dennoch lohnt sich der Versuch, einige Winterwochen zu überbrücken und in dieser Zeit stets frisches, würziges Grün auf der Fensterbank vorrätig zu haben.

Überwinterung im Frühbeetkasten

Säen Sie im Sommer Petersilie und Winterportulak direkt im Frühbeet aus. Sie wachsen bis zum Frost noch kräftig heran. Dann schließen Sie die Fenster. So können Sie auch bei Kälte und Schnee mühelos grüne Blätter ernten. Wer mehrere Frühbeete besitzt und eines davon ganz für Kräuter nutzen möchte, der kann auch noch andere »Wintergrüne«, wie Löffelkraut und Barbarakraut, dort einquartieren. Sie werden wie die Petersilie im Spätsommer ausgesät. Statt des geschlossenen Kastens lassen sich auch Folientunnel verwenden.
Schnittlauchballen, Estragonwurzeln, ein Wurzelstück vom Melissenstock, Wurzelpetersilie und Sellerieknollen können Sie gleichfalls im Herbst ins Frühbeet bringen. Dort treiben sie, wenn auch nicht gerade im harten Winter, so doch im frühesten Frühling aus. Sie können dann bereits frische Kräuter ernten, wenn sich draußen im Garten noch nichts regt.

Im Winter sind frische Kräutervorräte auf der Fensterbank besonders begehrt.

Die Gesundheit stärken

Der erste Schritt zum gesunden Kräutergarten ist ein positiver Gedanke: Was kann ich tun, um die Gesundheit der Pflanzen zu stärken? Dann brauchen Sie die negative Frage »Was muß ich gegen Krankheiten unternehmen?« nur selten zu stellen. Die Grundlage des gesunden Wachstums ist ein gepflegter, humusreicher Boden, der nach naturgemäßen Methoden bearbeitet wird. Dafür kann jeder Bio-Gärtner sorgen.

Eine wichtige Voraussetzung für gutes Gedeihen ist auch die Anpassung an das örtliche Klima. In milden Weinbaulandschaften wachsen die Kräuter des Südens problemlos und üppig. In rauhen Mittelgebirgslagen muß der Kräutergärtner dagegen Salbei, Rosmarin und Thymian mit größerer Sorgfalt behandeln. Diese wärmeliebenden Gewächse brauchen dort einen besonders geschützten Platz. Statt des empfindlichen Französischen Thymians sollte der robustere Deutsche Thymian gepflanzt werden. Es lohnt sich, in solchen Gärten mehr heimische Kräuter zu ziehen, die Kälte, Wind und Feuchtigkeit besser vertragen. Schon durch überlegte Sortenwahl und einen sorgfältig ausgesuchten Standort kann der Gärtner manchem Schaden vorbeugen.

Auch Abwechslung und Mischkulturen tragen zur Gesundheit der Kräuter im Garten bei. Die einjährigen Gewürze und Heilpflanzen sollten Sie jedes Jahr an einem anderen Platz aussäen. Dann wird die Erde nicht einseitig beansprucht. Bei der Petersilie macht sich der regelmäßige Wechsel besonders positiv bemerkbar. Dieses Kraut ist mit sich selbst unverträglich; es darf nie hintereinander an der gleichen Stelle gesät werden, sonst kümmert es.

Genügend Licht und Luft tragen ebenfalls zum gesunden Gedeihen der Kräuter bei. Ein Gärtner, der auf sonnige Lage und reichlich Pflanzenabstand achtet, beugt bereits manchem Ärger vor. Denn dichter Wuchs und stickige Verhältnisse fördern nur das Gedeihen von Läusen und Pilzerkrankungen. In kleinen Kräutergärtchen sollten Sie sich deshalb vor übergroßer Fülle hüten. Eine wohlüberlegte Auswahl gedeiht dort besser und gesünder als ein wucherndes Durcheinander.

Ungünstige Nachbarschaft meiden

Auch unter den duftenden Kräutern gibt es solche, die sich »nicht riechen können«. Wer sie ahnungslos nebeneinander pflanzt, der wird sich wundern, warum sie nicht recht gedeihen wollen. Gärtner, die im Sinne der Natur arbeiten, werden solche ungünstigen Nachbarschaften meiden. Auch eine solche Kenntnis der Lebensgewohnheiten im Pflanzenreich trägt wieder einen Teil zum gesunden Wachstum bei.

Merken Sie sich die folgenden ungünstigen Kombinationen, um sie in Zukunft zu meiden:

- Zitronenmelisse und Goldmelisse (Indianernessel)
- Pfefferminze und Kamille
- Kümmel und Fenchel
- Petersilie und Salat
- Wermut ist vielen Pflanzen unangenehm, er behindert sie in ihrer ungestörten Entfaltung. Pflanzen Sie das Kraut mit dem strengen, bitteren Geruch deshalb möglichst etwas abseits.
- Liebstöckel ist gleichfalls für viele Pflanzen kein angenehmer Nachbar. Geben Sie auch diesem mächtigen, starkriechenden Kraut möglichst einen Extraplatz. So gehen Sie »grünem Ärger« aus dem Weg.

Kräuter sind nicht nur für Menschen wertvoll, sie stärken auch die Gesundheit ihrer Nachbarn auf dem Gartenbeet.

Naturarznei für kranke Kräuter

»Für alles ist ein Kraut gewachsen.« Diese Weisheit gilt auch für den Kräutergarten. Natürliche Arznei, die gegen Krankheiten und Schädlinge im Notfall eingesetzt werden kann, wächst gleich nebenan. Bei guter Pflege wird sie allerdings nur selten gebraucht. Die meisten Gewürz- und Heilpflanzen sind nicht anfällig. Große Blattlausplagen oder gefährliche Pilzkrankheiten, die im Gemüse- und Obstgarten größere Ausmaße annehmen können, sind im Kräutergarten sehr selten.
Vielleicht wirkt die Fülle intensiver Düfte auf gewisse Schädlinge sogar abwehrend oder irritierend. Wenn trotzdem einmal durch Kulturfehler oder durch ungünstige Witterung schwarze Läuse am Boretsch oder Mehltau an der Zitronenmelisse auftauchen, dann können Sie Ihren Kräutern durch Kräuter-Arznei helfen. Wermut und Rainfarn wirken zum Beispiel als Spritzbrühen gegen Läuse und Milben. Seit Jahrhunderten wurden diese starkriechenden Pflanzen bereits gegen allerlei Ungeziefer eingesetzt. Diese Pflanzenbrühen können Sie ohne Angst vor schädlichen Nebenwirkungen unbesorgt bei den empfindlichen Gewächsen des Kräutergartens anwenden.

Rainfarn-Tee

Für 10 Liter Wasser benötigen Sie 300 Gramm frisches Rainfarnkraut (Blüten und Blätter) oder 30 Gramm getrocknete Droge. Gießen Sie das Wasser kochend über das Kraut, und brühen Sie so einen starken Tee auf, der 10 bis 15 Minuten ziehen soll. Dann gießen Sie

Wenn Sie Wermut und Rainfarn trocknen, haben Sie jederzeit Vorräte für schädlingsabwehrende Kräuter-Brühen.

die Flüssigkeit ab. Nachdem der Rainfarn-Tee abgekühlt ist, wird er 1:3 mit Wasser verdünnt und kann dann gegen Milben und anderes Ungeziefer gespritzt werden. Mit Schachtelhalmbrühe vermischt wirkt der Tee auch vorbeugend gegen Pilzerkrankungen.

Wermut-Tee

Aus 300 Gramm frischen Wermutblättern oder 30 Gramm getrocknetem Kraut bereiten Sie mit 10 Liter Wasser einen Tee zu. Das Rezept ist das gleiche wie beim Rainfarn. Im Frühling kann der Wermut-Tee unverdünnt über gefährdete Pflanzen gesprüht werden. Im Sommer sollten Sie ihn 1:3 mit Wasser verdünnen. Dieses pflanzliche Spritzmittel wehrt Läuse, Raupen und Ameisen ab.

Schachtelhalm-Brühe

Dieses Wildkraut aus den Urzeiten der Erde hat sich seit langem als vorbeugendes Mittel gegen Pilzerkrankungen bewährt. Frischer Schachtelhalm wird von Mai bis August gesammelt. Sie können auch getrocknetes Kraut kaufen. Im Handel wird auch ein Flüssig-Extrakt dieses Krautes angeboten. Für 10 Liter Wasser braucht man 300 Gramm frisches Kraut oder 30 Gramm getrocknete Droge.

Schachtelhalm wird zunächst mit der nötigen Wassermenge über Nacht eingeweicht. Nach etwa 24 Stunden erhitzen Sie das Kraut mit der Einweichflüssigkeit bis zum Sieden und lassen es noch eine Viertelstunde leise weiterkochen. Nach dem Abkühlen wird die abgesiebte Schachtelhalm-Brühe 1:5 mit Wasser verdünnt. Versprühen Sie sie vom Frühling bis zum Sommer mehrmals vorbeugend über gefährdete Pflanzen. Dies geschieht am besten vormittags bei sonnigem Wetter.

Der kieselsäurehaltige Schachtelhalm-Auszug stärkt die Oberfläche der Blätter und erschwert dadurch das Eindringen von Pilzinfektionen. Dieses natürliche Spritzmittel wirkt vor allem vorbeugend. Wenden Sie die Brühe öfter an in der Zeit von Juni bis August.

Frischer Schachtelhalm wird zerkleinert und in einen 10-Liter-Eimer gefüllt.

Mit Regenwasser aufgefüllt, bleibt der Ansatz für die Brühe über Nacht stehen.

Biologischer Pflanzenschutz für den Notfall

Es wäre sehr widersinnig, wenn ausgerechnet im Heilkräutergarten Gift versprüht würde. Selbst mit natürlichen Pflanzenschutzmitteln, die stärker wirken, sollten Sie sehr vorsichtig umgehen. Nützlingsschonend und umweltfreundlich sind Niembaum-Präparate, die Sie im Fachhandel oder im Spezialversand kaufen können. Diese Mittel helfen unter anderem gegen Blattläuse, Weiße Fliegen, Spinnmilben, Raupen und Schnecken. Weniger empfehlenswert sind Pyrethrum-Präparate, die Auszüge aus den Blüten einer Margeritenart enthalten. Diese natürlichen Substanzen wirken gegen Läuse, Milben und Weiße Fliegen; sie töten aber auch Nützlinge. Ihr Vorteil: Das Gift zersetzt sich unter Lichteinfluß schon innerhalb weniger Stunden.

Bei Pilzerkrankungen können Sie außer den selbsthergestellten Spritzbrühen auch biologische Handelspräparate, wie zum Beispiel »BioBlatt Mehltaumittel«, »Bio-S«, »Pilzvorbeuge« oder »Milsana« verwenden. Bezugsquellen für alle Präparate finden Sie im Anhang.

Handeln Sie immer sehr behutsam. Im sensiblen Reich der Düfte, der Würze und der Heilstoffe ist leicht etwas verdorben. Wenn Sie alle positiven Mittel einsetzen, die die Gesundheit fördern, erweisen Sie Ihrem Kräutergarten den besten Dienst. Spritzmittel – auch die natürlichen – sind immer ein Notbehelf.

Tips aus der Praxis

Was hilft, wenn …

Es gibt eigentlich nur wenige Problem-Kräuter, die dem Gärtner unter bestimmten Umständen wirklich Kummer bereiten können. Wie Sie einem Schaden vorbeugen oder sich in Notfällen helfen können, zeigen Ihnen die folgenden Tips aus der Praxis.

… die Petersilie gelb wird

Zum Kummer des Kräutergärtners fällt manchmal die üppig-grüne Pracht der Petersilie von einem Tag zum anderen einem unsichtbaren Feind zum Opfer. Die Blätter werden gelb und kraftlos; Stengel lassen sich ohne Widerstand ausziehen; Wurzeln sind zerfressen oder faul. Für dieses Fiasko gibt es zwei Gründe: Nematoden (Wurzelälchen) dringen in die Wurzeln ein und verursachen Fäulnis, oder die Maden der Möhrenfliege fressen Gänge in die Wurzeln und lassen die Pflanzen welken.
So können Sie sich gegen Nematoden wehren: Entseuchen Sie die Erde ein Jahr vor der Petersilienaussaat durch Tagetes und Ringelblumen. Die Wurzelausscheidungen dieser Pflanzen vertreiben die Älchen. Vorbeugend wirkt auch schon eine Mischkultur von Petersilie und Tagetes.
Gegen die Möhrenfliege helfen Mischkulturen aus Petersilie und Schnittlauch oder Petersilie und Zwiebeln. Vorbeugend wirkt auch Tee aus Wermut oder Rainfarn, der öfter über die Petersilie gesprüht wird. Ganz allgemein wichtig für ein gesundes Wachstum der Petersilie ist der ständige Wechsel des Standortes. Säen Sie das Kraut jedes Jahr an einen anderen Platz!

… Erdflöhe die Kresse überfallen

Radieschen, Kohl, Gurken und auch die Kresse sind bei den Erdflöhen besonders beliebt. Sie gefährden vor allem die jungen Aussaaten im Frühling. Die kleinen, beweglichen Käfer fühlen sich auf trokkener Erde wohl. Vorbeugend wirken deshalb schon alle Maßnahmen, die den Boden feucht halten: Mulchen, Hacken, und notfalls auch Gießen.
Legen Sie rund um die gefährdeten Pflanzen blühenden Ginster aus. Die duftenden Zweige halten die Erdflöhe zurück.

… der Dill kümmert

Manchmal findet die Möhrenfliege auch an den langen Pfahlwurzeln des Dills Gefallen. Dann gelten die gleichen Abwehrmaßnahmen wie bei der Petersilie.

In der Mischkultur, vor allem mit Gurken, gedeiht Dill besonders gut und üppig.

Dill reagiert aber auch – empfindlicher als manches andere Kraut – auf ungünstige Standorte. Er möchte am liebsten mit den »Füßen« im feuchten Schatten und mit dem »Kopf« in der Sonne stehen. Besonders gut und gesund gedeiht Dill deshalb auf einem Gurkenbeet. Die langen Ranken mit den großen Blättern sorgen dort für Bodenschutz und gleichmäßige Feuchtigkeit. Hoch über den Gurken kann sich dagegen das Dillkraut im vollen Licht entfalten. So fördert

diese Mischkultur ein harmonisches Wachstum des aromatischen Krautes. Achten Sie beim Samenkauf gerade bei Dill auf gute Qualitätszüchtungen, auf keimgeschützte Verpackung und auf das Haltbarkeitsdatum. Denn wie die Saat, so die Ernte!

... die Pfefferminze »rostig« wird

Im allgemeinen gehören die verschiedenen Pfefferminzarten zu den robusten Kräutern, die eher durch übermäßiges Wuchern als durch Krankheiten auffallen. Trotzdem kann es manchmal geschehen, daß das Kraut durch zu engen Wuchs an einem schlecht durchlüfteten Standort vom Pfefferminzrost befallen wird. Gegen diese Pilzerkrankung hilft am besten ein radikaler Rückschnitt. Der frische Austrieb ist dann meist wieder gesund.
Um einen neuen Ausbruch der Krankheit zu vermeiden, müssen Sie aber die Ursachen beseitigen. Verschaffen Sie der Pfefferminze sobald wie möglich einen Standort, der ihrer Natur gemäß ist. Im Halbschatten, am Rand einer Hecke oder auch in der Nähe eines Teiches fühlt sich das Kraut besonders wohl. Sorgen Sie auch dafür, daß die Pflanzen nicht zu dicht durcheinander wuchern. Ab und zu muß ein wenig ausgelichtet werden. Vermeiden Sie auch ungünstige Nachbarschaften: Kamille sollte nicht in direkter Nähe der Pfefferminze wachsen.

... Schnecken junge Pflanzen fressen

Die zarten Keimblätter von Majoran, Portulak und Basilikum sind bei Schnecken besonders beliebt. Oft werden Aussaaten oder frischgesetzte Jungpflanzen über Nacht regelrecht abgegrast. Auch die ersten Triebe von Sauerampfer und Balsamkraut sind gefährdet. Beugen Sie dem Schaden rechtzeitig vor, indem Sie dicht neben solchen Kräutern kleine Plastikbecher ebenerdig eingraben. Füllen Sie diese Behälter zu zwei Dritteln mit Bier, und stülpen Sie dann einen größeren Becher darüber, in den Sie vorher mit einer Schere mehrere Eingänge schneiden. Dieses Dach, das die »Schneckenkneipe« vor Regen und das Bier vor dem Verwässern schützt, wird mit einem gebogenen Draht in der Erde verankert.
Schnecken aller Größen lockt der Biergeruch an. Wenn sie sich tief über den Rand beugen, fallen sie in das Gebräu aus Hopfen und Malz und ertrinken. So können Sie die unerwünschten Mitesser, ehe sie zur Plage werden, von den Kräutern ablenken.
Schützend und abwehrend gegen Schnecken wirken auch breite Sandstreifen rund um gefährdete Kulturen. Bei trockenem Wetter können Sie Gesteinsmehl, Kalk oder Holzasche ausstreuen. Bei Regen, also gerade dann, wenn viele Schnecken unterwegs sind, bleiben diese Mittel leider wirkungslos. Kalk und alle kalkhaltigen Produkte dürfen außerdem nur in sehr geringen Mengen bei solchen Kräutern verwendet werden, die dieses Mineral vertragen.
Wichtig ist auch, daß Sie unter dichtwachsenden Blättern regelmäßig nachschauen: Hier verkriechen sich die Schnecken gern im feuchten Schatten. Diese Vorliebe können Sie sich auch zunutze machen: Legen Sie Bretter, feuchte Säcke oder große Blätter als Fallen aus. Morgens können Sie darunter viele Schnecken finden und einsammeln.
Eine gewisse Abwehrwirkung gegen die schleimigen Kriechtiere üben auch einige starkduftende Pflanzen des Kräutergartens aus. Dazu gehören zum Beispiel Salbei, Thymian und Ysop. Auf diese natürlichen Helfer ist aber nur begrenzt Verlaß.

Medizin für den Garten

Die heilsamen Kräfte der Kräuter kommen nicht nur den Menschen zugute; sie wirken sich auch wohltuend auf den ganzen Garten aus, wenn diese aromatischen Pflanzen gezielt und sinnvoll eingesetzt werden. Bestimmte Kombinationen von Gemüse und Kräutern oder von Blumen und Kräutern helfen zum Beispiel bei der Abwehr von Schädlingen.

Mischkultur mit Kräutern

Säen Sie das einjährige Bohnenkraut möglichst immer an den Rand des Buschbohnenbeetes. Der starke Duft der Gewürzpflanzen hält die schwarzen Läuse von den Bohnen ab. Diese Mischkultur hat sich sehr bewährt.

Die ebenfalls intensiv duftenden Kräuter Salbei und Thymian üben eine gewisse abwehrende Wirkung auf Kohlweißlinge und Schnecken aus. Um einen stärkeren Schutz zu erreichen, müßte ein Kräutergärtner dichte Hecken aus Salbei und Thymian um die Beete pflanzen. In den meisten Fällen ist dies im Gemüsegarten nicht praktisch. Verwenden Sie deshalb diese Kräuter nur als Ergänzung zu anderen Methoden des naturgemäßen Pflanzenschutzes.

Pfefferminze kann ebenfalls zur Abwehr von Kohlweißlingen und Erdflöhen eingesetzt und zu diesem Zweck an den Rand des Kohlbeetes gepflanzt werden. Zwei Gründe machen es etwas schwierig, diese hilfreichen Eigenschaften der Pfefferminze ständig zu nutzen: Die Pflanzen wuchern zu stark, und sie gedeihen längere Zeit am gleichen Ort, während der Kohl das Beet wechselt.

Die Kapuzinerkresse hält Blutläuse von Obstbäumen fern, wenn sie auf die Baumscheiben gesät wird. Andererseits zieht sie schwarze Läuse an und entlastet durch diesen »Dienst« die Nachbarpflanzen.

Aus Rainfarn können Sie am Rand des Gartens eine schützende kleine Hecke pflanzen, die Ungeziefer abwehrt. Im Blumengarten bewährt sich die Kombination von Rosen und Lavendel. Sie sieht hübsch aus und verspricht einen gewissen Schutz vor Läusen. Hundertprozentig können Sie sich aber nicht auf den »Schutzengel« Lavendel verlassen. Andere naturgemäße Maßnahmen zur gesunden Entfaltung der Rosen müssen hinzukommen.

Einige Kräuter üben auf ihre Nachbarn im Gemüsegarten ganz einfach eine positive Wirkung auf das Wachsen und Gedeihen aus. Aus diesem Grunde sollten Sie Petersilie oder Schnittsellerie zu den Tomaten säen. Die verwandten Doldenblütler Kümmel, Fenchel und Koriander üben einen guten Einfluß auf Gurken, Zwiebeln und Möhren aus. Die Kapuzinerkresse fördert das Wachstum von Kartoffeln.

Auch auf die Aromabildung der Nachbarpflanzen können Kräuter sich günstig auswirken. So wachsen neben Kresse besonders wohlschmeckende Radieschen, und Kümmel verbessert den Geschmack der Kartoffeln.

Sicher gibt es noch mehr Möglichkeiten der erfolgreichen Mischkultur von Kräutern und Nutzpflanzen. Erproben und beobachten Sie auch selber solche Kombinationen im eigenen Garten. Auf diesem interessanten Gebiet gibt es noch manches zu entdecken. Wahrscheinlich spielen Düfte und die Wurzelausscheidungen der Kräuter bei der gegenseitigen Beeinflussung eine wichtige Rolle. Je intensiver Sie diese inhaltsreichen Pflanzen kennenlernen, desto sicherer werden Sie auch in der Wahl günstiger Nachbarschaften. Die eigene Beobachtung ist oft aufschlußreicher als alle kluge Theorie.

Die klassische Nachbarschaft von Rosen und Lavendel ist dekorativ und gesund.

Tummelplatz für hilfreiche Insekten

An warmen Sommertagen ist auch das kleinste Kräutergärtchen erfüllt vom endlosen Summen der Bienen und Hummeln. Die himmelblauen Blütensterne des Boretsch, der lila-rosa Teppich des Thymians und die unscheinbaren weißen Blüten der Zitronenmelisse locken die nützlichen Honigsammler wie Magnete an. Aber auch andere Insekten und Schmetterlinge erfüllen die duftenden Kräuterbeete mit wimmelndem, buntem Leben. Da die Wild- und Wiesenkräuter in der freien Natur immer mehr zurückgedrängt werden, bildet eine Gewürz- und Heilpflanzenecke im Garten eine kleine Oase, die mit dazu beiträgt, die Vielfalt des Lebens zu erhalten. Aus diesem Grund sollten Kräutergärtner immer einen kleinen Teil ihrer Ernte »opfern« und einige Pflanzen blühen lassen. Die Natur zahlt Ihnen diesen geringen Tribut an die Gemeinschaft der Lebewesen hundertfältig zurück: Bienen und andere Insekten bestäuben Obstbäume und Beeren; nützliche Schwebfliegen, Florfliegen und andere Insekten helfen bei der Schädlingsjagd mit. Schmetterlinge verzaubern die warmen Sonnentage. So kann ein Kräutergarten – neben allen anderen guten Eigenschaften – auch noch ein wenig zur Gesundung der Umwelt beitragen.

Die folgenden Kräuter locken mit ihren Blüten vor allem Bienen und Hummeln an: Zitronenmelisse, Herzgespann, Boretsch, Thymian, Origano, Lavendel, Salbei, Ysop, Bohnenkraut, Schnittlauch und Königskerzen.

Schwebfliegen ernähren sich von Honig und Blütentau; ihre Larven fressen dagegen große Mengen Blattläuse. Diese nützlichen Insekten können Sie mit Kräutern aus der Familie der Doldenblütler in Ihren Garten locken. Dazu gehören zum Beispiel Petersilie, Kümmel und Koriander. Zur gleichen Familie zählen auch Dill und Fenchel, die, ebenso wie der Kümmel, beim Schwalbenschwanz beliebt sind.

Brennesseln brauchen einige der bekanntesten Schmetterlinge dringend als Futterpflanzen für ihre Raupen. Pfauenauge, Kleiner Fuchs und Admiral legen ihre Eier an diesem heilkräftigen »Unkraut« ab, das jeder Kräutergärtner hoch achten sollte. Lassen Sie ein paar Brennnesseln und möglichst auch ein paar Disteln für den Distelfalter ungestört in einer Ecke des Gartens wachsen. Diese Pflanzen dürfen Sie dann auch nicht für Brennessel-Jauche schneiden!

So werden die Kräuter Ihres Gartens nicht nur zu einem Tummelplatz für Nützlinge, sondern auch zu einer unerschöpflichen Quelle vielfältigen Lebens. Diese herrlich duftenden Pflanzen dienen der Gesundheit der Erde, der Pflanzen, der Tiere und der Menschen.

Fenchel und Engelwurz bieten der selten gewordenen Schwalbenschwanzraupe Futter.

Im Kräutergarten findet der Schwalbenschwanz Blüten, die ihm Nektar schenken.

Gewürze – Heilkräuter – Duftpflanzen

Gewürze und Teepflanzen kann man nicht säuberlich trennen. Alle Pflanzen, die als würzige Aromaspender in der Küche verwendet werden, haben gleichzeitig auch heilsame Wirkungen. In den alten Klostergärten und auch in den Bauerngärten bildeten viele Jahrhunderte lang Arznei- und Gewürzpflanzen eine enge und selbstverständliche Gemeinschaft. Wenn Sie sich erst einmal längere Zeit mit Kräutern vertraut gemacht haben, dann wird Ihnen diese Kombination ganz einleuchtend und notwendig erscheinen. Mit den Heil- und Teepflanzen öffnet sich Ihr Küchengarten nach allen Richtungen: Wildpflanzen aus Wiesen und Wäldern halten Einzug und vermitteln Ihnen eine Ahnung von dem, was der berühmte Arzt Paracelsus schon im 16. Jahrhundert verkündete: »Alle Wiesen und Matten, alle Berge und Hügel sind Apotheken.«

Einige »Standard-Präparate« aus dieser unerschöpflichen »grünen Apotheke« können Sie ständig in Ihrem Garten vorrätig haben. Kräuter-Medizin ist nützlich für die vielen kleinen Beschwerden des Alltags. Sie soll nicht den Gang zum Arzt ersetzen und soll erst recht nicht zur Quacksalberei verführen. Aber ein Baldriantee oder ein duftendes Kräuterkissen, die keinerlei schädliche Nebenwirkungen haben, sind sicher bekömmlichere Schlafmittel als viele Pillen. Und das rote Johanniskraut-Öl hat schon manchen nervösen Zeitgenossen auf natürliche Weise wieder in einen ausgeglichenen Menschen verwandelt.

In der zwanglos bunten Gesellschaft aus Garten- und Wildkräutern können aber auch alle Köche und Küchenfeen schwelgen. Eine Fülle würziger Düfte und aparter Geschmacksrichtungen verlockt zum Ausprobieren immer neuer Rezepte. So rundet die frisch-säuerliche Zitronenmelisse die Salatsoße ab, während ihre getrockneten Blätter im Tee Herz und Nerven stärken.

Aber auch eine Heilpflanze kann »nebenbei« mit ihrem Wohlgeschmack zu überraschenden Delikatessen auf dem Speisezettel beitragen. So verfeinern die Blüten der Königskerzen, die normalerweise als Hustenmittel gebraucht werden, eine kräftige Fleischbrühe; und die Gundelrebe, die bei Magenverstimmungen hilft, würzt auch einen Frühlings-Wildkräuter-Salat. Die altmodisch-bezaubernde Eberraute bringt sogar drei verschiedene Verwendungsmöglichkeiten mit: eine kräftige, sehr aparte Würze für die Küche, magenstärkende Heilkräfte und einen herben Zitronenduft, der Motten und Fliegen vertreibt.

So bieten die Kräuter, die auf den folgenden Seiten beschrieben und vorgestellt werden, stets eine Fülle guter Eigenschaften, die ein Kräutergärtner so vielseitig wie möglich ausschöpfen sollte. Es wäre schade, wenn sie nur einseitig für die Küche oder ausschließlich für die Hausapotheke verwendet würden. Genießen und nutzen Sie den ganzen Reichtum dieser Pflanzen so großzügig, wie die Natur ihn mischte: die aromatische Würze, die wohltuenden Heilkräfte und die hinreißenden Düfte.

Hohe Sommerzeit im Kräutergarten: Auf einem buntgemischten Beet gedeihen Zitronenmelisse, Kapuzinerkresse, Boretsch, Weinraute, Sonnenhut, Origano, Ringelblumen und Bohnenkraut.

Einjährige Kräuter

Die einjährigen Gewürzkräuter werden im Frühling ausgesät. Im Sommer oder im Herbst des gleichen Jahres sind sie bereits erntereif. Danach sterben sie ab. Sie müssen diese Kräuter jedes Jahr von neuem in Ihrem Küchengarten aussäen.

Anis

Pimpinella anisum

Volkstümliche Namen Süßer Kümmel, Brotsamen, Anais, Arnis, Eins, Ems, Enis, Runder Fenchel, Taubenanis

Heimat Anis – eines der ältesten bekannten Gewürzkräuter – war ursprünglich in den östlichen Mittelmeerländern zu Hause. Bereits 1500 vor Christus wird er auf einem Papyrus erwähnt. In Griechenland und Syrien, auf Zypern und auf Kreta ist er aus antiken Quellen bekannt. Auch die Römer benutzten Anis bereits in vielfältiger Weise. Von Italien aus kam das Gewürzkraut über die Alpen und war während des Mittelalters als Heilpflanze und Küchengewürz im Gebrauch.

Anis muß blühen, damit Samen geerntet werden können.

Botanischer Steckbrief Anis gehört in die Familie der Doldenblütler (*Umbelliferae*). Aus einer spindelförmigen Wurzel wächst zunächst eine Blattrosette. Dann folgt ein gerillter Stengel, der etwa 30–50 cm hoch wird. Daran bilden sich drei verschiedene Blattformen: die unteren sind langgestielt und ungeteilt, die mittleren drei- oder fünffach gefiedert, die oberen Blätter sitzen dicht am Stengel und sind sehr schmal und tief eingeschnitten. Die weißen Blütendolden erscheinen im Juli bis August. Danach bilden sich kleine eiförmige Früchte, in denen zwei haarige Körner liegen.

Heilkräftige Wirkstoffe Die Samen enthalten ätherische Öle, hauptsächlich Anethol, Eiweiß, Fett und Zucker. Sie wirken krampflösend, lindern Husten und Blähungen und regen auch den Appetit an.

Geschmack und Würze Die ganze Pflanze riecht und schmeckt süß-würzig, eben typisch nach Anis.

Anbau im Garten Je nach Klima baut man in Europa verschiedene Anissorten an: in Frankreich den Touraine-Anis, der grün und sehr süß ist, in Rußland eine schwärzliche Sorte, in Italien den weißen Anis und in Spanien eine großkörnige, besonders aromatische Züchtung, die am meisten geschätzt wird. In unseren Gärten werden kleinfrüchtige Anissorten ausgesät. Die Pflanzen brauchen durchlässigen, humosen Boden, der etwas kalkhaltig sein soll, und einen warmen, sonnigen Platz. In kühlen Sommern und an ungünstigen Stellen reift Anis oft nicht aus.

Säen Sie die Samen ab Ende März oder Anfang April ins Freiland. Die Reihen sollten 20–30 cm Abstand haben. Dekken Sie sie gut mit Erde zu, denn Anis ist ein Dunkelkeimer. Da es 3 bis 4 Wochen dauern kann, bis die Körner keimen, ist eine Markiersaat mit Radieschen praktisch und empfehlenswert. Sobald die Sämlinge etwa handhoch sind, werden sie auf 10–15 cm Abstand vereinzelt. Halten Sie den Boden zwischen den Anisreihen stets locker und unkrautfrei.

Ernte und Aufbewahrung Die Ernte beginnt, wenn die Früchte der Hauptdolden sich bräunlich färben. Da die Nebendolden dann meist noch nicht ausgewachsen sind, müssen sie nachreifen. Schneiden Sie die ganze Pflanze ab, bündeln Sie sie zu Sträußen, und hängen Sie diese trocken und luftig mit den Dolden nach unten auf. Darunter legen Sie ein sauberes Tuch. In reifem Zustand lassen sich die Samen leicht ausklopfen. Sie werden trocken in Schraubgläsern aufbewahrt.

Legen Sie eine kleine Portion Aniskörner als Saatgut für das nächste Jahr beiseite.

Verwendung in der Küche Anis wird meist zu verschiedenen Backwaren verwendet. Er schmeckt auch als Gewürz zu Soßen, Suppen und jungen Karotten.

Verwendung in der Hausapotheke Anissamen wird vor der Verwendung leicht zerstoßen. Dann können Sie einen Tee daraus aufbrühen: gegen Husten mit Honig gesüßt oder ungesüßt gegen Blähungen. Sehr gut ist eine Teemischung aus den verwandten Kräutern Anis, Fenchel und Kümmel.

Historische Verwendung Der griechische Arzt Dioscurides legte bereits strenge Maßstäbe an die Qualität des Anis: »Der beste ist frisch, voll, ohne Staub, hat einen starken Geruch.« Im antiken Rom schätzte man die Eigenschaften der aromatischen Samenkörner ganz besonders. Plinius der Ältere schrieb in seiner Naturgeschichte: »Er gibt dem Atem einen guten Geruch, dem Gesicht ein jugendliches Aussehen und erleichtert schwere Träume, wenn man ihn so über dem Kopfkissen aufhängt, daß der Schlafende ihn riecht.«

Basilikum

Ocimum basilicum

Volkstümliche Namen Königskraut, Hirnkraut, Josefskräutlein, Basilienkraut, Suppenbasil, Nelken- oder Hirtenbasilie, Balsam, Königsbalsam, Braunsilge, Bienenweide, Pfefferkraut, Krampfkräutel

Heimat Wahrscheinlich ist das Basilikum im tropischen Vorderindien zu Hause. Das Wilde Basilikum (*O. canum = O. americanum*) ist eine sehr robuste Art, die im tropischen Afrika und in Asien beheimatet ist. Das Heilige Basilikum (*O. sanctum = O. tenuiflorum*) kommt ursprünglich sowohl in Indien als auch in Arabien, im Malayischen Archipel und in Australien vor. Basilikum kam schon früh über den mittleren Orient in die Mittelmeerländer. In den Grabkammern der Pyramiden entdeckte man bereits Basilienkränze. Die antiken Griechen schätzten das würzige und heilsame Kraut sehr. Etwa im 12. Jahrhundert gelangte das Basilikum auch nach Mitteleuropa.

Botanischer Steckbrief Basilikum gehört in die Familie der Lippenblütler (*Labiatae*). Es hat aufrechte, stark verzweigte, kantige Stengel und weiche, gewölbte hellgrüne Blätter von meist länglich-ovaler Form. Die Blätter können aber sehr verschiedenartig aussehen, je nachdem, unter welchen klimatischen Bedingungen das Kraut aufwächst. Auch die Höhe variiert stark – Basilikum kann zwischen 15 und 60 cm hoch werden. An den Spitzen der Stengel erscheinen von Juli bis September kleine elfenbeinweiße bis rosa Blüten, die in Scheinquirlen angeordnet sind.

Heilkräftige Wirkstoffe Die Pflanzen enthalten vor allem ätherische Öle und Gerbstoffe, aber auch Glykosid und Saponin. Basilikum wirkt wassertreibend, entkrampfend auf den Magen-Darmbereich und nervenberuhigend.

Geschmack und Würze Die ganze Pflanze duftet intensiv feurig-würzig. Das Aroma enthält eine Spur von Süße und ist gleichzeitig ein wenig pfeffrig – eine reizvolle Mischung, die schwer zu definieren ist. Duft und Würze entstehen durch einen hohen Gehalt an ätherischen Ölen.

Anbau im Garten Im Handel sind hauptsächlich zwei für unser Klima geeignete Basilikumsorten: das Kleinblättrige Basilikum, das niedrige Büsche bildet und ein feines Aroma hat; das Großblättrige oder Löffelblättrige Basilikum, das in allen Pflanzenteilen größer wird, widerstandsfähiger ist und nicht so stark duftet. Hinzu kommen einige rotblättrige Züchtungen.

Spezialgärtnereien bieten außerdem Basilikumarten und -sorten mit vielfältigen Duftnoten und unterschiedlichen Wuchsformen an. So verlocken zum Beispiel Anisbasilikum, Zimtbasilikum, Zitronenbasilikum, Mexikanisches Gewürzbasilikum, Thai-Basilikum, oder Griechisches Strauchbasilikum zum Ausprobieren. Bezugsquellen finden Sie im Anhang.

Das wärmebedürftige Basilienkraut muß auf der Fensterbank oder im warmen Frühbeetkasten vorgezogen werden. Bedecken Sie die feinen, schwarzen Samen nur leicht mit Erde, denn Basilikum ist ein Lichtkeimer. Bei feuchter Wärme erscheinen die Keimblätter sehr rasch. Die Pflanzen werden kräftig, wenn Sie sie einmal pikieren. Nehmen Sie ruhig ein kleines Büschel Setzlinge für ein Töpfchen. Einzelne Pflanzen sind meist zu zart. Setzen Sie sie etwas tiefer als zuvor, damit sie Halt bekommen.

Erst in der zweiten Maihälfte dürfen Sie das Basilikum in den Garten pflanzen. Wählen Sie dazu einen warmen Tag und den sonnigsten Platz, den Sie haben. Das Beet muß humusreich, locker und möglichst ein wenig sandig sein. Pflanzen Sie auf 25 × 25 cm Abstand. Bei sommerlicher Trockenheit müssen Sie durchdringend gießen. In naßkalten Jahren gedeiht das Basilikum im Garten kaum. Pflanzen Sie es dann in Blumentöpfe, und stellen Sie es auf die Fensterbank. Sie haben dort viel mehr davon. Entspitzte Pflanzen wachsen kräftiger und buschiger.

Aromatisch und attraktiv: zugleich ist das rotblättrige Basilikum.

Weitverbreitet ist das großblättrige Basilikum; es gibt aber noch viele andere Arten und Sorten, die zum Ausprobieren verlocken.

Basilikumsamen werden in unserem Klima fast nie reif. Sie müssen das Saatgut immer kaufen. Es bleibt aber 4 Jahre keimfähig und ist deshalb sehr sparsam.
Ernte und Aufbewahrung Pflücken Sie laufend frische, junge Triebe, bevor die Pflanzen blühen. Die Blätter sind dann noch zart und fein im Aroma. Je älter sie werden, desto härter fühlen sie sich an und desto schärfer sind sie im Geschmack. Basilikum sollten Sie möglichst frisch verwenden; beim Kochen müssen Sie es sehr behutsam behandeln. Feinschmecker zerrupfen oder zerdrücken die Blättchen, statt sie zu schneiden. Getrocknetes Basilikum verliert leider sehr an Würze. Verwenden Sie das konservierte Kraut nur als Tee.
Verwendung in der Küche Das aromatische Kraut aus dem Süden paßt zu Tomaten, Kräutersoßen, Salaten, Kräuterbutter, Fleisch, Schalentieren und Gemüsen aus den Mittelmeerländern, wie Paprika und Auberginen. Machen Sie aber kein Allerweltsgewürz aus dem edlen Basilikum. Wo es verwendet wird, da muß es »den Ton angeben«.
Verwendung in der Hausapotheke Ein Tee-Aufguß aus Basilikum lindert Blähungen, stärkt den Magen und regt den Appetit an. Er wirkt auch günstig auf die Nieren und kann als Gurgelmittel bei Halsschmerzen verwendet werden.
Weitere Verwendung Ein Basilikumtopf auf der Fensterbank vertreibt mit seinem Duft lästige Fliegen.
Historische Verwendung Im Mittelalter ging es sehr geheimnisvoll zu in der Umgebung dieses kleinen Duftgewächses: »So man die Basilien zwischen zweyen Steinen reibet, und einen newen Hafen (neuen Topf) darueber stuertzet, so sollen nach etlichen Tagen darauß Scorpionen wachsen.«
Die »Kräuterväter« der beginnenden Neuzeit hatten dagegen eine höhere Meinung von den »Basilien«. So schrieb Tabernaemontanus: »Das Kraut bewegt zu ehelichen Werken«... Der Samen des Basilikums »dient für alle Mängel und Gebrechen des Herzens, wehret den schwaeren Gedanken ... und erwecket im Menschen Freud und Muth.« Hieronymus Bock verrät seinen Lesern ein besonders nachahmenswertes Rezept: »Basilgen Kreutter gedört unnd ein Most darüber lassen verjären, gibt dem Wein ein hertzlichen guten geschmack und geruch dem Moscateller gleich.«

Bohnenkraut

Satureja hortensis

Volkstümliche Namen Pfeffer-, Wurst-, Aal-, Wein- oder Käsekraut, Kölle, Gartenquendel, Sommersaturei, Sommerbohnenkraut, Josefle
Heimat Das Bohnenkraut stammt aus den Mittelmeerländern. Es ist auch in den Balkanländern und in Südrußland weitverbreitet. Die Römer schätzten das kräftig-duftende Kraut bereits sehr. Etwa im 9. Jahrhundert brachten Mönche es über die Alpen nach Mitteleuropa und pflanzten es in den Klostergärten an. Während des Mittelalters war das Bohnenkraut allgemein sehr geschätzt. Es wurde schon früh ein volkstümliches Gewürz.

Bohnenkraut wird blühend geerntet.

Botanischer Steckbrief Das einjährige Sommerbohnenkraut gehört in die Familie der Lippenblütler (*Labiatae*). Es hat eine starke Hauptwurzel und reich verzweigte Stengel, die im unteren Teil verholzen. Die Blätter sind schmal, dunkelgrün, leicht behaart und fast ohne Stiel. Von Juli bis Oktober öffnen sich die rosa, weißen oder lilafarbigen Blüten. Sie bilden in den oberen Blattachseln Scheinähren. Das verwandte Bergbohnenkraut ist bei den ausdauernden Kräutern Seite 78 beschrieben.
Heilkräftige Wirkstoffe Bohnenkraut enthält ätherische Öle, die in der Hauptsache aus Carvacrol, Thymol und Cymol bestehen, sowie Gerbstoffe. Es wirkt krampfstillend, magenstärkend und macht schwere Speisen leichter verdaulich.
Geschmack und Würze Das ganze Kraut riecht stark würzig; es schmeckt etwas pfeffrig und ein wenig beißend.
Anbau im Garten Säen Sie das Bohnenkraut mehrmals aus, zuerst Anfang April ins Frühbeet oder unter Folie; diese frühe Aussaat reift dann gleichzeitig mit den ersten jungen Buschbohnen. Ab Mai können Sie das Bohnenkraut im Freiland aussäen. Warten Sie aber auf jeden Fall, bis der Boden sich erwärmt hat. Das Beet soll locker und humusreich sein. Frische oder starke Düngung schadet dem Aroma. Kompost reicht als Ernährungsgrundlage völlig aus, denn das Pfefferkraut ist anspruchslos. Säen Sie in Reihen von 20–25 cm Abstand, innerhalb der Reihe werden die Pflanzen später ebenfalls auf 25 cm Abstand verzogen. Zu dicht stehende Pflanzen entwickeln mehr Stengel als Blätter! Die Saatrillen dürfen Sie nur dünn mit Erde bedecken, denn Bohnenkraut ist ein Lichtkeimer. Eine spätere Aussaat, Ende Mai bis Anfang Juni, ergibt noch einmal würzige Vorräte für herbstliche Eintöpfe. Das Sommerbohnenkraut braucht sehr viel Wärme und einen sonnigen Platz, um intensives Aroma zu entwickeln. Halten Sie es – wenn es einmal angewachsen ist – eher trocken. Nur bei großer Hitze muß gegossen werden. Lassen Sie ein oder zwei Pflanzen für die

Aussaat im nächsten Jahr Samen ansetzen. Die kleinen Körner werden geerntet, bevor sie sich braun verfärben, sonst fallen sie leicht aus.

Ernte und Aufbewahrung Frische grüne Blättchen können Sie jederzeit ernten, sobald die Pflanzen kräftig genug sind. Das würzigste Aroma hat das Bohnenkraut allerdings kurz vor und während der Blüte. Deshalb wird es auch blühend abgeschnitten, gebündelt und an einem schattigen, luftigen Ort zum Trocknen aufgehängt. Die dürren Blättchen werden später abgestreift und in verschlossenen Gläsern aufbewahrt. Bohnenkraut behält seine Würzkraft und seinen starken Duft auch in trockenem Zustand.

Verwendung in der Küche Beim Kochen ist das kräftige Gewürzkraut – wie schon der Name verrät – die klassische Beigabe zu grünen Bohnen. Außerdem paßt es frisch und getrocknet zu Kartoffelgerichten, rustikalen Ragouts, Eintöpfen, Wurst- und Fischsalat. Es kann mitgekocht werden. Frisches Bohnenkraut an Rohkostgerichten ist eine Geschmacksfrage. Sie müssen es einmal ausprobieren.

Verwendung in der Hausapotheke Aus getrocknetem Bohnenkraut wird ein Tee-Aufguß zubereitet, der wohltuend auf den Magen-Darmbereich wirkt. Er löst Krämpfe und Blähungen, kann aber auch den Appetit anregen.

Weitere Verwendungsmöglichkeiten Bohnenkraut-Tee kann, ähnlich wie Thymian, auch als hustenlösender Badezusatz verwendet werden. Für ein Vollbad bereiten Sie einen Extrakt aus 100 Gramm getrocknetem Kraut und 1 Liter kochendem Wasser zu.

Historische Verwendung Bohnenkraut oder Saturei hat seit Jahrhunderten einen guten Leumund. Hieronymus Bock meint: »Satureien und Quendel Kreutter seind der arme Leut wurtz (Würze) zu aller speiß bei fleisch und fischen gekocht / bringen lust zu essen, / dienen dem Magen / reitzen zu Ehelichen wercken.« Noch ein paar historische Kostproben: »Ehrliche Leut hacken sie unter die würst, darvon sie anmütiger und gesunder werden.« – »Man kocht sie auch mit den Erbsen, Bonen und Linsen, welche nicht übel daran thun; denn sie nehmen ihnen die Blähung.«

Boretschblüten sind bei Bienen sehr beliebt.

Boretsch

Borago officinalis

Volkstümliche Namen Gurkenkraut, Gurkenkönig, Burisblüten, Borrasch, Borgel, Blauhimmelsstern, Herzblüten, Herzfreude, Libäuglein, Wohlgemutsblume, Himmelsstern, Augenzier

Heimat Der Boretsch ist wahrscheinlich in den Mittelmeerländern zu Hause. Vermutlich brachten ihn die Araber nach Spanien. Von dort aus breitete er sich auch nördlich der Alpen aus. Zur Zeit der Äbtissin Hildegard von Bingen wurde er bereits in den Klostergärten gezogen. Manchmal findet man ihn auch bei uns auf feuchten Plätzen verwildert.

Botanischer Steckbrief Der Boretsch gehört in die Familie der Boretschgewächse (*Boraginaceae*). Er hat starke, fleischige Wurzeln, die außen braun, innen aber weiß gefärbt sind. Die Stengel sind kräftig verzweigt und mit rauhen, fast borstigen Haaren besetzt. Sie enthalten reichlich Wasser. Die ganze Pflanze kann unter guten Bedingungen 80 cm hoch werden. Die Blätter haben eine elliptische Form. Sie sind weich, saftig und auf beiden Seiten behaart. Im Alter werden sie hart und rauh. An den Enden der Stengel entfalten sich lockere Blütenstände mit sternförmigen Blumen. Sie sind meist strahlend himmelblau, manchmal aber auch rosa oder weiß gefärbt.

Heilkräftige Wirkstoffe Die Blätter enthalten einen geringen Prozentsatz ätherisches Öl, viele Schleimstoffe, Gerbsäure, Saponine, Kieselsäure, verschiedene Mineralstoffe und Kalium. Boretsch wirkt herzstärkend und allgemein kräftigend. Auf rheumatische Krankheitsformen hat er einen lindernden Einfluß.

Geschmack und Würze Boretschblätter schmecken frisch-säuerlich, ein wenig gurkenähnlich.

Anbau im Garten Das Gurkenkraut ist eine saftstrotzende Erscheinung im Küchengarten. Deshalb braucht es auch mehr Feuchtigkeit als die meisten anderen Gewürzkräuter. Es bevorzugt nahrhaften, aber durchlässigen Boden. Nasse, schwere Erde ist nicht sein Element. Geben Sie ihm vor allem genügend Raum zur Entfaltung. Wenn der Boretsch zu eng steht, wird er leicht von Mehltau und Läusen befallen. Genügend Luftzirkulation zwischen den großen, wasserhaltigen Boretschstauden ist unbedingt nötig für eine gesunde Entwicklung. Andererseits ist das kräftige, rauhhaarige Gurkenkraut eine Gefahr für zartere Gewächse im Küchengarten. Es überwuchert sie leicht. Siedeln Sie den Boretsch lieber außerhalb des Kräuterbeetes an – am Zaun oder in einer ausgewählten Ecke.

Im übrigen ist dieses Kraut sehr anspruchslos. Säen Sie es im Freiland direkt an Ort und Stelle aus. Von April bis Juni ist dafür Zeit. Boretsch ist ein Dunkelkeimer; decken Sie die Samenkörner gut mit Erde zu, und drücken Sie sie ein wenig mit der flachen Hand fest.

Halten Sie das Beet gut feucht. Das saftige Kraut muß nicht unbedingt in Reih und Glied gesät werden. Achten Sie aber auf genügend Abstand, 40–50 cm, und

entfernen Sie alle Pflänzchen, die zu dicht stehen. Das Verpflanzen ist nicht besonders empfehlenswert, die Setzlinge mit der langen Wurzel wachsen schlecht weiter.
Boretsch bildet leicht und reichlich Samen aus. Die großen, schwarzen Körner werden von Vögeln und Ameisen im Garten verteilt. Wo das Gurkenkraut einmal heimisch ist, kommt es meist von selbst wieder – allerdings oft an Stellen, wo man es nicht brauchen kann. Sie können die Samen gut selbst sammeln und für das nächste Jahr trocken aufbewahren.
Ernte und Aufbewahrung Sobald die Pflanzen kräftig genug sind, können Sie laufend frische Blätter ernten. Verwenden Sie aber nur junge, samtweiche Triebe, ältere Blätter wirken wie kleine Reibeisen. An großen Boretschbüschen bilden sich in den Achseln der Stengel immer wieder frische Blätter. Sicherer sind neue Aussaaten, die zarte Gurkenkrautvorräte bis zum Sommerende liefern.
Verwendung in der Küche Das saftige Boretschkraut läßt sich nicht konservieren. Sie können es nur frisch verwenden. Pflücken Sie es immer erst kurz vor dem Anrichten, denn es bekommt schnell »Schlappohren«. Kleingehackt passen Boretschblätter zu Gurkensalat, grünem Salat, Eierspeisen, Quark und kalten Soßen. Auch die hübschen blauen Blüten sind eßbar. Sie eignen sich als Dekoration von Salatschüsseln und kalten Platten. Eine Handvoll Boretschblätter verleiht Spinat und Mangoldgemüse einen feinen Geschmack!
Verwendung in der Hausapotheke Boretsch-Tee ist fast ganz in Vergessenheit geraten. Er soll blutreinigend und schleimlösend wirken. Aus Blättern und Blüten können Sie auch einen herzstärkenden Tee-Aufguß zubereiten.
Weitere Verwendungsmöglichkeiten Verzuckerte Boretschblüten sind eine altmodische Delikatesse. Tauchen Sie frische Boretschblumen einzeln in Eischnee; legen Sie sie dann auf Pergamentpapier, und bestreuen Sie sie mit feinem Zucker. Im lauwarmen Backofen wird das Blütenkonfekt getrocknet, bis es mit einer feinen Zuckerkruste überzogen ist. Anschließend bewahren Sie es in verschlossenen Gläsern auf.
Historische Verwendung »Ich, der Boretsch, bringe stets Freude«, hieß es bei den alten Römern. In diesem Sinne wurde das rauhhaarige Kraut lange Zeit als Arznei benutzt, die das Herz stärkt und die Melancholie vertreibt. »Von gedistilliertem Borragenwasser« behauptete Tabernaemontanus: »Das Wasser von Blumen und Kraut / Abends und Morgens auch unter Tags fünff Löffel voll getruncken / reinigt das Geblüt von aller Unsauberkeit. Nimmt auch alle schwäre Fantasey und Traum / und was sich von böser Melancholey erhebt.«

Jung und weich werden Boretschblätter geerntet.

Dill

Anethum graveolens
var. *hortorum*

Volkstümliche Namen Dillsamen, Dillscheiben, Dillfenchel, Dyl, Dille, Däll, Till, Ille, Gurkenkräutel, Kappernkraut, Hochkraut, Kümmerlingskraut, Umorkenkraut
Heimat Als Ursprungsland des Dill wird sowohl Südeuropa als auch der Vordere Orient vermutet. Fest steht, daß das Gewürzkraut zu den uralten Heil- und Küchenpflanzen gehört, die schon den alten Ägyptern bekannt waren. Die antiken Griechen und Römer schätzten es gleichfalls hoch. Schon früh brachten Mönche den Dill über die Alpen und in die Klostergärten des nördlichen Europa. In den Pflanzenlisten Karls des Großen ist der Dill bereits aufgeführt.
Botanischer Steckbrief Der Dill ist ein Gewächs aus der Doldenblütler-Familie (*Umbelliferae*). Aus einer dünnen, spindelförmigen Wurzel wächst ein hoher Stengel, der 50–125 cm hoch werden kann. Die Blätter sind sehr feingefiedert, die Blattscheiden umfassen den Stengel. Gekrönt werden die Pflanzen von großen, strahlenförmigen Dolden, die mit zahlreichen kleinen gelben Blütchen besetzt sind. Die Blütezeit liegt in den Monaten Juni bis August. Die Samen des Dill sind gerippt, länglich-rund und zerfallen in zwei Teile. Im Aussehen ähnelt der Dill dem Fenchel. Er ist aber im ganzen zarter und duftiger gestaltet.
Heilkräftige Wirkstoffe Im Altertum und im Mittelalter betrachtete man die vier Kräuter Anis, Fenchel, Kümmel und Dill als besonders wohltätige, in ihren Wirkungen verwandte Pflanzen. In vielen Häusern hielt man sie immer alle gleichzeitig vorrätig. Sie wirken allgemein beruhigend, erwärmend und krampfstillend. Der Dill enthält reichlich ätherische Öle mit hohem Carvon-Anteil sowie fette Öle. Er hilft gegen Blähungen und Magenverstimmungen.
Geschmack und Würze Der hohe Anteil an ätherischem Öl bewirkt das intensive Aroma des Dill. Die ganze Pflanze ist erfüllt von einer frischen, ganz leicht herben Würze. Die Samen haben einen etwas anderen Geschmack; er ist ein wenig bitter und kümmelartig.
Anbau im Garten Viele Gärtner behaupten, der Dill sei ein anspruchsloses Kraut, das überall wachse. Das scheint aber nicht ganz zu stimmen. Es gibt Jahre, in denen der Dill launenhaft wie eine Primadonna sein kann. Dann müssen

Sie solange experimentieren, bis Sie die richtigen Bedingungen in Ihren speziellen Gartenverhältnissen für ihn gefunden haben. Geben Sie dem Dill auf jeden Fall einen warmen, windgeschützten Platz. Eine Pflanze, die so viel ätherisches Öl produziert, muß unbedingt Sonne haben. Im Wurzelbereich braucht das Kraut aber genügend Feuchtigkeit. In trockenen Zeiten müssen Sie den Dill also gießen.

Günstig ist es, wenn Sie ihn als Zwischensaat auf dem Gurkenbeet ausstreuen. Hier ergibt sich von selbst im Sommer eine Bodenbeschattung durch die kriechenden Ranken und dadurch gleichmäßigere Feuchtigkeit (siehe S. 40). Säen Sie den Dill ab April im Kräutergarten aus. Der Boden sollte humusreich und locker sein. Stauende Nässe verträgt das Kraut nicht. Die Reihen benötigen 25–30 cm Abstand. Verpflanzen können Sie den Dill nur schwer; zu dichte Reihen müssen ausgelichtet werden. Säen Sie dieses Würzkraut mehrmals in Abständen aus. Im Handel sind außer dem »normalen« Dill verschiedene Sorten erhältlich. »Tetra Dill« bringt besonders reiches Blattwerk.

Ernte und Aufbewahrung Die grünen Blätter des Dill können Sie laufend ernten. Die Samen brauchen, je nach Witterung, 2 bis 3 Monate, um auszureifen. Sie werden geschnitten, wenn sie sich zu bräunen beginnen, aber noch nicht so reif sind, daß sie herausfallen. Binden Sie die Stiele zu lockeren Sträußen, und hängen Sie diese an einem luftigen, schattigen Platz zum Trocknen auf. Die ausgefallenen Samenkörner bewahren Sie dann fest verschlossen in Gläsern auf. Junge Dillblätter können Sie auch einfrieren.

Legen Sie eine kleine Portion Dillsamen für die Aussaat im nächsten Frühling beiseite.

Verwendung in der Küche Dillsamen und Dillblütenstände können Sie beim Einlegen von Gurken und zum Ansetzen von Kräuteressig benutzen. Dillblätter passen als Würze zu grünen Salaten und Kartoffelsalat, zu Dillbutter und Hammelbraten. Dillsoße ist die ideale Ergänzung zu frischem Aal und Krabben. Das Kraut wird frisch verwendet.

Verwendung in der Hausapotheke Die getrockneten Dillsamen werden, ähnlich wie Fenchel, zu einem Tee aufgebrüht, der Blähungen lindert und krampfartige Bauchschmerzen löst. Dilltee mit Honig gilt als wirkungsvolles Schlafmittel. Ungesüßt vertreibt er den Schluckauf. Dill können Sie mit Fenchel und Kümmel mischen.

Historische Verwendung Im späten Mittelalter benutzte man Dillsamen bereits zum Einmachen der »jungen cucumern« und zum Kappiskraut, »welches ihm nicht allein einen guten geschmack gibt / sondern er benimmt ihm auch die Windigkeit und machet es desto verdaulicher.«

Vom Dill sind nicht nur die zarten Blätter, sondern auch Blüten und Samen eßbar.

Tabernaemontanus bemerkte kurz und bündig: »In Summa / unsere Weiber und Köch können des Dills in ihren Küchen keines wegs entbehren.« – Dillsamen in Wein »stillet das Magenwehe / das Grimmen im Leib und Reissen in den Därmen.«

Eine ganz andere Verwendung hatten einst junge Bräute für das duftende Kraut. Sie legten sich Dill in die Schuhe und murmelten auf dem Weg zum Altar: »Ich habe Senf und Dill, mein Mann muß tun, was ich will.«

Kamille

Chamomilla recutita

Volkstümliche Namen Echte Kamille, Feldkamille, Mutterkraut, Mägdeblume, Kummerblume, Hermel, Hermelin, Kamelle, Kühmelle, Hermannl, Äpfelblümle, Muskatblume

Heimat Ursprünglich war die Echte Kamille in Südeuropa, im Mittelmeerraum und Kleinasien zu Hause; heute wächst Kamille in verschiedenen Arten in ganz Europa wild.

Botanischer Steckbrief Die Kamille zählt zur Familie der Korbblütler (*Compositae*). Aus kurzen, dünnen Wurzeln wächst eine verzweigte Pflanze, die je nach Standort 20–50 cm hoch werden kann. Die Blätter sind sehr zart gefiedert. Die Blumen öffnen sich an den Enden der Stiele von Juni bis September. Die gelben Röhrenblüten in der Mitte sind von einem einfachen Kranz weißer Strahlenblütenblätter umgeben. Wichtige Erkennungszeichen für die Echte Kamille: Nach der Befruchtung hängen die weißen Blütenblätter nach unten. Wenn Sie das gelbe Blütenköpfchen aufbrechen, finden Sie am Boden einen kegelförmigen Hohlraum. Andere Kamillenarten besitzen einen festen, gefüllten Blütenboden.

Die Kamille wuchs früher – als noch nicht mit Unkrautvernichtungsmitteln gespritzt wurde – wild an Acker- und Wegrändern.

Heilkräftige Wirkstoffe Die wichtigsten Inhaltsstoffe sind ätherische Öle, unter anderem das blaue Azulen. Außerdem enthalten die Blumen Glykoside, Flavone, Cumarine und Bitterstoffe. Kamillenblüten wirken entzündungshemmend, krampflösend und antibakteriell.

Geschmack und Würze Die getrockneten Blüten haben einen sehr typischen aromatischen Kamillengeruch. Alte Kräuterbücher sagen: Kamillenblüten riechen nach Äpfeln. Der Geschmack ist ein wenig bitter.

Anbau im Garten Kamillensamen können Sie im Fachhandel kaufen. Er wird ab April in Reihen mit 30–40 cm Abstand ausgesät. Sie können die Saat auch

Die Echte Kamille erkennen Sie am hohlen Blütenboden, wenn Sie das Köpfchen aufbrechen.

breitwürfig ausstreuen. Die Pflanzen sind anspruchslos; sie gedeihen auf magerem Boden ebenso wie in guter Gartenerde. Besonders günstig ist humusreiche, leicht lehmige Erde. Diese Bodenart ist auch typisch für Weizenfelder, in denen die Kamille gern wächst.

Bereiten Sie das Beet mit reichlich Kompost vor, und lichten Sie die Pflanzen später auf mindestens 20 cm Abstand aus; dann können sie sich reich verzweigen und setzen viele Blüten an. Wichtig für eine gute Ernte ist aber vor allen anderen Bedingungen ein sehr sonniger Standort.

Ernte und Aufbewahrung Während des Sommers werden die Blütenköpfchen ohne Stiele und Blätter geerntet. Bei länger anhaltendem sonnigem Wetter sammeln die Kamillen mehr heilsame Inhaltsstoffe als bei Regen. Pflücken Sie die Blumen deshalb in einer Schönwetterperiode. Sie werden sehr vorsichtig ausgebreitet und bei milder Wärme an der Luft getrocknet. Bewahren Sie die gedörrte Kamille in gutverschlossenen Gläsern auf.

Bei dieser wertvollen Heilpflanze ist es besonders wichtig, daß der Trockenprozeß richtig abläuft. Pflanzenteile, die noch Feuchtigkeit enthalten, schimmeln leicht und verderben Ihnen die ganze Ernte! (Siehe »Ernten und Konservieren«, Seite 136)

Verwendung in der Küche Die Kamille ist eines der wenigen Kräuter, die nicht zum Würzen verwendet werden.

Verwendung in der Hausapotheke Aus den getrockneten Kamillenblüten können Sie einen Tee aufbrühen, der ungesüßt getrunken wird und vor allem heilend auf entzündete Magenschleimhäute und andere Magen-Darmbeschwerden wirkt. Kamillen-Tee sollte nur als Medizin getrunken werden. Wer ihn als »Haustee« über längere Zeit zu sich nimmt, muß mit Nebenwirkungen wie Schwindel, Unruhe und Bindehautentzündungen rechnen.

Warme Umschläge mit Kamillentee und Kamillenbäder heilen Wunden, Entzündungen und Geschwüre.

Bei Erkältungen hilft ein Kamillendampfbad; dabei dringen die heilsamen Wirkstoffe tief in den Nasen- und Rachenraum ein.

Heilkräftig, wenn auch nicht so intensiv wie die Echte Kamille, sind auch die Römische Kamille (*Anthemis nobilis*) und die Strahlenlose Kamille (*Matricaria discoidea*).

Nicht zu den Heilpflanzen gehören die Ackerhundskamille (*Anthemis arvensis*), die Stinkende Hundskamille (*Anthemis cotula*) und die Geruchlose Kamille (*Matricaria inodora*).

Weitere Verwendungsmöglichkeiten Waschungen mit Kamillen-Tee lassen unangenehme Körpergerüche verschwinden, wenn diese keine tiefergehenden, organischen Ursachen haben. Auch Fleisch, das an warmen Sommertagen zu riechen beginnt, kann mit Kamillen-Tee abgewaschen werden.

Spülungen mit Kamillen-Tee frischen die blonde Haarfarbe auf.

Historische Verwendung Hieronymus Bock war überzeugt: »Es ist bei allen Menschen kein breuchlicher Kraut in der artzney als eben Chamillenblumen / denn sie werden beinahe zu allen bresten gebraucht.«

Tabernaemontanus schätzte die Kamille so sehr, daß er ihr allein zehn Seiten seines großen Kräuterbuches widmete. Unter vielen anderen finden sich dort diese Ratschläge: »Chamillen in Wein gesotten / und von der durchgesigenen Brühen Morgens und Abends einen Becher voll warm getruncken / vertreibet die Geschwulst des Magens / hilfft der Däuung / und nimmt hinweg das tropfflingen Harnen.«

»Chamillen gestossen und über die Wunden und Schäden gebunden wie ein Pflaster / heilt dieselben. Chamillen in Wein oder Wasser gesotten / und die Wunden und Schäden darmit gewaschen / reiniget und fürdert sie zur Heilung.«

»Den Mund mit Chamillenwasser geschwenckt / heilet die Mundfäule / und alle Versehrung oder Verwundung desselben: Miltert auch den Schmertzen der Zähn warm gebraucht.«

Kapuzinerkresse

Tropaeolum majus

Volkstümliche Namen Blutrote Blume aus Peru, Großindische Kresse, Fremde Kapuzinerblume, Blume der Liebe, Kanarienvögelchen, Kapern, Salatblume

Heimat Die Kapuzinerkresse stammt aus Peru, eine ihrer Verwandten, *Tropaeolum peregrinum*, aus Mexiko. Die spanischen Eroberer brachten sie aus der Neuen Welt nach Europa.

Botanischer Steckbrief Die Kapuzinerkresse gehört in die Familie der Kapuzinergewächse (*Tropaeolaceae*). Sie hat dünne, runde Stengel, die wasserhaltig sind und leicht brechen. Sie enden in schildförmigen Blättern, die eine wachsartige Oberfläche besitzen und hell- bis bläulich-grün gefärbt sein können. Die hübschen, zart-süß duftenden Blüten sind glockenförmig und gespornt. Sie leuchten in wunderschönen gelben, orange und roten Farbtönen.

Heilkräftige Wirkstoffe Die Fremde Kresse aus Peru ist reich an Schwefel und Vitaminen. Außerdem enthält sie antibiotische Substanzen. Sie wirkt allgemein kräftigend und leicht abführend. Manche behaupten, daß sie auch ein anregendes Liebesmittel sei.

Geschmack und Würze Die ganze Pflanze hat ein kresseähnliches Aroma, das eine leichte Schärfe enthält, die pfefferartig wirkt.

Anbau im Garten Als Kind des tropischen Amerika ist die Kapuzinerkresse sehr frostempfindlich. Säen Sie die dicken Samenkörner, die sich leicht dosieren lassen, erst nach den Eisheiligen, also etwa Mitte Mai, aus. Legen Sie alle 10 cm 1 Korn in 2 cm tiefe Saatrillen oder 3 Körner an eine Stelle. Dann müssen Sie einen Abstand von 20 cm nach allen Seiten einhalten. Auf der Fensterbank oder im Frühbeet können Sie sich einige Pflanzen vorziehen, die dann früher blühen.

Die Kapuzinerkresse liebt humosen Boden mit etwas Lehmanteil. Er darf aber nicht zu fett sein, sonst wuchert die Pflanze ins Blatt und bringt weniger Blüten. Die hübsche Gewürzblume gedeiht in der Sonne und im lichten Halbschatten. Sie wächst auch im Balkonkasten.

Kapuzinerkresse mit Blättern, Blüten und Samen.

Sie können zwischen verschiedenen Sorten wählen: *Tropaeolum majus* bildet lange Ranken, *T. nanum* wächst in runden Büschen, *T. nanum plenum* hat gefüllte Blüten.

Ernte und Aufbewahrung Zarte Blätter und Blüten kann man während des Sommers und Herbstes immer frisch pflücken. Sie eignen sich nicht zum Trocknen. Konserviert werden nur die grünen unreifen Samen und die geschlossenen Blütenknospen, die man als Kapern einlegen kann.

Verwendung in der Küche Blätter und Blüten der Kapuzinerkresse können Sie als Salat anrichten. Sie lassen sich auch mit anderen Salaten mischen. Fein geschnitten werden die Blätter unter Quark oder auf Butterbrote gestreut.

Verwendung in der Hausapotheke Frischer Salat aus Blättern und Blüten wirkt blutreinigend und aktiviert die körpereigenen Abwehrkräfte. Verwenden Sie Kapuzinerkresse als Medizin auf dem Eßtisch.

Historische Verwendung In der Heimat der Kapuzinerkresse legten die Indianer die frischen Blätter auf schlechtheilende Wunden.

Kerbel

Anthriscus cerefolium

Volkstümliche Namen Gartenkerbel, Körbel-, Körfel-, Kerbel-, Korbel-, Kufel- oder Kuchelkraut, Küchenwürze, Küchenkraut, Suppenkraut, Karweil, Spanischer Kerbel

Heimat Der wildwachsende Kerbel stammt aus Südeuropa (Südrußland und Kaukasus) und Westasien. Er gelangte von dort in die Mittelmeerländer und wurde wahrscheinlich von den Römern über die Alpen gebracht. In den Verordnungen Karls des Großen ist der Kerbel als »Kirbele« angeführt. Unser Gartenkerbel ist eine reine Kulturpflanze.

Botanischer Steckbrief Gartenkerbel ist eng mit der Petersilie und der Möhre verwandt. Er stammt aus der Familie der

Doldenblütler (*Umbelliferae*). Aus einer spindelförmigen, dünnen Wurzel wächst ein hohler, gerillter Stengel, der sich mehrfach verzweigt. Die ganze Pflanze wird 30–60 cm hoch. Die weichen, hellgrünen Blätter sind drei- bis vierfach gefiedert. Die Blütenschirme wachsen auf langen Stielen aus den Blattachseln. Die kleinen weißen Blüten öffnen sich von Mai bis August.

Heilkräftige Wirkstoffe Kerbel enthält ätherische Öle, das Glykosid, Apiin und Bitterstoff. Er wirkt als entgiftende, stoffwechselanregende Frühjahrskur.

Geschmack und Würze Die ganze Kerbelpflanze hat einen ausgeprägten würzig-süßen Geruch und Geschmack. Das Aroma tendiert ein wenig in Richtung Anis.

Anbau im Garten Das Kerbelkraut ist nicht empfindlich gegen Kälte und kann schon früh – Ende März bis Anfang April – ins Freiland gesät werden. Geben Sie ihm einen halbschattigen Platz. Der Boden soll locker und mäßig feucht sein. Säen Sie dünn in Reihen mit 10 cm Abstand. Im übrigen stellt dieses Kraut kaum besondere Ansprüche. Nur bei Trockenheit muß es kräftig gegossen werden. Es hat eine kurze Entwicklungszeit und kann schon nach 6 bis 8 Wochen geschnitten werden. Dafür hält es sich aber nicht lange.

Wenn Sie den Geschmack des Kerbel lieben, sollten Sie alle 14 Tage für eine neue Reihe sorgen. Das Kraut sät sich leicht selber aus. Im Handel werden zwei Formen angeboten: der Glattblättrige und der Krause Kerbel.

Ernte und Aufbewahrung Für den normalen Verbrauch werden nur frische, zarte Blätter geerntet. Aus dem jungen Grün können Sie auch Saft auspressen. Für Heilzwecke trocknen Sie das ganze blühende Kraut und die Samen.

Verwendung in der Küche Pflücken Sie immer nur die zarten jungen Blätter vor der Blüte. Wenn Sie öfter ernten, verzögern Sie die Blütenbildung. In der Küche zählt der Kerbel zu den klassischen »fines herbes«, den feinen Kräutern der französischen Feinschmecker. Er wird zu Suppen, Omelettes, Soßen und Salaten verwendet. Das Kraut wird stets frisch geschnitten und niemals mitgekocht. Unter heiße Gerichte wird Kerbel erst gestreut, wenn Sie sie vom Herd genommen haben.

Verwendung in der Hausapotheke Tee aus frischem oder getrocknetem Kerbelkraut wird ungesüßt getrunken. Er wirkt wie der Saft leicht wassertreibend und blutreinigend. Kerbelsaft kann zur Verstärkung mit Löwenzahn- und Schafgarbensaft gemischt werden.

Weitere Verwendungsmöglichkeiten Sie können leicht eigenes Saatgut von den schnellreifenden Pflanzen ernten.

Historische Verwendung »Kerbeln ist ein Mußkraut / wie Peterlin … Dieses Kraut gesotten / macht schlaffen. Von diesem Kraut getrunken / machet wol harnen / und bringt den Frauen ihre Zeit … Von den Samen getruncken / heilet es die Bissz tobender Hund / die Wunden damit gewaschen.« – So verwendete der Frankfurter Stadtarzt Adam Lonitzer das Suppenkraut Kerbel. Sein populäres Kräuterbuch erschien 1679. Es wurde viel benutzt, weil es so leicht verständlich war.

Kresse muß vor der Blüte geerntet werden!

Koriander

Coriandrum sativum

Volkstümliche Namen Wanzenkraut, Wanzendill, Schwindelkraut, Schwindelkorn, Hochzeitskügelchen, Krapfenkörner

Heimat Der Koriander ist in den Mittelmeerländern und im Mittleren Osten heimisch. Er gehört zu den ältesten Gewürzen und wird schon in ägyptischen Papyrusschriften erwähnt. Auch in Indien und China wird diese Würzpflanze seit Jahrtausenden in der Küche und in der Medizin genutzt. Die Römer brachten den Koriander, wie so viele andere Pflanzen, zu uns nach Mitteleuropa.

Botanischer Steckbrief Der Koriander zählt zur Familie der Doldenblütler (*Umbelliferae*). Er hat eine dünne Spindelwurzel, aus der ein 30–70 cm hoher, gerillter Stengel wächst. An seinen verästelten Zweigen entwickeln sich zweierlei Blattformen: Die unteren sind dreilappig, die oberen Blätter sind feingefiedert. Die flachen Blütendolden erscheinen von Juni bis Juli an den Zweigspitzen. Sie haben eine weiße bis rosa Färbung. Die runden Korianderfrüchte bestehen eigentlich aus zwei braunen Halbkugeln, die aber nur selten auseinanderfallen.

Heilkräftige Wirkstoffe Der Koriandersamen enthält ätherische Öle, in denen die Wirkstoffe Coriandrol und Pinen vorkommen, außerdem fettes Öl, Eiweiß, Gerbstoffe und Zucker. Er wirkt lindernd bei Magen- und Darmbeschwerden.

Geschmack und Würze Der volkstümliche Name Wanzenkraut entstand durch den unangenehmen Geruch, den die Blätter des Koriander ausströmen. Die reifen Früchte haben dagegen ein würzig-süßes Aroma, von dem Kenner sagen, daß es ein wenig an Orangenschalen erinnert.

Anbau im Garten Die uralte Gewürzpflanze Koriander stellt wenig Ansprüche an den Kräutergärtner. Ein sonniger, warmer Platz und lockerer, leicht kalkhaltiger Boden, das ist alles, was sie zum Gedeihen braucht. Säen Sie das

Kraut Anfang April, sobald der Boden sich etwas erwärmt hat, 1 cm tief in Reihen von 30 cm Abstand. Nach dem Aufgehen wird die Saat so ausgelichtet, daß zwischen den einzelnen Pflanzen eine Lücke von 10–15 cm entsteht. Entfernen Sie regelmäßig jedes aufkommende Unkraut, und halten Sie den Boden stets locker durch leichtes Hacken oder Grubbern.
Neuerdings werden auch Korianderarten und korianderähnliche Pflanzen angeboten, deren Blätter in der Tradition asiatischer Kochkunst zum Würzen verwendet werden (Bezugsquellen im Anhang).
Ernte und Aufbewahrung Geerntet werden vor allem die Samenkörner des Koriander. Da sie leicht ausfallen, müssen Sie die Stengel schneiden, kurz bevor sie voll ausgereift sind. Am besten gelingt Ihnen dies an einem trüben Tag oder wenn frühmorgens noch der Tau auf den Samenständen liegt. Feuchte Samen rollen nicht so schnell weg! Das Erntegut wird in kleine Garben oder Sträuße gebunden und zum Trocknen aufgestellt oder aufgehängt. Später schütteln Sie die reifen Körner über einem sauberen Leinentuch aus und verwahren die runden Korianderfrüchte in festverschlossenen Gläsern. Ein Teil der Körner dient auch als Saatgut für das nächste Jahr.
Verwendung in der Küche Koriander wird als Lebkuchengewürz verwendet und als Einmachgewürz zu Roten Beten. Die würzigen Körner passen auch zu Soßen, Marinaden und selbstgemachten Likören. Viel häufiger als bei uns wird Koriandergewürz in den Küchen des Balkans, des Orients, Indiens und Südostasiens verwendet. Wer solche Spezialitäten liebt, der braucht auch frischen Koriander! Übrigens sind die grünen Blätter ein wesentlicher Bestandteil des original indischen Curry.
Verwendung in der Hausapotheke Die Samenkörner können zerstoßen und mit Honig vermischt werden. Sie helfen dann gegen Husten.
Historische Verwendung Die Himmelsspeise Manna, mit der die Kinder Israels

Blätter und fast reife Samen des Korianders.

in der Wüste vor dem Hungertod bewahrt wurden, vergleicht die Bibel mit einem uralten Gewürz: »Und es war wie Koriandersamen und weiß und hatte einen Geschmack wie Semmel und Honig.«
Lange nach der Entstehung des Alten Testaments schrieb Tabernaemontanus: »Grün Corianderkraut tödtet die Flöh und Wandtläuß ... so man auch die Leinwand / Hembder und Hosen mit diesem Wasser wäscht und besprenget / lässet es kein Floh darinn / und tödtet auch die Läuß.«
Für die Samen des Koriander weiß er ebenfalls eine praktische Verwendung: »Bereiten Coriandersaamen wol im Mund gekäuet / und darnach hinab geschluckt / vertreibet den unlieblichen stinckenden Geschmack des Knoblauchs.«

Kresse

Lepidium sativum

Volkstümliche Namen Gartenkresse, Kressekraut, Pfefferkraut
Heimat Die Gartenkresse stammt aus dem Vorderen Orient und Nordafrika. Sie wurde bereits von Karl dem Großen zum Anbau empfohlen. Heute ist sie in ganz Europa und Amerika verbreitet.
Botanischer Steckbrief Die Kresse gehört in die Familie der Kreuzblütler (*Cruciferae*). Sie hat eine dünne lange Hauptwurzel. Die Stengel sind bläulichgrün, die Grundblätter länglich eiförmig, die oberen Blätter verschiedenartig gefiedert. Die ausgewachsene Pflanze wird 30–50 cm hoch. An den Spitzen der Verzweigungen erscheinen weiße, selten rötliche Blütchen. Die rotbraunen Samen reifen in einer Schote.
Heilkräftige Wirkstoffe Kresse ist reich an Senfölglykosiden und Vitamin C. Bitterstoff und Lepidin gehören ebenfalls zu ihren Inhaltsstoffen. Kresse wirkt als erfrischende Kur bei Frühjahrsmüdigkeit und bei Blutarmut.
Geschmack und Würze Die Gartenkresse hat einen pikanten, leicht scharfen Geschmack, den manche sogar als pfeffrig empfinden. Dieses charakteristische Aroma wird vor allem durch das ätherische Senföl hervorgerufen, das in allen kresseartigen Gewächsen und in vielen typischen Kreuzblütlern, zum Beispiel in manchen Kohlarten und im Rettich, enthalten ist.
Anbau im Garten Die Kresse gehört zu den frühesten und zu den anspruchslosesten Kräutern im Küchengarten. Sie verträgt leichten Schatten und kann gut zwischen anderen Kulturen als »Mitläufer« ausgesät werden. Ihr einziger Anspruch: stets genügend Feuchtigkeit. Streuen Sie die rotbraunen Samenkörner ab März in Reihen mit 10 cm Abstand. Sie keimen innerhalb von wenigen Tagen und wachsen rasch. Wenn die Gartenkresse etwa handhoch ist, können Sie sie abschneiden. Säen Sie laufend frische Kresse im Garten nach, im Sommer an halbschattigen Stellen; dort schießt sie nicht so schnell.

Samen bilden sich leicht und können für die eigene Nachzucht gesammelt werden. Im Handel gibt es glatt- und krausblättrige Sorten. Die Gartenkresse verträgt sich übrigens besonders gut mit Radieschen. Säen Sie beide zusammen auf ein Beet. Wie das würzige Kraut auch im Winter gedeiht, erfahren Sie auf Seite 34.

Ernte und Aufbewahrung Gartenkresse wird stets frisch verwendet; schneiden Sie immer nur die jungen Blätter ab.

Verwendung in der Küche Die pikante Kresse paßt als Würze zu Salaten, Eiern, kalten Platten, Radieschenbroten und Quark. Ihr scharfes Aroma übertönt oft »lautstark« andere Kräuter; darauf sollten Sie beim Mischen achten.

Verwendung in der Hausapotheke Kresse wird nur als frisches Kraut zu stoffwechselanregenden Frühjahrskuren benutzt. Sie können sie mit Wildkräutern, wie zum Beispiel Löwenzahn, Brennesseln und Gänseblümchen, mischen.

Historische Verwendung Der Kressesamen, schrieb Galenus, ist von »brennender Natur«. Und Lonicerus hält sehr realistisch fest: »Gartenkreß ist ein scharpff Kräutlein / an Geschmack den Zwibeln gleich.«

Im ausgehenden Mittelalter stellte man aus dem scharfen Kraut destilliertes Kressenwasser her. Tabernaemontanus empfiehlt: »Das Haubt damit gewaschen oder genetzet / bewahret es vor dem Haar ausfallen.

Durch die Nasen gezogen / reiniget das Hirn / machet hefftig niessen.«

Kresse und Radieschen sind gute Nachbarn.

Majoran

Origanum majorana

Volkstümliche Namen Echter Majoran, Mairan, Meigram, Wurstkraut, Blutwürze, Kuttelkraut, Mairalkraut, Mairandost, Meierankraut, Margrankraut, Maiwürzkraut, Maigramme, Majorankraut, Kranzkraut, Kostenkraut, Badkraut, Bratekräutche

Heimat In den Ländern rund um das Mittelmeergebiet ist der Majoran zu Hause. Im warmen Klima bildet er ausdauernde kleine Sträucher. Bei uns hält er nur einen Sommer aus. Bei Ägyptern, Römern und Griechen war er schon im Altertum bekannt, soll aber erst im 16. Jahrhundert in die Gebiete nördlich der Alpen gelangt sein.

Reif zum Schnitt: Majoran mit kugeligen Knospen.

Botanischer Steckbrief Der Majoran ist ein Lippenblütler (*Labiatae*).Er hat vierkantige Stengel, die sich stark verästeln. Sie sind graugrün, manchmal rötlich angehaucht und fein behaart. Die kleinen, eiförmigen Blättchen sehen graufilzig aus und sind mit vielen Drüsen besetzt. Von Juni bis September erscheinen an den Stengelspitzen kleine weiß, lila oder rosa gefärbte Blüten. Die Pflanze kann unter günstigen Bedingungen etwa 50 cm hoch werden.

Heilkräftige Wirkstoffe Das Kraut enthält ätherische Öle, die unter anderem aus Kampfer und Borneol bestehen, fette Öle, Gerb- und Bitterstoffe. Majoran wirkt nervenstärkend, krampflösend und magenwärmend.

Geschmack und Würze Der Majoran besitzt ein nur für ihn typisches starkwürziges Aroma. Zwar hat er im Geschmack eine gewisse Ähnlichkeit mit Thymian, aber er ist viel lieblicher.

Anbau im Garten Der Majoran braucht viel Wärme und Sonne zum guten Gedeihen. Leichte, durchlässige, aber dennoch nährstoffreiche Böden sind besonders geeignet für dieses Kraut. Schwere, kalte Böden müssen vorher sehr intensiv verbessert werden. Kompost ist der ideale Untergrund für den Majoran. Im März können Sie ihn auf der Fensterbank oder im Frühbeet vorziehen. Ab Mai wird er direkt im Kräutergarten ausgesät. Die sehr feinen Samen werden nur dünn mit Erde bedeckt; sie keimen nach 2 bis 3 Wochen. Der Reihenabstand beträgt 20–25 cm. Später werden immer 2 bis 3 Pflänzchen zusammengesetzt, in Abständen von 15 cm.

Halten Sie das Beet sorgfältig unkrautfrei und locker. Trockenheit macht dem Majoran, wenn er angewachsen ist, nichts aus.

Sie können zwischen zwei Sorten im Handel wählen: Blattmajoran oder Französischer Majoran ist kräftiger und blattreicher, gelangt aber seltener bis zur Samenreife. Der Knospenmajoran oder Deutsche Majoran wächst und reift in unserem Klima schneller. Meist wird der Samen aber nur als einjähriger Majoran gekennzeichnet.

Der Wilde Majoran (Origano) ist auf Seite 104 beschrieben.

Ernte und Aufbewahrung Frische Triebspitzen können Sie laufend pflücken. Für Vorräte wird der Majoran, kurz bevor sich die kugeligen Blütenknospen öffnen, geerntet. Am frühen Morgen und am späten Nachmittag haben die Pflanzen das intensivste Aroma. Schneiden Sie sie nicht zu tief ab, dann wächst noch eine zweite Ernte nach. Das Kraut wird getrocknet und behält dabei seine starke Würzkraft.

Verwendung in der Küche Sie können frischen oder getrockneten Majoran zu Gänsebraten, Hackfleisch, Kartoffelgerichten, deftigen Eintöpfen, Tomatengerichten und Aufläufen verwenden. Das Kraut wird mitgekocht; es paßt gut mit Thymian zusammen.

Verwendung in der Hausapotheke Aus dem getrockneten Kraut können Sie einen Tee-Aufguß zubereiten, der bei leichten Magen-Darmbeschwerden, bei Appetitlosigkeit und Blähungen hilft. Berühmt ist die Majoran-Salbe aus getrockneter Droge und frischer Butter, die verstopfte Nasen befreit und Bauchweh bei Babys auflöst, wenn Sie den Leib sanft damit einreiben (Rezept Seite 153).

Weitere Verwendungsmöglichkeiten Ein Absud aus Majorankraut soll, als Waschwasser benutzt, bei Haarausfall helfen.

Historische Verwendung Überwinterungsprobleme mit dem wärmebedürftigen Majoran hatte man schon in alten Zeiten. Der Kräutervater Hieronymus Bock empfiehlt, man solle ihn »in warmen Kellern behalten«. Seine medizinischen Ratschläge lauten: »Maieron mit Saltz und Eßig vermischet, heilet Scorpion stich. Maieron safft inn die Ohren gethan / benimpt das Sausen. ... Maieron im Mund gehalten lindert das Zanwehe.«

Ein anderes mittelalterliches Rezept behauptet: »Frischer Majoran mit den Fingern ein wenig zerrieben und in die Naßlöchlein gethan, machet niessen, zerteilet den Schnupfen und reiniget das Haupt.«

Paprika

Capsicum annuum

Volkstümliche Namen Beißbeere, Spanischer, Indischer, Türkischer, Ungarischer oder Roter Pfeffer, Gewürzschote, Pepperoni, Rosenpaprika

Gewürzpaprika mit reifen Schoten.

Heimat Der Paprika ist ursprünglich im tropischen Süd- und Mittelamerika zu Hause. Die Entdecker der Neuen Welt brachten ihn mit nach Europa, wo er schon seit dem 16. Jahrhundert angebaut wird. Vor allem in Ungarn, in den Balkanländern und in Spanien ist das exotische Gewürz weitverbreitet.

Botanischer Steckbrief Paprika stammt aus der Familie der Nachtschattengewächse (*Solanaceae*). In Amerika gedeihen verschiedene Paprika-Arten. Inzwischen wurden in vielen Ländern der Erde daraus weitere Kulturformen gezüchtet. In unserem Klima gedeiht nur eine einjährige Art, die stark verästelte, nach unten verholzende Zweige besitzt. Die eiförmigen Blätter sind dunkelgrün, die Stern-Blüten meist weiß, selten violett gefärbt. Sie erscheinen in den Blattachseln. Die rote oder grüne Frucht hat die typische langgezogene Paprikaschoten-Form.

Heilkräftige Wirkstoffe Die scharfe Würze wird durch das Alkaloid Capsaicin hervorgerufen. Außerdem enthalten die Früchte die roten Farbstoffe Capsanthin und Carotin sowie ätherische Öle, Fettsäuren und einen hohen Gehalt an Vitamin A, C und E. Paprika regt den Stoffwechsel, die Verdauung und den Appetit an.

Geschmack und Würze Paprikapulver schmeckt brennend scharf und leicht bitter, unterscheidet sich aber deutlich vom Pfeffer. Es gibt auch mild-süßliche Sorten.

Anbau im Garten Der einjährige Gewürz-Paprika stellt hohe Ansprüche an die Wärme und verlangt sehr nahrhaften Boden. Hier ist zusätzliche organische Düngung angebracht. Ab März werden die Samen auf der Fensterbank oder im warmen Kasten ausgesät. Sie keimen innerhalb von 10 bis 12 Tagen; wenn Sie die Körner vor der Aussaat eine Nacht lang in warmes Wasser legen und aufquellen lassen, geht es schneller.

Die kleinen Pflanzen müssen einmal pikiert werden. Setzen Sie sie erst nach dem 20. Mai ins Freiland. Sie werden etwas tiefer gepflanzt, als sie vorher gestanden haben, und brauchen nach allen Seiten etwa 30 cm Abstand. Am sichersten ist allerdings eine Kultur im geschützten Kasten oder unter einem wärmenden Foliendach. Achten Sie darauf, daß der Boden immer locker bleibt. Er darf eher etwas trocken als zu naß sein.
Ernte und Aufbewahrung Ab August werden die Früchte rot und reif. Drehen Sie sie vorsichtig ab. Zum Trocknen werden sie auf Fäden gereiht und warm aufgehängt. Später werden sie zu Pulver zermahlen. Die Schärfe des Paprika ist abhängig davon, ob Sie die ganze Frucht oder nur Teile verwenden. Die inneren Zwischenwände und die Samen sind besonders scharf. Sie können die Schoten auch in Öl einlegen oder zusammen mit anderen Gewürzen zu einer scharfen, orientalischen Paste verarbeiten.
Verwendung in der Küche Gewürzpaprika wird frisch oder getrocknet verwendet zu Fleisch, Suppen und pikanten Soßen. Frische Schoten können Sie zusammen mit Gurken einlegen.
Verwendung in der Hausapotheke Paprika ist in manchen Salben enthalten, die zum Einreiben bei rheumatischen Schmerzen verwendet werden. Er bewirkt ein Brennen auf der Haut und damit bessere Durchblutung. Diese Salbe sollten Sie nicht selber herstellen, sondern bei Bedarf aus der Apotheke holen.
Historische Verwendung Graf Hoffmannsegg, der in den Jahren 1793–1794 eine Ungarnreise machte, beschrieb in einem seiner Briefe begeistert eine neuentdeckte Gewürzspezialität: »Vor mir stand eine köstliche ungarische Nationalspeise; Fleisch mit Paprika, der herrlich schmeckte und sehr gesund sein muß, denn obwohl ich am Abend viel gegessen habe, habe ich nicht den geringsten Schaden genommen. Auf andere Art zubereitetes Fleisch hätte ich mitnichten soviel zu mir nehmen dürfen … Wenn noch Zeit verbleibt, setze ich einige Paprika in Blumentöpfe, damit ich mich an ihm im Winter laben kann.«

Portulak kurz vor der Blüte.

Portulak

Portulaca oleracea ssp. *sativa*

Volkstümliche Namen Kohlportulak, Bürzel-, Burzel- oder Purzelkraut, Bürzelkohl, Kreusel, Postelein
Heimat Der Portulak stammt aus Vorderasien. In Indien wächst er wild und wird dort seit Jahrtausenden in der Küche verwendet. Das Kraut gelangte schon früh in die Mittelmeerländer, wo es bereits den alten Ägyptern bekannt war. Heute ist der Portulak in ganz Europa ebenso verbreitet wie in Nord- und Südamerika. Im Garten wird eine reine Kulturform verwendet.
Botanischer Steckbrief Portulak gehört in die Familie der Portulakgewächse (*Portulacaceae*). Er besitzt eine spindelförmige, verzweigte Wurzel. Die kahlen, sehr fleischigen Stengel sind von Grund auf verästelt und oft rötlich angehaucht. Die Pflanze hat verkehrt eiförmige, dicke Blätter und wird 15–30 cm hoch. Die gelben Blüten erscheinen in den Gabelungen der Zweige oder über den obersten Blättern.
Heilkräftige Wirkstoffe Das Kraut ist vitaminreich und wirkt blutreinigend.
Geschmack und Würze Portulak schmeckt angenehm frisch, ein wenig salzig-säuerlich.

Anbau im Garten Als Kind südlicher Länder verlangt der Portulak auch in unseren Gewürzgärten viel Wärme und Sonne. Er braucht durchlässigen, möglichst sandigen Boden; vermeiden Sie jede treibende, direkte Düngung! Füllen Sie statt dessen die Reihen mit Kompost. Die sehr feinen Samen können Sie ab Mitte Mai in Reihen von 20 cm Abstand aussäen. Die Saat wird nur ganz dünn mit Erde bedeckt oder einfach nur mit der Hand angedrückt.
Wenn Sie Portulak laufend ernten möchten, dann sollten Sie ungefähr alle 3 Wochen eine neue Reihe aussäen. Das Kraut braucht – das sehen Sie schon an seiner fleischig-saftigen Gestalt – immer reichlich Feuchtigkeit. Die Pflanzen können auseinandergesetzt werden oder auch zum Schnitt in der Reihe stehenbleiben.
Ernte und Anwendung Portulak wächst rasch und kann schon 3 bis 4 Wochen nach der Aussaat zum ersten Mal geschnitten werden. Er wächst dann wieder nach, und Sie können ihn noch mehrmals während des Sommers ernten. Zum Konservieren eignet sich das Kraut nicht. Blühende Pflanzen werden hart und bitter.
Verwendung in der Küche Die dicken, saftigen Blätter des Portulak und die jungen, zarten Stengel werden in der Küche zu würzigem Spinat verarbeitet. Roh schmecken sie zu Salaten, Frühlingssuppen, Kräutersoßen und Quark.
Verwendung in der Hausapotheke Die gesunden Inhaltsstoffe des Portulak entfalten sich am besten in einem frischen Salat.
Historische Verwendung Tabernaemontanus nannte den Portulak »Burtzelkraut«. Er pries es zu den verschiedensten Heilzwecken: »Wer mit dem Sod im Magen geplaget wird / der soll diß Kraut im Salat essen / oder dasselbige in Wasser kochen und die Brühe davon trincken ... Der Safft im Mund gehalten / machet die wackelhafftige Zähn wiederum fest stehen.«

Rauke

Eruca sativa

Volkstümliche Namen Salatrauke, Ruca, Rucola, Ruke, Ölrauke, Senfrauke
Heimat Ursprünglich ist die Rauke im Mittelmeergebiet zu Hause; sie wächst wild bis nach Afghanistan und Turkestan. In Mitteleuropa, England, Norwegen und in Nordamerika ist sie eingebürgert. Die Rauke ist eine alte Kulturpflanze, die vor allem im Süden – bei den alten Römern ebenso wie in Ägypten und in der Türkei – beliebt war und ist.
Botanischer Steckbrief Die Rauke gehört zur Familie der Kreuzblütler (*Cruciferae*). Die radieschenähnlichen Blätter wachsen in Büscheln dicht am Boden. Sie sind im unteren Bereich unregelmäßig grob gefiedert, am oberen Ende löffelförmig glatt geformt oder am Rand ein wenig gezahnt. Wenn die Pflanzen schießen, entwickeln sich an verzweigten Stielen kleine elfenbeinfarbige bis weiße Blüten in der typischen Form der Kreuzblütler. Die runden Samenkörner reifen in schmalen Schoten.

Rauke gedeiht auch in Töpfen und Kästen.

Heilkräftige Wirkstoffe sind aus der Literatur nicht bekannt. Da die Pflanzen eng mit dem Gewürzsenf verwandt sind, enthalten sie wahrscheinlich ähnliche Substanzen, vor allem Senfölglycoside.
Geschmack und Würze Raukenblätter haben eine ganz besondere Würzmischung zu bieten; eine angenehm leichte kresseartige Schärfe verbindet sich mit einem Geschmack, der an gute Fleischbrühe oder Erdnußaroma erinnert. Man muß diese pikante Komposition einfach probieren!
Anbau im Garten Die Salatrauke wächst fast so rasch wie Kresse. Ab April können Sie die runden Samenkörner im Freiland ausstreuen, 0,5 cm tief in Reihen mit 15–20 cm Abstand. Nach 10–14 Tagen keimt die Saat und schon nach 3–5 Wochen können Sie würzige Blätter ernten. Bis Anfang September kann immer wieder nachgesät werden. Im Gewächshaus gedeiht die Salatrauke ganzjährig.
An den Boden stellt die Rauke keine besonderen Ansprüche. Am besten wächst sie aber in humusreicher, feuchter Erde. Sonne und Halbschatten verträgt das Kraut gleichermaßen. Im Sommer wird der Geschmack der Blätter bei Hitze und Trockenheit leicht streng.
Ernte und Aufbewahrung Die Blätter der Salatrauke werden während des ganzen Jahres jung und frisch gepflückt. Konservierung lohnt sich nicht.
Verwendung in der Küche Raukenblätter können, ganz oder kleingeschnitten, unter alle anderen Salate gemischt werden. Man kann sie auch allein zu einem aparten Vorspeisen-Salatteller mit Olivenöl und Balsamico-Essig anrichten. Dazu passen dünn geschnittene Pilze, Radieschen und hartgekochte Eier. Kleingehackte Blätter würzen Nudel- oder Wurstsalate, Soßen, Quark und Risotto.
Verwendung in der Hausapotheke Genießen Sie die würzigen Raukenblätter als angenehme, magenfreundliche Zutat in der Salatschüssel.
Historische Verwendung Tabernaemontanus zitiert:
»Rauken oder wilde Senffblaetter rohe geessen/ erregen die Begierde zur Unkeuschheit/ wie auch der Saame derselbigen … Uber das soll er auch die Dauung des Magens fürdern/ und den Bauch erweichen.

Ringelblumen dürfen in keinem Garten fehlen.

Ringelblume

Calendula officinalis

Volkstümliche Namen Goldblume, Totenblume, Ringel, Weinblume, Warzenkraut, Studentenblume, Stinkblume, Sonnenwende, Sonnenwendeblume, Ringelrose, Regenblume, Fallblume, Gartenbutterblume, Wucherblume, Jesusblume
Heimat Die Ringelblume ist in den südeuropäischen Mittelmeerländern und in Asien zu Hause. Sie gehört zu den uralten Heilpflanzen und kam schon früh über die Alpen in unsere Gärten. Bereits die heilige Hildegard, berühmte Äbtissin und Heilkundige von Bingen, verwendete sie. Während des Mittelalters wuchs die Ringelblume in allen Bauerngärten. Sie ist heute weit verbreitet und kommt manchmal sogar verwildert vor.
Botanischer Steckbrief Die Ringelblume gehört in die Familie der Korbblütler (*Compositae*). Sie wächst 30–50 cm

hoch. Ihre Stengel sind stark verzweigt, kantig geformt, fleischig und leicht mit Haaren bedeckt. Wenn Sie sie brechen, tritt ein klebriger, harziger Saft heraus. Die länglichen, festen Blätter sind ebenfalls behaart. An den Spitzen der Stengel erscheinen von Juni bis Oktober die gelben oder orangefarbigen Strahlenblüten.

Heilkräftige Wirkstoffe Die ganze Pflanze enthält ätherische Öle, außerdem carotinverwandte Farbstoffe, Bitterstoffe, Schleim, Saponine, Harz, Gummi und Calendulin. Ringelblumenauszüge heilen Wunden und Entzündungen.

Geschmack und Würze Die Blätter und Stengel der Ringelblumen riechen strengwürzig; die Blätter schmecken herb und bitter; die Blüten besitzen kaum Duft und nur wenig Eigengeschmack.

Anbau im Garten Die Ringelblume ist eine echte Bauerngartenblume. Sie gedeiht fast überall und unter allen möglichen Bedingungen. In sonniger Lage entwickelt sie natürlich den höchsten Gehalt an ätherischen Ölen und anderen Wirkstoffen. Säen Sie die großen, gekrümmten Samen ab März ins Freiland an Ort und Stelle. Zu dicht stehende Pflanzen müssen Sie später auseinandersetzen. Sie benötigen mindestens 20–30 cm Abstand. Wenn die Ringelblume einmal heimisch geworden ist, vermehrt sie sich von selbst und vagabundiert jahrelang durch Ihren Garten! Besondere Pflegemaßnahmen sind nicht zu beachten – nur zu dicht und dunkel sollten die Pflanzen nicht stehen, dann werden sie von Läusen oder Mehltau befallen.

Ernte und Aufbewahrung Frische Blätter werden nur geerntet, solange die Pflanzen jung sind. Später werden sie zu bitter und hart. Die Blumen können Sie während der gesamten Blütezeit frisch verwenden oder zum Trocknen sammeln. Für die Konservierung sollten Ringelblumen nur bei länger andauerndem, trockenem Sommerwetter gepflückt werden. Sie können die ganzen Blütenköpfe dörren oder die Strahlenblüten auszupfen, sehr vorsichtig ausbreiten und dann möglichst luftig trocknen. Die fertige Droge kann zum Teil als Safranersatz, zum Teil als Tee verwendet werden. Die goldgelben, trockenen Ringelblumenblättchen müssen kühl und dunkel in einem Schraubglas aufbewahrt werden.

Sommerliche Schönheit und wunderbare Heilkräfte sind in den leuchtenden Blüten der Ringelblumen vereint.

Verwendung in der Küche Die Blütenblättchen und sehr junge grüne Blätter der Ringelblume können Sie als aparte Würze zu Salaten verwenden. Ältere Blätter sind dazu zu bitter!

Eine zu Unrecht vergessene Küchentradition macht die »Goldblume« aber noch attraktiver für passionierte Gewürzgärtner: Seit den Zeiten der Römer wurden die äußeren Blütenblätter (nicht die Mitte) frisch oder vorsichtig getrocknet als Ersatz für den sündhaft teuren Safran gebraucht. Sie schmecken ein wenig bitter-aromatisch, färben aber schwächer als das Edelgewürz und müssen deshalb in größeren Mengen verwendet werden. Den *Calendula*-Safran können Sie zu Fisch- und Geflügelgerichten geben. Fleischsuppen färbt er angenehm goldgelb.

Verwendung in der Hausapotheke Der Tee aus getrockneten Ringelblumenblüten wirkt blutreinigend, leicht krampflösend und regulierend auf die Periode. Die strengriechende Pflanze mit den leuchtenden Blütensonnen ist aber vor allem ein seit alters her bewährtes Wundheilkraut. Mit frischem Pflanzensaft oder einer Abkochung aus Ringelblumen werden Kompressen getränkt, die man auf Geschwüre und schlecht heilende Wunden legt.

Berühmt ist aber vor allem die Ringelblumensalbe, die Wunden, Entzündungen und Quetschungen, besonders an den Beinen, zuverlässig heilt. Das Rezept für die Zubereitung finden Sie auf Seite 157.

Weitere Verwendungsmöglichkeiten Ringelblumen tragen, ähnlich wie die Studentenblumen (*Tagetes*), zur Gesundung des Bodens bei, weil sie durch ihre Wurzelausscheidungen Bodenälchen vertreiben.

Die Blumen können auch als Wetterpropheten dienen: Eine alte Bauernregel sagt, daß es Regen gibt, wenn die Ringelblumen sich morgens nicht öffnen.

Historische Verwendung Im Kräuterbuch des Tabernaemontanus sind 8 verschiedene Ringelblumensorten abgebildet. Er schreibt dazu: »Es werden die Ringelblumen fast allenthalben in den Gärten gezielet / und wo sie einmal ankommen / besaamen sie sich alle Jahr selbst. Sie fangen an im Mayen zu blühen / und währen für und für in stätiger Blüht biß in Winter hinein / (dannenher es Calendula genannt).« Der Kräutervater sammelte viele Rezepte, die ihm zugetragen wurden. So soll Ringelblumenkraut »in Salat genützet (werden): wenn es noch frisch und jung ist. Die Frantzosen backen es auch in den Eierkuchen / und gebens den Weibern zu essen / welchen die monatliche Zeit zu viel / oder zu wenig fliessen.«

Schnittsellerie

Apium graveolens var. *secalinum*

Volkstümliche Namen Küchensellerie, Eppich, Appich, Epf, Epple, Geilwurz, Zeller, Sumpfsilge, Mark, Schoppenkraut, Suppenkraut, Zella, Zellerie

Heimat Die wildwachsende Urform des Sellerie gedeiht seit Jahrtausenden auf salzhaltigen Böden in Europa, Westasien, Afrika und Südamerika. Die heute angebauten Kulturformen wurden im 16. und 17. Jahrhundert hauptsächlich von italienischen Gärtnern gezüchtet.

Botanischer Steckbrief Sellerie ist ein Doldenblütler (*Umbelliferae*). Es gibt Knollen-, Stangen- und Schnittsellerie, der auch Blattsellerie genannt wird. Im Kräutergarten hat nur der Schnittsellerie als ausgesprochene Gewürzpflanze Platz. Strenggenommen wächst der Sellerie zweijährig. Er wird aber nur im ersten Jahr genützt, im nächsten Frühling schießt er in Samen und wird ungenießbar.

Blattsellerie hat eine spindelförmige, verzweigte Wurzel. Er bildet keine Knollen. Die Stengel sind kantig und stark gerillt. Die dunkelgrün glänzenden Blätter sind verschiedenförmig gelappt oder gefiedert.

Heilkräftige Wirkstoffe Sellerie enthält in Blättern und Wurzeln ätherische Öle, Kochsalz, Kieselsäure, Eisen, Mangan, Spuren von Kupfer und die Vitamine A, B, C, E. Er wirkt vor allem entwässernd und damit entgiftend.

Geschmack und Würze Alle Selleriearten riechen und schmecken stark aromatisch. Sie sind erdhaft würzig, mit einem ganz leicht süßlichen Anklang.

Anbau im Garten Alle Selleriearten brauchen nahrhaften, feuchten Boden. Geben Sie ihnen außer Kompost auch einen organischen Dünger. Die Pflanzen vertragen auch einen halbschattigen Platz, wenn sie nur immer genügend Wasser bekommen.

Säen Sie Schnittsellerie frühzeitig im März oder April in Saatschalen auf der Fensterbank oder im Frühbeet aus. Als Lichtkeimer werden die Samen nur dünn mit Erde bedeckt.

Ab Anfang Mai können Sie das würzige Kraut auch im Freiland aussäen. Die Reihen benötigen 30–40 cm Abstand. Zu dicht keimende Pflanzen lichten Sie frühzeitig aus und verwenden die zarten Blätter als erste Suppenwürze. Sorgen Sie während des ganzen Sommers für genügend Feuchtigkeit, für lockere, unkrautfreie Erde und Nährstoffe in Form von Brennessel-Jauche. Zwischen den Schnittsellerie-Reihen ist eine Mulchdecke empfehlenswert.

Ernte und Aufbewahrung Blattsellerie kann laufend geschnitten werden. Einen Teil der Ernte sollten Sie trocknen; die Blätter verlieren dabei zwar etwas von ihrem kräftigen Aroma, sind aber dennoch als Würze für den Winter wichtig. Sellerieblätter lassen sich auch gut einfrieren.

Verwendung in der Küche Sie können kleingeschnittene Sellerieblätter zu Soßen, Suppen und deftigen Eintöpfen verwenden.

Schnittsellerie ähnelt im Geschmack und im Aussehen den Blättern des Knollensellerie.

Verwendung in der Hausapotheke Schnittsellerie ist eine ausgesprochene Gewürzpflanze. Der Knollensellerie kann, außer als schmackhaftes Gemüse, auch als Heilpflanze benutzt werden. Der frische Saft aus Wurzeln (Knollen) und Blättern wirkt wassertreibend. Deshalb lindert Sellerie rheumatische Beschwerden sowie manche Blasen- und Nierenleiden.

Historische Verwendung Im Altertum schmückte man die Gräber mit Sellerieblättern, denn der »Eppich« war den Göttern der Unterwelt geweiht. Aber das hinderte die Römer nicht, die würzigen Knollen und Blätter auch in der Küche zu verwenden. Der große Arzt Hippokrates empfahl Sellerie als Medizin: »Hast du zerrüttete Nerven, so sei Sellerie deine Nahrung und deine Arznei.«

Über zwei Jahrtausende später bekannte der Franzose Grimod de la Reynière: »Selleriesalat ist kein Gericht für Junggesellen.« Er umschrieb damals auf elegante Weise ein Gerücht, das sich vom Altertum bis heute gehalten hat: Sellerie ist gut für die Liebe. Was nie wissenschaftlich bewiesen, aber auch nie widerlegt wurde …

Senf

Sinapis alba und *Brassica nigra*

Volkstümliche Namen Gelber Senf, Speisesenf, Mostrich, Senf-Kohl, Schnabelsenf

Heimat Der Weiße und der Schwarze Senf sind in ganz Europa und Teilen Nordafrikas zu Hause. Sie gehören zu den uralten Gewürzpflanzen, die bereits in der Bibel erwähnt werden. Auch Karl der Große ließ Senf auf seinen Gütern anpflanzen. *Sinapis arvensis* ist der wildwachsende Ackersenf.

Botanischer Steckbrief Senf gehört in die Familie der Kreuzblütler (*Cruciferae*). Der weiter verbreitete Weiße Senf (*S. alba*) hat eine dünne Wurzel, kantige, verzweigte Stengel und längliche, eiförmige Blätter, die rauh behaart sind. Sie teilen sich nur wenig. Die gelben Blüten erscheinen in lockeren Doldentrauben an den Spitzen der Stengel von Juni bis Juli. Die sandfarbigen Samen liegen in kleinen Schoten. Senf wächst bis 1,20 m hoch.

Der Schwarze Senf (*B. nigra*) ähnelt in der Gestalt und in der Blüte dem Weißen Senf sehr. Die unteren Blätter der Pflanzen sind etwas breiter und leierförmig ausgebuchtet; die oberen Blätter sind schmaler und glatter. Die Samenschoten des Schwarzen Senf wachsen am Stengel fast aufrecht in die Höhe. Die Körner zeigen eine dunkelbraune Farbe.

Heilkräftige Wirkstoffe Die scharfwürzigen Samenkörner beider Senfarten enthalten fette Öle, Eiweiß und als wichtigsten Stoff das Glykosid Sinalbin.

Wer Senfkörner ernten will, muß das Kraut mit dem »scharfen Innenleben« blühen und reifen lassen.

Erst unter dem Einfluß des im Senf enthaltenen Enzyms Myrosin und bei der Vermengung mit Wasser zersetzt es sich in scharfes Sinalbin-Senföl. Beide Senfarten wirken günstig auf die Verdauung und auf die Wasserausscheidung. Äußerlich lösen Senfumschläge ein »Brennen« der Haut und damit gesteigerte Durchblutung aus.

Geschmack und Würze Der Weiße Senf ist milder als der Schwarze Senf. Beide schmecken – unterschiedlich stark – scharf-würzig und brennend. Der Geschmack geht in Richtung Rettich und Kresse.

Anbau im Garten Der Senf gehört zu den anspruchslosen Gewürzpflanzen. Etwas kalkhaltige, humose Lehm- oder Sandböden eignen sich besonders gut. Er nimmt aber auch mit anderen Verhältnissen vorlieb. Trockenheit wirkt sich auf die Samenbildung günstiger aus als reichliche Feuchtigkeit. Zuviel Dünger hat nur gemästete Blätter zur Folge. Säen Sie die Senfkörner ab Mitte März bis Ende Mai in Reihen mit 20–25 cm Abstand. Senfsaat keimt ähnlich schnell wie Kresse. Je sonniger der Standort ist, desto besser reifen die Samenkörner aus.

Ernte und Aufbewahrung Ganz junge Blättchen vom Weißen Senf können Sie wie Kresse unter Salate schneiden. Die Körner werden im Juli und August geerntet. Schneiden Sie die Schoten am frühen Morgen, wenn sie noch feucht vom Tau sind. Auf einem Tuch trocknen Sie sie dann in der Sonne nach. Nur ganz trockene Senfkörner dürfen Sie in Gläsern verschließen, sonst schimmelt die Ernte! Sie können die Körner auch mahlen und als Senfpulver aufbewahren.

Verwendung in der Küche Helle Senfkörner werden hauptsächlich zum Einlegen von Gurken und Roten Beten verwendet. Gemahlen bilden sie die Grundlage von Senf. Für dieses beliebte Gewürz kann aber auch der schärfere Schwarze Senf verwendet werden.

Verwendung in der Hausapotheke Als Medizin ist vor allem der Schwarze Senf gebräuchlich. Gesunde Wirkungen auf die Verdauung haben aber auch die frischen Würzblätter des Weißen Senfs im

Salat und der milde Mostrich, der aus den hellen Körnern angerührt werden kann.

Aus den zerstoßenen dunklen Körnern des Schwarzen Senfs können Sie mit Wasser einen Brei anrühren, der in ein Baumwolltuch gehüllt und dann als Senfpflaster auf die Haut gelegt wird. Die starke brennende Wirkung fördert die Durchblutung und lindert auf diese Weise rheumatische Beschwerden und Bronchitis. Dieser Umschlag kann auch aus frisch gemahlenem Senfmehl hergestellt werden.

Der Schwarze Senf übt sehr starke Reize auf die Haut und auf die inneren Organe aus. Deshalb darf er nur mit Vorsicht und in mäßigen Mengen angewendet werden. Vermeiden Sie jede Übertreibung und vor allem: Lassen Sie Senf nicht zur Gewohnheit werden – weder in der Medizin noch in der Küche!

Weitere Verwendungsmöglichkeiten Weißer Senf wird im naturgemäßen Garten auch als Gründüngung ausgesät.

Historische Verwendung Wenn es nach den alten überlieferten Rezepten ginge, so müßte Senf eine wahre Wundermedizin sein: Der Römer Plinius war überzeugt, daß drei Blätter von Weißem Senf, mit der linken Hand gepflückt, in Honigwasser getrunken, die Leidenschaften anheize.

Tabernaemontanus wußte von den Senfkörnern, »daß sie gut seyen wider den Husten der Kinder / in Wasser gekocht / und ein Theil Zucker darzu genommen / damit es einen lieblichen Geschmack habe.« – Aber damit nicht genug: »In Wein gesotten und getruncken / behüt er vor allerhand gifftigen Thier Biß. Zwey Senffkörner alle Morgen nüchtern verschlungen / behütet vor dem Schlag.«

Winterportulak

Montia perfoliata

Volkstümliche Namen Kleines Postelein, Kuba-Spinat

Heimat Der Winterportulak stammt ursprünglich aus Amerika. Durch Einwanderung ist er inzwischen auch in Kuba und in West- und Mitteleuropa »eingebürgert«.

Botanischer Steckbrief Der Winterportulak gehört in die Familie der Portulakgewächse (*Portulacaceae*). Aus verzweigten Wurzeln wächst ein niedriges Nest aus fleischigen Blättern. Die Pflanzen verzweigen sich nur wenig und liegen ziemlich flach am Boden. Die Blätter sind teils spitz-eiförmig, teils rundlich geformt wie kleine Schüsselchen. Aus der Vertiefung in der Mitte wachsen auf zierlichen Stengeln winzige weiße Sternblüten. Früh gesäter Kuba-Spinat blüht noch im Spätsommer. Späte Aussaaten bleiben über Winter grün und treiben erst im nächsten Frühling Blüten.

Heilkräftige Wirkstoffe Bisher sind nur Vitamine, vor allem Vitamin C, als wertvolle Inhaltsstoffe bekannt.

Geschmack und Würze Die Blätter des Kleinen Posteleins schmecken frisch und säuerlich.

Anbau im Garten Ab April können Sie den Winterportulak im Freiland aussäen. Saatgut gibt es im Fachhandel zu kaufen. Decken Sie die feinen Samenkörner nur dünn mit Erde zu. Die Reihen brauchen 15–20 cm Abstand. Sie können das Kraut aber auch breitwürfig aussäen. Zu dicht stehende Pflanzen werden später ausgezupft und als erste Würze verwendet. Wenn es genügend Raum hat, bildet das Postelein rundliche Büsche bis zu 20 cm Durchmesser.

Halten Sie anfangs die Erde sorgfältig feucht. Später sorgen die Pflanzen selbst für Schattengare.

Von August bis September können Sie noch einmal Winterportulak aussäen. Dann macht das Kraut seinem Namen Ehre und bleibt über Winter grün. Sie können es bis zum nächsten Frühling frisch ernten. Decken Sie die Pflanzen rechtzeitig mit Fichten- oder Kiefernzweigen locker zu; dann bleiben sie auch im Schnee erreichbar. Sehr empfehlenswert ist eine spätere Aussaat des Winterportulak in einem Frühbeet oder in einem ungeheizten Kleingewächshaus. Wenn die Sonne scheint und die Temperaturen unter Glas anheizt, wächst das Kleine Postelein dort auch im Winter weiter. Dieses bescheidene Kraut, das erst vor ein paar Jahren Einzug in unsere Gärten hielt, ist sehr empfehlenswert, weil es uns auch in der kalten Jahreszeit mit frischem, vitaminreichem Grün versorgt.

Ernte und Aufbewahrung Vom Frühling bis zum Herbst können Sie laufend frische Blätter zupfen oder sogar wie Spinat schneiden. Der Winterportulak treibt mehrmals neues Grün nach. Konservierung lohnt sich nicht, weil ständig frische Pflanzen zur Verfügung stehen können.

Verwendung in der Küche Winterportulak kann als Salat angerichtet oder unter andere Salate als würzige Zugabe gemischt werden. Die erfrischenden säuerlichen Blätter passen klein geschnitten auch zu Quark und Butterbroten.

Die Blättchen mit den weißen Blüten sind ebenfalls eßbar. Sie liefern entzückende Dekorationen für Salatschüsseln und kalte Platten.

Verwendung in der Hausapotheke Winterportulak dient nur als vitaminreiche »Medizin in der Salatschüssel«.

Winterportulak kann mit seinen weißen Blüten gegessen werden.

Zweijährige Kräuter

Ähnlich wie die einjährigen Kräuter werden auch die zweijährigen im Frühling in den Küchengarten gesät. Ihre Wachstumszeit erstreckt sich aber über einen längeren Zeitraum. Dies bedeutet, daß sie überwintern. Ihre Lebenszeit geht erst zu Ende, wenn sie im folgenden Jahr blühen und Samen ansetzen. Die meisten Zweijährigen können auch noch zu einem späteren Zeitpunkt, während des Sommers, gesät werden.

Königskerze

Großblütige K.

Verbascum densiflorum

Kleinblütige K.

Verbascum thapsus

Volkstümliche Namen Wollblume, Fackelkraut, Goldblume, Marienkerze, Frauenkerze, Johanniskerze, Wetterkerze, Donnerkerze, Unholdenkerze, Himmelbrand, Hammelschwanz

Heimat Die Königskerze ist sowohl in ganz Europa als auch im Vorderen Orient und in Asien ursprünglich zu Hause. Die mächtige Pflanze wurde bereits bei den antiken Griechen und Römern hoch geschätzt. Als Heilkraut wird sie auch schon von der heiligen Hildegard von Bingen erwähnt; später nimmt die Königskerze auch in den Kräuterbüchern des ausgehenden Mittelalters und in der Volksmedizin einen gewichtigen Platz ein.

Botanischer Steckbrief Die Königskerze gehört zur Familie der Braunwurzgewächse (*Scrophulariaceae*). Aus einer verästelten Pfahlwurzel wächst im ersten Jahr eine Rosette mit großen, länglich-elliptischen Blättern. Die grau-grüne Farbe verdanken sie einer filzig-behaarten Oberfläche. Daher stammt auch der Name Wollblume.

Im zweiten Jahr wächst aus der Blattrosette ein langer, derber Blütenstiel, der über 2 m Höhe erreichen kann. Die Blätter, die sich am Stengel entwickeln, sind etwas schmaler; sie schmiegen sich am unteren Ende dicht an den Stiel. Die gelben Schalenblüten bilden eine lange Ähre. Sie blühen nacheinander auf und gleichen großen leuchtenden Kerzen.

Königskerzen wachsen wild auf mageren, steinigen Böden, zum Beispiel an Bahndämmen, Schuttplätzen und auf Kahlschlägen. Die Pflanzen blühen von Juli bis September.

Heilkräftige Wirkstoffe Von größter Wirksamkeit sind die Schleimstoffe; hinzu kommen Saponine und wenig ätherische Öle. Königskerzenblüten wirken schleimlösend bei Husten und Bronchitis. Auszüge werden auch gegen neuralgische Schmerzen und Entzündungen verwendet.

Geschmack und Würze Die frischen Blumen riechen ein wenig süß und schmecken mild-aromatisch. Die getrockneten Blüten riechen und schmecken leicht honigartig.

Anbau im Garten Versuchen Sie, im Garten ähnliche Bedingungen zu schaffen wie an den natürlichen Standorten. Sandiger Boden ist ideal. Lehmige, humusreiche Erde sollte mit Sand und, wenn möglich, mit ein paar Steinen durchmischt werden.

Der Standort für die großen Pflanzen muß unbedingt sonnig sein. Vor einer warmen Mauer stehen sie besonders günstig. Wenn die Königskerzen in einem Garten heimisch geworden sind, samen sie sich gern aus. Dann suchen sie sich selber ihre Plätze.

Wie alle zweijährigen Sommerblumen werden auch die Königskerzen im Juni oder Juli auf ein kleines Saatbeet oder ins Frühbeet gesät. Achten Sie auf gleichmäßige Feuchtigkeit während der Keimung und auch während des Wachstums der kleinen Pflanzen. Geben Sie ihnen, sobald die Sämlinge einige kräftige Blätter entwickelt haben, etwas verdünnte Brennessel-Jauche als Starthilfe. Bereits im Herbst können Sie die jungen

Die Blüten der Königskerzen können während des ganzen Sommers für Küche und Hausapotheke geerntet werden.

Königskerzen an den vorgesehenen Standort verpflanzen. Dies ist aber auch im nächsten Frühling noch möglich. Denken Sie beim Umsetzen an die mächtige Blattrosette und den hohen Blütenstiel der erwachsenen Pflanzen. Halten Sie mindestens 40–50 cm Abstand zwischen den Königskerzen ein. Etwas mehr »Freiraum« wäre noch besser, wenn Sie genügend Platz zur Verfügung haben. Ins Pflanzloch geben Sie Kompost, ein wenig organischen Vorratsdünger und etwas Algenkalk.

Wenn Sie im nächsten Jahr nicht alle Blüten für die Küche und die Hausapotheke ernten, reifen auch genügend Samen aus, mit denen Sie wieder für neue Königskerzen sorgen können.

Ernte und Aufbewahrung Gesammelt werden nur die Blüten der Königskerzen. Sie müssen ganz trocken sein, damit sich keine Fäulnis bilden kann. Ernten Sie deshalb an einem sonnigen Vormittag, wenn der Tau schon abgetrocknet ist. Zupfen Sie nur die gelben Blütenschalen mit den Staubgefäßen aus; die hinteren grünen Kelchblätter werden nicht verwendet. Königskerzenblüten müssen sehr sorgfältig und locker zum Trocknen ausgebreitet werden. Wenden Sie sie öfter um. Ein guttemperierter Trockenapparat ist hier sehr empfehlenswert. Sobald die Blüten dürr sind, werden sie in einem Schraubglas dunkel aufbewahrt. Wenn sie unverschlossen liegenbleiben, nehmen sie rasch wieder Luftfeuchtigkeit auf und verderben.

Aus frischen Blüten der Königskerzen können Sie auch Öl- oder Alkoholauszüge herstellen.

Verwendung in der Küche Gelbe Königskerzen-Blüten werden als Würze und aparte Beilage in die Fleischsuppe gestreut. (Rezept Seite 147).

Verwendung in der Hausapotheke Die getrockneten Blüten werden mit heißem Wasser überbrüht. Sie ergeben einen ausgezeichneten, schleimlösenden Hustentee. Bei Erkältungen, Bronchitis und starkem Hustenreiz wird er mit Honig gesüßt. Sie können Königskerzen-Blüten gut mit anderen Hustenkräutern mischen, zum Beispiel mit Malven, Huflattich, Spitzwegerich und Veilchenwurzeln.

Frische Blüten, in Alkohol angesetzt, ergeben ein Mittel zum Einreiben bei neuralgischen und rheumatischen Muskelschmerzen. Mit frischen Blüten und Olivenöl wird das sogenannte »Königsöl« nach dem gleichen Rezept wie das »Johannisöl« (Seite 158) angesetzt. Man benutzt es ebenfalls zum Einreiben und als Wundöl.

Historische Verwendung Schon die Heilige Hildegard empfahl die Königskerze gleichzeitig für die Hausapotheke und die Küche: »Die Königskerze ist warm und trocken und etwas kalt, und wer ein schwaches und trauriges Herz hat, der koche Königskerze mit Fleisch oder mit Fischen oder mit »Kucheln« ohne andere Kräuter, und er esse das oft, und es stärkt sein Herz und macht es fröhlich. Aber auch wer in der Stimme und in der Kehle heiser ist, und wer in der Brust Schmerzen hat, der koche Königskerze und Fenchel in gleichem Gewicht in gutem Wein und er seihe das durch ein Tuch und trinke es oft, und er wird die Stimme wieder erlangen und er heilt die Brust.«

Ganz ähnlich beurteilt Lonicerus die guten Eigenschaften der Königskerze: »Das gemeine Wullkraut mit anderen Kräutern bey Fleisch oder besonder in Gemüß / gekocht / und gessen / benimbt alle Kranckheiten deß Hertzens / für die Heyserkeit der Keehlen / und welcher damit voll ist um die Brust / der nemme Wullkraut / Fenchel und Süßholtz / jedes gleich viel / und siede diese Stück in Wasser oder gutem Wein / seye es durch ein Tuch / mische Zucker darunter / und trincks / es hilfft.«

Ferner rät er: »Feigen zwischen Wullkrautblätter gelegt / behalten sie über ein Jahr frisch.«

In Bayern benutzte man den »Himmelbrand« als Krankheitsvertreiber, indem man die Blütenkerze in Weihwasser tauchte, sich damit besprengte und über der erkrankten Körperstelle ein Kreuz schlug. Dazu mußte man sprechen: Unsere liebe Frau geht über Land, sie trägt den Himmelbrand in der Hand.

Im zweiten Jahr treibt der Kümmel Blüten.

Kümmel

Carum carvi

Volkstümliche Namen Wiesenkümmel, Mattenkümmel, Feldkümmel, Brot- und Speisekümmel, Fischkümmel, Gemeiner Kümmel, Carven, Garbe, Kämen, Karbei, Kiem, Köm, Kümmich, Kimmich, Kumach

Heimat Der Kümmel wächst in ganz Europa bis nach Norwegen wild, mit Vorliebe auf feuchten Wiesen. Ebenso ist er in den gemäßigten Zonen Asiens (Persien und Türkei) und in Nordafrika zu Hause. Er gehört zu den »Ur-Gewürzen«, die schon in den ältesten Quellen erwähnt werden, und hat eine ununterbrochene Tradition bis in unsere Zeit.

Botanischer Steckbrief Kümmel stammt aus der Familie der Doldenblütler (*Umbelliferae*). Im ersten Jahr treibt er aus einer möhrenartigen Wurzel nur eine Blattrosette. Im zweiten Jahr erscheint der bis zu 1,20 m hohe Stengel, der kantig, gerillt und mehrfach verzweigt ist. Die Blätter sind zart gefiedert. Von Mai bis Juli blühen weiße bis rosa

Doldenblüten. Von Juni bis August reifen die Früchte, die in zwei gerippte, sichelförmige Teile auseinanderfallen.
Heilkräftige Wirkstoffe Die Früchte sind reich an ätherischen Ölen, die in der Hauptsache aus Carvon und Limonen bestehen. Außerdem enthält die Pflanze Harz, fette Öle und Gerbstoffe. Kümmel wirkt magenkräftigend, er vertreibt Blähungen.
Geschmack und Würze Kümmel hat eine ganz charakteristische, leicht beißende Würze, die sich mit nichts anderem vergleichen läßt. Es ist eben ein typischer Kümmelgeschmack.
Anbau im Garten Kümmel kann im April oder im Spätsommer gesät werden. Er liebt feuchten, tiefgründigen Boden. Versorgen Sie das Beet vorher mit etwas Kalk und Dünger. Bedenken Sie auch, daß dieses Gewürzkraut ein Lichtkeimer ist; die Samen werden nur dünn mit Erde bedeckt. Der Reihenabstand beträgt 30–35 cm. Säen Sie den Kümmel nie in der Nähe von Fenchel aus. Es ist eine alte Erfahrungstatsache, daß diese beiden Pflanzen sich nicht »riechen« können. Sie kümmern, wenn man sie zur Nachbarschaft zwingt! Frostempfindlich ist der Kümmel nicht. Unter günstigen Bedingungen hält er auch länger als 2 Jahre aus, aber die Ernte wird geringer. Das Kraut sät sich durch ausfallende Körner leicht selber aus.
Ein Verwandter des Wiesenkümmels ist der Kreuzkümmel (*Cuminum cyminum*); er wird auch Kumin oder Römischer Kümmel genannt. Dies ist ein altes, traditionsreiches Gewürz aus Nordafrika und Asien, das scharf aromatisch schmeckt. Im Mittelalter wurde der Kreuzkümmel auch bei uns angebaut. Er braucht sehr viel Wärme, um voll auszureifen.
Ernte und Aufbewahrung Im ersten Jahr kann ein Teil der grünen Blätter frisch verwendet werden. Im zweiten Jahr ernten Sie die Samen, sobald sie sich bräunen. Verschließen Sie sie aber erst, wenn sie ganz trocken sind.
Verwendung in der Küche Kümmel wird zu Fleischgerichten, Kohl, Käse und Quark benutzt. Er ist auch als Brotgewürz beliebt. Schwere Speisen, wie Kohl, werden durch dieses Gewürz leichter verdaulich.
Verwendung in der Hausapotheke Aus zerstoßenen Kümmelkörnern können Sie einen sehr wirksamen Tee brühen, der sich vor allem bei Blähungen bewährt. Er hilft auch bei Magen- und Darmkrämpfen. Kümmel kann auch mit Fenchel und Dillsamen zu einem krampf- und blähungslösenden Tee gemischt werden.
Weitere Verwendungsmöglichkeiten In vielen Magenschnäpsen ist Kümmel enthalten. In kleinen Mengen wirkt er auch auf diesem Wege wärmend und beruhigend. Im Sudetenland war man überzeugt: »Wer Kümmel ißt, bekommt keinen Schlaganfall.«
Historische Verwendung Kümmel, das älteste Gewürz Europas, wird seit Jahrtausenden zu den verschiedensten Zwekken verwendet. Ein Kräuterbuch aus dem 19. Jahrhundert berichtet über eine Gewohnheit der alten Römer: »So durfte zum Beispiel bei Ihnen auf keinem Tische neben dem Salze der Kümmel fehlen und reiche Leute hielten sich einen eigenen Sklaven ›Kümmelbewahrer‹ … Wer also sehr sparsamer Natur war, der spendete dasselbe nichts weniger als reichlich; daher stammt aus jener Zeit auch der Ausdruck ›Kümmelspalter‹, womit man einen Geizhals bezeichnete.« Bei Lonicerus heißt es: »Kümmel in der Kost essen / und davon getruncken stärket die Dauung in Magen.«
In Norddeutschland schützte einst ein Beutel voll Kümmelkörner, auf dem Herzen getragen, vor Hexen. Und eine alte Volksweisheit behauptet: Bei Kümmibrot und Kalmusstengel gedeiht der Dümmste aller Bengel.

Die reifen Samenkörner des Kümmels müssen rechtzeitig geerntet werden, bevor sie ausfallen.

Löffelkraut

Cochlearia officinalis

Volkstümliche Namen Echte Löffelkresse, Löffelkresse, Scharbocksheil, Skorbutkraut, Froschlöffel, Löffelblätter, Zahnlöffel
Heimat Das Löffelkraut gehört zu den wenigen Gewürzkräutern, die ursprünglich im Norden zu Hause sind. Es wächst an den Küsten Nordeuropas an sumpfigen Stellen wild, besonders dort, wo der Boden salzig ist. In Nordamerika und Asien gedeihen nahe Verwandte.
Botanischer Steckbrief Das Löffelkraut gehört in die Familie der Kreuzblütler (*Cruciferae*). Es hat eine spindelförmige Hauptwurzel mit vielen Nebenwurzeln. Der kantige, gefurchte Stengel wird 20–30 cm hoch. Die unteren Blätter haben die auffallende Löffelform, nach der das Kraut seinen Namen erhielt; die oberen Blätter sind eiförmig. Von Mai bis Juni erscheinen im zweiten Jahr die duftenden, weißen Blüten, die eine Traube bilden.

Heilkräftige Wirkstoffe Das Kraut enthält Senfölglycosid, Mineralstoffe, Gerbstoffe, Bitterstoffe und sehr viel Vitamin C. Davon müssen schon die Seefahrer früherer Zeiten eine Ahnung gehabt haben, denn sie nahmen Löffelkraut gegen den gefürchteten Skorbut mit. Es wirkt auch heute noch im gleichen Sinn als stoffwechselanregende Frühjahrskur.

Geschmack und Würze Löffelkraut schmeckt stark kresseartig, gleichzeitig etwas bitter und etwas salzig. Das Aroma wird hauptsächlich durch das schwefelhaltige Löffelkrautöl erzeugt, das mit dem Senföl verwandt ist.

Anbau im Garten Löffelkraut gehört zu den Anspruchslosesten im Küchengarten. Es gedeiht überall, wo genügend Feuchtigkeit vorhanden ist. Von März bis April oder von August bis September können Sie die Samen in Reihen mit 20 cm Abstand säen. Sie keimen innerhalb von 2 bis 3 Wochen. Unter Umständen hält das Löffelkraut länger als 2 Jahre aus. Verwenden Sie nur die löffelförmigen Blätter. Sie können laufend gepflückt werden, denn dieses gesunde Kraut bleibt das ganze Jahr über grün und frisch.

Halten Sie die Aussaat, vor allem die späte im Sommer, immer gleichmäßig feucht. Sobald die Pflanzen größer sind, können Sie die Erde ringsum mulchen.

Wenn Sie das Löffelkraut, ähnlich wie Petersilie, im Winter locker mit Kiefernreisig oder Fichtenzweigen abdecken, können Sie auch noch im verschneiten Garten das vitaminreiche Kraut finden und ernten.

Ernte und Aufbewahrung Konservierung ist nicht üblich; sie würde auch nicht lohnen, weil das Löffelkraut immer greifbar ist.

Verwendung in der Küche Die würzigen Blätter können unter die verschiedensten Salate gemischt werden. Besonders empfehlenswert ist ein Frühlings-Wildkräuter-Salat mit Löffelkraut, Löwenzahn, Scharbockskraut, jungen Brennesselblättern und Schafgarbe. Die kleingeschnittenen Blätter schmecken auch zu Quark, Eiern und Butterbroten.

Rosette des Löffelkrauts mit den typischen löffelförmigen Blättern.

Verwendung in der Hausapotheke Das Löffelkraut wird meist als »grüne Medizin« in den Speiseplan einbezogen. Auf dem Umweg über die Salatschüssel vertreibt es die Frühjahrsmüdigkeit. Sie können aber auch aus dem frischen Kraut einen Saft pressen, der besonders intensiv stoffwechselanregend wirkt.

Weitere Verwendungsmöglichkeiten Eine Mischung zu gleichen Teilen aus Löffelkraut und Salbeiblättern soll nach Madaus gegen Parodontose helfen. Ein Teelöffel Kraut wird abends mit einer Tasse Wasser kalt angesetzt. Am nächsten Morgen können Sie mit dieser Flüssigkeit gurgeln und spülen. Der gleiche Ansatz kann noch einmal mit Wasser übergossen und dann am Abend benutzt werden.

Historische Verwendung »Scharf aber gut scheint sein Wahlspruch zu sein, und wenn je ein Kräutlein Empfehlung verdiente, so ist es das Löffelkraut ...Und wie viele hat es nicht schon vor dem sicheren Tod gerettet, wenn endlich nach der langen Nacht des Winters das Eis taute, der Frühling im ersten Grüne hervorsproß und der Kranke sich zur Stelle schleppen konnte, wo ihm die Gesundheit im unscheinbaren Blatte winkte ...«. Dieses Loblied auf das vitaminreiche Kraut, das den gefürchteten Skorbut zu heilen vermochte, stammt aus dem Buch »Kräutersegen« von E. M. Zimmer, 1896.

Mariendistel

Silybum marianum

Volkstümliche Namen Frauendistel, Färberdistel, Leberdistel, Gallendistel, Heilandsdistel, Christi Krone, Marienkörner, Stechkörner, Stichsamen, Gottesgnadenkraut

Heimat In trockenen, steppenartigen Gebieten Südeuropas und Vorderasiens ist die Mariendistel ursprünglich zu Hause. Schon im Mittelalter war sie bis nach Norddeutschland vorgedrungen. Als sogenannter Kulturbegleiter ist sie inzwischen auch bis Nordamerika, Südamerika und Südaustralien weitergewandert.

Botanischer Steckbrief Die Mariendistel stammt aus der Familie der Korbblütler (*Compositae*). Aus der tiefreichenden Distelwurzel wächst ein hoher, verästelter Stengel, der bräunlich glänzt. Charakteristisch für die Pflanzen sind die großen, gelappten Blätter, die auf grünem Grund eine weiße marmorierte Zeichnung tragen und an den Rändern mit kräftigen gelben Dornen »bewehrt« sind.

An den Spitzen der Stengel öffnen sich rundliche Blütenköpfe, die rotgefärbt sind und etwas nicken. Die Samenkörner sind braun; der Fruchtstand trägt eine helle, seidige Haarkrone, die die Botaniker Pappushaare nennen. Die Mariendistel wächst bis zu 2 m hoch. Sie blüht von Juli bis August; von August bis September reifen die Samen.

Heilkräftige Wirkstoffe Die wichtigste Heilsubstanz in den Samen ist das Silymarin, das den Leberschutz bewirkt. Hinzu kommen ätherische Öle, Bitterstoffe, Amine (Tyramin und Histamin), Proteine und fette Öle.

Die Samen der Mariendistel sind ein anerkanntes, sehr wirksames Mittel, das die Leber schützt, regeneriert und heilt.

Blühende Mariendistel – besonders dekorativ sind die marmorierten Blätter.

Diese Naturarznei hat keinerlei schädliche Nebenwirkungen. Auch Gelbsucht, Gallenleiden und Seitenstechen werden günstig beeinflußt.

Geschmack und Würze Die Samen schmecken etwas ölig und bitter.

Anbau im Garten Saatgut der dekorativen Heilpflanze wird im Handel angeboten. Die Mariendistel wächst je nach Standort und Bedingungen ein- bis zweijährig. Deshalb wird sie schon im Frühling ausgesät; ab März im geschützten Frühbeet und ab Ende April im Freiland. Die jungen Pflanzen werden mit 30–40 cm Abstand an den ausgewählten Standort gesetzt. Die Mariendistel braucht viel Sonne und einen durchlässigen, möglichst etwas mageren Boden. Sie gedeiht aber auch in guter Gartenerde. Versuchen Sie, die Wachstumsbedingungen im Kräutergarten ein wenig den ursprünglichen Standorten anzugleichen. Sonst braucht die große, auffallende Distel keine besondere Pflege.

Ernte und Aufbewahrung Sammeln Sie die Blütenköpfe ein, solange sie die weiße Haarkrone tragen. Später ist der reife Samen zwar leichter zu ernten, er fällt aber oft früher aus, als der Kräutergärtner zugreift. Lassen Sie die Blütenköpfe in einem luftigen Raum nachreifen. Sie werden locker ausgebreitet. Wenn sie trocken sind, können Sie die reifen Samen auf einer Unterlage ausklopfen. Die Körner werden gut verschlossen und dunkel aufbewahrt.

Verwendung in der Küche Die Mariendistel gehört nicht zu den Würzkräutern.

Verwendung in der Hausapotheke Aus den Samen wird der berühmte Lebertee aufgegossen. Pro Tasse nimmt man 1 Teelöffel voll Körner, die mit kochendem Wasser überbrüht werden und 10 bis 20 Minuten ziehen müssen. Mariendistel-Tee wird dreimal täglich ungezuckert vor den Mahlzeiten getrunken. Er kann mit Pfefferminze gemischt werden. Nach Madaus empfiehlt sich auch eine Mischung von Mariendistelsamen, Löwenzahnwurzeln und Wegwartenwurzeln.

Historische Verwendung Die Heilige Hildegard empfahl das folgende Rezept: »Wenn aber jemand durch Stechen in seinem Herzen oder an einer anderen Stelle oder in einem seiner Glieder Schmerzen hat, nehme er Mariendistel und etwas weniger Orechten salben (Salbei) und mache sie in etwas Wasser zu Saft, und sogleich zu der Zeit, wenn er vom Stechen geplagt wird, trinke er so, und es wird im besser gehen.«

Madaus berichtet von einem alten Volksglauben, der sagt, daß »die stachelige Pflanze nicht auf dem Ofen einer Gaststube aufbewahrt werden darf, da sonst unter den Gästen unbedingt Streit ausbricht«.

Petersilie

Petroselinum crispum

Volkstümliche Namen Peterlein, Peterling, Peterchen, Peterle, Gartenpetersilie, Kräutel, Bittersilche, Silk, Steinsilge, Garteneppich, Felswurzel, Federselli, Suppenwurzel, Felseneppich

Heimat Die Petersilie stammt aus den südöstlichen Mittelmeerländern. Bei den Griechen und Römern der Antike war sie bereits sehr beliebt. Karl der Große empfahl sie schon unter dem Namen »petresilum«. Aber erst im 16. Jahrhundert wurde die Petersilie zum allgemein bekannten Küchenkraut in Nordeuropa.

Botanischer Steckbrief Die Petersilie gehört in die Familie der Doldenblütler (*Umbelliferae*). Sie besitzt eine lange, möhrenähnliche Wurzel, aus der im ersten Jahr nur eine Blattrosette treibt. Im zweiten Jahr wächst daraus ein kantiger, verzweigter Stengel, der bis zu 1,20 m Höhe erreichen kann. Die dunkelgrünen Blättchen sind verschiedenartig gefiedert. Im Juni und Juli blüht die Petersilie. Die grünlich-gelben Blüten bilden eine Dolde. Die braunen Samen reifen im August bis September.

Heilkräftige Wirkstoffe Die Blätter enthalten ätherische Öle mit Apiol, das Glykosid Apiin, Mineralstoffe und vor allem reichlich Vitamin C. Petersilie wirkt wassertreibend und deshalb günstig auf Rheuma, Nieren- und Blasenleiden. Der in allen Pflanzenteilen vorkommende

Glatt- und Krausblättrige Petersilie.

Petersilienkampfer, Apiol, ist giftig. Deshalb darf die Petersilie nie in großen Mengen gegessen oder als Heilmittel angewendet werden. Kritische Werte ereichen vor allem die Samenkörner; sie enthalten besonders reichlich Apiol und sollten deshalb nie verwendet werden.

Geschmack und Würze Die ganze Petersilienpflanze duftet herb-würzig, die Blätter schmecken ein wenig streng und scharf-bitter.

Anbau im Garten Im Küchengarten braucht die Petersilie nahrhaften, humusreichen Boden, der aber durchlässig sein sollte. Feuchte, halbschattige Plätze sind günstig für eine gesunde Entwicklung. Frischen Dünger verträgt das Kraut nicht. Auch hier ist Kompost die beste Vorbereitung für das Beet. Mulchen Sie die Erde, damit sie feucht bleibt. Petersilie ist nicht kälteempfindlich. Säen Sie deshalb die Samen schon im März in Reihen von 10–15 cm Abstand. Sie keimen sehr langsam und brauchen oft 3 bis 4 Wochen, bis das erste Grün erscheint. Streuen Sie deshalb Radieschen als Markiersaat mit in die Rillen. Dann können Sie sicherer und früher Unkraut jäten zwischen den Reihen. Hacken, Jäten und bei Trockenheit Gießen – das sind die einzigen Arbeiten, die auf dem Petersilienbeet notwendig sind. Wenn Sie das Kraut im Spätherbst mit Kiefernzweigen locker abdecken, können Sie auch bei Schneewetter noch grüne Petersilie schneiden.

Säen Sie im nächsten Jahr die Petersilie nicht wieder an dieselbe Stelle im Kräutergarten, denn das Peterlein ist mit sich selbst unverträglich. Ein ständiger Fruchtwechsel ist nötig, wenn dieses Kraut gesund und üppig gedeihen soll. Andernfalls passiert Ihnen im übertragenen Sinn, was der Volksmund so anschaulich ausdrückt: Es verhagelt Ihnen die Petersilie! Mischkultur mit Tagetes trägt zu gesundem Wachstum des Krautes bei. (Siehe auch Seite 40.)

Für den Kräutergarten stehen Ihnen verschiedene Sorten zur Auswahl. Die glattblättrige Petersilie wird als die aromatischere gerühmt. Sie hat nur den Nachteil, daß sie der giftigen Hundspetersilie sehr ähnlich sieht. Es kann zu unglücklichen Verwechslungen kommen. Bei der Aussaat im Garten ist dies aber kaum anzunehmen. Unverwechselbar sind die krausblättrigen Züchtungen: 'Mooskrause' ist eine gängige, mildaromatische Sorte; 'Grüne Perle', eine neue Züchtung, hat dichtgekrauste, dunkelgrüne Blätter; 'Sperling's Smaragd' ist dicht gefüllt, sehr ertragreich und besonders winterhart.

Für die Wurzelpetersilie (*P. crispum* ssp. *tuberosum*) gelten im großen und ganzen die gleichen Kulturmaßnahmen wie für die Blattpetersilie. Beachten sollten Sie die folgenden Sonderansprüche: Die Jungpflanzen werden in der Reihe auf 10 cm Abstand verzogen, damit die Wurzeln sich kräftig entwickeln, bevor sie im Spätherbst, vor dem ersten Frost, möglichst unverletzt ausgegraben werden. Entfernen Sie alle Blätter bis auf das Herz, denn die Wurzelpetersilie soll ja noch einige Wochen am Leben bleiben. Schlagen Sie die Pflanzen dann in einem frostfreien Keller in feuchten Sand ein. Sie werden ähnlich gelagert wie Möhren und können jederzeit nach Bedarf verwendet werden.

In einem formschönen Terrakotta-Topf zeigt sich das Allerweltskraut Petersilie von einer überraschend dekorativen Seite.

Ernte und Aufbewahrung Sobald die Pflanzen kräftig genug sind, können Sie laufend Petersilie schneiden – selbst im Winter. Erst wenn das Kraut blüht, werden die Blätter hart und ungenießbar. Schonen Sie bei der Ernte aber immer die Herzblätter, damit die Pflanzen weiterwachsen können. Petersilie können Sie sowohl trocknen als auch einfrieren. Aber bei beiden Konservierungsmethoden verlieren die Blätter viel Aroma. Wie grüne Petersilie und Wurzelpetersilie für die Winterernte eingetopft werden, lesen Sie auf Seite 34.

Verwendung in der Küche Petersilie wird nur frisch verwendet. Bei Hitze verflüchtigen sich die Vitamine. Streuen Sie das feingehackte Kraut erst ganz zum Schluß über die fertigen Gerichte. Es paßt zu Kartoffeln, Salaten, vielen Gemüsen, Suppen und Soßen.

Wurzelpetersilie eignet sich als Gewürz zu Suppen, Braten und Wild. Sie verleiht den Speisen einen kernig-kräftigen Geschmack.

Verwendung in der Hausapotheke Bei Verdauungsstörungen, Blähungen und zur Anregung der großen Ausscheidungsorgane Leber und Nieren gibt es andere wirksame Kräuter, die ungefährlicher anzuwenden sind als die Petersilie. Experimentieren Sie nicht, und essen Sie das Kraut lieber in mäßigen Mengen als gesundes Gewürz.

Historische Verwendung »Es wird der Peterlein heutiges Tages / als ein gesundes Condiment fast in allen Speisen gebrauchet / welchen Gebrauch wir von den Alten vererbet haben.« Schon zu Zeiten des Kräutervaters Tabernaemontanus war die Petersilie das gebräuchlichste Küchengewürz. Ganz ohne Aberglauben ging es aber in alten Zeiten auch im Garten nicht zu. Man glaubte, der Petersiliensamen wandere siebenmal zum Teufel und zurück, bis das Kraut zu grünen beginne. Daran war wohl die lange Keimzeit des Peterleins schuld. Auch mußte ein besonders ehrenwerter Mann die Samen in die Erde legen, sonst wurde nichts aus den krausen grünen Wurzelblättern. Unbeschwerter gingen die alten Griechen mit dem Kraut um: Sie setzten sich Petersilienkränze ins Haar, wenn sie sich zu Gastmählern trafen, und nannten die Pflanze ein Symbol der Freude und der Festlichkeit.

Stiefmütterchen

Viola tricolor

Volkstümliche Namen Ackerstiefmütterchen, Ackerveilchen, Dreifaltigkeitsblume, Jesuli, Sammetblümlein, Samtveigerl, Siebenfarbenblume, Stiefkinder, Unnütze Sorge, Nachtveigerl, Nachtviole, Liebgesichtli

Heimat Das Stiefmütterchen ist auf vielen Kontinenten zu Hause: in Europa, Asien und Nordafrika. Bei uns wächst es wild an Ackerrändern und auf Wiesen.

Botanischer Steckbrief Das Stiefmütterchen gehört zur Familie der Veilchengewächse (*Violaceae*). Es treibt nur eine dünne Wurzel in die Erde; daraus wachsen hohle, starkverzweigte Stiele. Die Blätter sind teils länglich, teils herzförmig ausgebildet mit gezähnten Rändern. Es gibt bei dieser variationsreichen Pflanze auch noch leierförmige und fiederspaltige Nebenblätter.

Die Stiefmütterchenblüten, in denen viele Menschen freundliche kleine Gesichter erkennen, sind aus 5 Kronenblättern zusammengesetzt, von denen das unterste einen Sporn trägt. Die Farben wechseln je nach den verschiedenen Unterarten: Es gibt weiß-gelbe, weißblaue, blau-violette und buntgemischte Varianten. Die Ackerstiefmütterchen (*V. tr. arvensis*) sind meist kleinblütiger und heller gefärbt, während die Gewöhnlichen oder Wilden Stiefmütterchen (*V. tricolor*) etwas größere, meist leuchtend blau-violett gezeichnete Blumen haben.

Heilkräftige Wirkstoffe Die beiden wildwachsenden Stiefmütterchenarten werden als Heilpflanzen gleich gewertet. Sie enthalten Saponine, Flavonoide, Salicylsäureverbindungen, Gerb- und Bitterstoffe. Stiefmütterchen wirken blutreinigend und hustenlösend.

Geschmack und Würze Die hübschen Blumen haben keinen Duft. Die Pflanzen schmecken ein wenig bitter.

Anbau im Garten Die wilden Stiefmütterchen gedeihen, je nach Standort und Umweltbedingungen, ein- oder zweijährig. Saatgut oder Pflanzen gibt es normalerweise nicht zu kaufen. Im Spätsommer können Sie aber Samen der wilden Stiefmütterchen am Wiesen- oder Feldrand sammeln; eine einzelne Pflanze dürfen Sie auch im Herbst oder Früh-

Die wilden Stiefmütterchen bezaubern mit abwechslungsreichen Farbmischungen.

ling ausgraben und in den Garten setzen. Dort samt sie sich später selber aus. Ackerstiefmütterchen werden, wie alle anderen zweijährigen Kräuter und Blumen, im Sommer gesät und später verpflanzt. Sie brauchen 10–15 cm Abstand und einen sonnigen Standort. Da sie niedrig bleiben (etwa 20 cm), können sie auch als Randpflanzung eingeplant werden. Natürlicher wirken sie aber »wild verstreut«, so, wie sie auch in der Wiese oder am Feldrand wachsen. An den Boden stellen die wilden Stiefmütterchen keine besonderen Ansprüche; nur Kalk mögen sie nicht. Ihre Ansiedlung ist einen Versuch wert. Sie bringen leuchtende, fröhliche Farbtupfer in den Kräutergarten.

Ernte und Aufbewahrung Während des Sommers wird das ganze blühende Kraut geschnitten und in Büscheln getrocknet. Verschließen Sie es, sobald es dürr ist.

Verwendung in der Küche Stiefmütterchen haben keinerlei Würze.

Verwendung in der Hausapotheke Aus dem getrockneten Kraut wird ein Tee aufgebrüht, der den Stoffwechsel anregt und blutreinigend wirkt. Er ist heilsam bei Rheuma, Nervenschwäche, allgemeiner Schwäche und bei unreiner Haut.

Weitere Verwendungsmöglichkeiten Gegen Pickel und andere Hautunreinheiten helfen Auflagen mit feuchten Tüchern, die in Stiefmütterchen-Tee getaucht werden. Der Teeaufguß kann auch als Waschwasser für das Gesicht benutzt werden.

Historische Verwendung Im Mittelalter nannte man die wilden Stiefmütterchen Freysamkraut. Lonicerus beschreibt sie so: »Freysamkraut trägt Blumen dreyerley Farb / Violenbraun / weiß und gelb. Besämet sich selbst in Gärten / wo es einmal gesäet ist und wächst sonsten auch auf den Feldern von sich selbst.« »Ist zu vielen Sachen gut / und sonderlich das Wasser darvon gebrandt / fürn Freyssam der Kinder / in Brey zu essen / oder das Freyssamwasser zu trincken gegeben.« (Unter Freyssam oder Freisch verstand man damals krampfartige, epileptische Anfälle bei Kindern.)

Winterkresse

Barbarea vulgaris

Volkstümliche Namen Barbarakraut, Echtes Barbenkraut, Frühlingsbarbarakraut

Heimat Die Winterkresse stammt aus Kontinentaleuropa. Sie ist heute auch in England, Nordamerika, Australien und Nordafrika eingebürgert. Das Kraut wächst wild an feuchten Stellen, besonders gern an Gräben und Bachufern.

Botanischer Steckbrief Das Barbarakraut gehört zur Familie der Kreuzblütler (*Cruciferae*). Die Pflanze hat einen verzweigten Wurzelstock und bildet im ersten Jahr dicht am Boden eine Rosette mit großen, fünf- bis neunfach gefiederten Blättern, die sattgrün und dick sind. Das letzte Blättchen an der Spitze ist auffallend rundlich geformt. Im zweiten Jahr entwickelt sich ein 30–80 cm hoher, verästelter Stengel. Die Blätter, die sich daran bilden, sind gezähnt und stengelumfassend. An langen Stielen erscheinen von April bis Juni die gelben Blüten. Sie sitzen in lockeren Trauben zusammen. Die Samenkörner liegen in schmalen Schoten.

Heilkräftige Wirkstoffe Winterkresse enthält ätherisches Senföl und Vitamine. Sie wirkt stoffwechselanregend.

Geschmack und Würze Das Barbarakraut schmeckt ähnlich scharf-würzig wie Kresse oder Brunnenkresse.

Anbau im Garten Säen Sie die Winterkresse im Frühling oder im Herbst an einen feuchten, etwas schattigen Platz. Sie gedeiht am besten in lehmhaltigem Boden, ist aber sonst sehr anspruchslos. Achten Sie nur auf ausreichenden Abstand und gleichmäßige Feuchtigkeit. Die Reihen müssen 20–30 cm auseinanderliegen; zwischen den Pflanzen ist ein Abstand von 30 cm empfehlenswert. Mulchen schützt den Boden vor dem Austrocknen! Unter guten Bedingungen sät sich das Kraut selbst aus.

Ernte und Aufbewahrung Die Winterkresse verrät schon in ihrem Namen, daß sie zu den wenigen Kräutern gehört, die in der kalten Jahreszeit frisch bleiben und auch im Winter Vitamine liefern.

Blühendes Barbarakraut am natürlichen, meist feuchten Standort.

Vom Spätherbst bis zum Frühjahr können Sie bei offenem, frostfreiem Wetter grünes Kraut ernten. Verwendet werden aber nur die großen Blätter der Rosette. Konservierung lohnt nicht.

Verwendung in der Küche Aus Barbarakrautblättern können Sie einen pikanten Salat zubereiten; sie lassen sich auch unter andere Salate mischen. In Butter gedünstet ergeben sie ein spinatähnliches Gemüse.

Verwendung in der Hausapotheke Die Winterkresse wird nur frisch verwendet als »Medizin in der Salatschüssel«.

Historische Verwendung »Das St.Barbellkraut wird auch unter die Kressen gezehlet. Etliche aber wöllen sie unter die Senffkörner rechnen... Wann man das Kraut im Mund käuet / gibt es erstlich etwas scharffen Geschmack / darnach zeucht es ein wenig zusammen. ... Dieses wird im Winter statt des Kreß gebrauchet. Wird auch wieder den Scorbut gerühmet.« So genau beschrieb bereits Tabernaemontanus das Barbarakraut. Es schmeckt und wirkt heute noch genauso.

Ausdauernde Kräuter

Zu den ausdauernden Kräutern gehören Stauden und verholzende Halbsträucher. Sie überwintern und treiben im Frühling neu aus. Bei guter Pflege können die mehrjährigen Gewürzpflanzen viele Jahre am gleichen Platz stehenbleiben. Nach einiger Zeit müssen sie durch Teilung oder Stecklingsvermehrung verjüngt werden. Dann wechselt man auch den Standort.

Viele ausdauernde Kräuter verlieren im Herbst ihre Blätter; bei anderen erfrieren alle oberirdischen Pflanzenteile. Sie überwintern unterirdisch im Wurzelstock oder als kahle Sträuchlein. Nur wenige Arten, wie zum Beispiel der Thymian, bleiben ganzjährig grün. Einige empfindliche »Südländer«, wie der Rosmarin, überstehen den Winter in unserem Klima nur dann, wenn sie eingetopft und in frostfreien Räumen weitergepflegt werden.

Die ausdauernden Kräuter können aus Samen gezogen oder als fertige Jungpflanzen gekauft werden.

Alant

Inula helenium

Volkstümliche Namen Brustalant, Edelherzwurzel, Helenenkraut, Glokkenwurz, Großer Heinrich, Ulenkwurz, Beinerwell, Odinskopf, Oltwurz, Aletwürze, Altwurz, Darmwurz

Heimat Wahrscheinlich stammt der Alant ursprünglich aus Zentralasien; aber auch in Südeuropa war er schon früh heimisch. Verwildert findet man ihn heute in Nordeuropa, Kleinasien, Japan und Amerika.

Botanischer Steckbrief Der Alant gehört in die Familie der Korbblütler (*Compositae*). Seine dicken, fleischigen Wurzeln reichen sehr tief in den Boden. Die derbe Staude treibt kräftige, behaarte Stengel, die leicht 1,50–2,50 m Höhe erreichen. Ihre großen grau-filzigen Blätter haben im unteren Bereich eine länglich-elliptische Form; weiter oben werden sie breiter, manchmal herzförmig, und umfassen den Stengel.

Von Juni bis September öffnen sich an den Spitzen der Stengel die leuchtend gelben Blütenkörbchen des Alant. Die ganze mächtige Pflanze stirbt im Winter oberirdisch ab. Nur der Wurzelstock bleibt erhalten.

Heilkräftige Wirkstoffe Die wichtigsten Inhaltsstoffe der Staude befinden sich in den Wurzeln, die ätherische Öle (mit dem Alantkampfer Helenin), reichlich Inulin und Bitterstoffe enthalten. Alant wirkt schleimlösend bei Husten, Bronchitis und krampflösend im Magen-Darmbereich. Äußerlich hilft er gegen unreine Haut.

Geschmack und Würze Die Wurzeln schmecken bitter.

Der Blütenstand des Alant wird leicht 2 m hoch; geerntet werden die Wurzeln.

Anbau im Garten In guten Staudengärtnereien bekommen Sie vorgezogene Alantpflanzen. Da die Stauden sehr groß werden und lange an ihrem Platz bleiben, müssen Sie beim Pflanzen für reichlich Abstand sorgen; 50–80 cm Zwischenraum sind unbedingt nötig.

Der Alant gedeiht in der Sonne ebenso wie im lichten Halbschatten. Die kräftigen Wurzeln entwickeln sich am besten in tiefgründigem, feuchtem Lehmboden. Die besten Pflanzzeiten liegen im Herbst oder im zeitigen Frühling. Geben Sie den kleinen Stauden reichlich Kompost und einen organischen Langzeitdünger ins Pflanzloch. Auch später müssen die kraftvollen Gewächse mit Kompost und Dünger versorgt werden. Solange der Boden noch nicht von den großen Blättern beschattet wird, sollten Sie unbedingt rund um die Pflanzen mulchen.

Der riesige Alant ist für kleine Kräutergärten viel zu wuchtig. Sie können die schöne Staude aber gut am Zaun oder auch als Blickfang im Ziergarten ansiedeln. Durch Wurzelteilstücke läßt sie sich vermehren.

Ernte und Aufbewahrung Von erwachsenen Pflanzen können Sie im Herbst Teile des Wurzelstockes ausgraben. Seien Sie dabei aber vorsichtig und achten Sie darauf, daß die Stauden nicht zu sehr geschwächt werden; sie sollen ja weiterwachsen.

Die sorgfältig gereinigten Wurzeln (siehe Kapitel »Ernten und Konservieren«, Seite 139) werden entweder in der Länge durchgeschnitten und aufgefädelt oder in Scheiben zerteilt und auf Sieben getrocknet. Bewahren Sie die Alantwurzeln gut verschlossen auf.

Verwendung in der Küche Alant ist kein Gewürz. Sie können aber frische Wurzelstückchen vor dem Essen kauen; sie sollen appetitanregend wirken.

Verwendung in der Hausapotheke Pro Tasse wird ein Teelöffel voll getrocknete Wurzeln mit heißem Wasser überbrüht. Man kann aus den Wurzeln auch einen kalten Auszug zubereiten. (Siehe Seite 152.)

Alanttee kann mit Honig gesüßt werden; er wirkt dann lindernd bei Husten und

Verschleimung. Der Tee wird auch bei Blutarmut und allgemeiner Schwäche als Stärkungstrank empfohlen. Alant sollte nie zu lange und nicht in hoher Dosierung verwendet werden.

Weitere Verwendungsmöglichkeiten Ein selbst angesetzter Alantwein regt den Appetit an und wirkt stärkend, wenn Sie ihn vor dem Essen trinken.

Historische Verwendung Sehr anschaulich schildert die Heilige Hildegard die Verwendung der heilkräftigen Staude: »Der Alant ist von warmer und trockener Natur und hat nützliche Kräfte in sich. Und das ganze Jahr über soll er sowohl dürr als auch grün in reinen Wein gelegt werden. Aber nachdem er sich in Wein zusammengezogen hat, schwinden die Kräfte in ihm, und dann soll er weggeworfen werden und ein neuer eingelegt werden. Und wer in der Lunge Schmerzen hat, der trinke ihn täglich mäßig vor und nach dem Essen und das Gift – das ist der Eiter – nimmt er aus seiner Lunge weg, und er unterdrückt die Migräne und reinigt die Augen. Aber wenn jemand ihn so häufig trinken würde, den würde er wegen seiner Stärke schädigen. Wenn du aber keinen Wein hast, um ihn einzulegen, dann mache mit Honig und Wasser eine reine Honigwürze und lege den Alant ein und trinke wie oben gesagt wurde …«

Andorn

Marrubium vulgare

Volkstümliche Namen Dorant, Weißer Dorant, Weiße Leuchte, Marubelkraut, Marobel, Brustkraut, Helfkraut, Gotteshilfkraut, Lungendank, Gutvergeß, Schwindsuchtkräutel, Mutterkraut, Mariennesselkraut, Berghopfen

Heimat Ursprünglich ist der Andorn in Europa, Kleinasien, Mittelasien, Südrußland und Nordafrika zu Hause. »Eingebürgert« ist die Pflanze inzwischen auch in Nordamerika.

Botanischer Steckbrief Der Andorn gehört zur Familie der Lippenblütler (*Labiatae*). Aus einer spindelförmigen Wurzel wachsen verzweigte vierkantige Stengel, die innen hohl und außen leicht behaart sind. Die Blätter sind eiförmig und an den Rändern gezähnt; an der Oberfläche sehen sie runzelig aus. Junge Blätter zeigen dichte weiß-wollige Haare; später werden sie glatter. Die kurzgestielten weißen Röhrenblüten sitzen als dichter Kranz in den Blattachseln. Die Samenstände bilden rund um den Stengel eine grünliche, borstige Kugel. Der Andorn erreicht 40–50 cm Höhe. Die Pflanzen blühen von Juni bis September. Im Winter sterben alle Stengel und Blätter ab.

Heilkräftige Wirkstoffe Das Kraut enthält vor allem Bitterstoffe, darunter das Marrubiin, ätherische Öle, Harze, Wachse und Gerbstoffe. Andorn lindert Durchfall und Husten.

Geschmack und Würze Die jungen Blätter verströmen einen sanften, leicht süßen Balsamgeruch. Sie schmecken aber bitter und etwas scharf.

Anbau im Garten Die Pflanze gedeiht meist auf mageren Böden. Man findet sie auf Wiesen, an Wegrändern und auf Schuttplätzen. Schon Madaus berichtet, daß das Kraut sich eigenartigerweise zu Dörfern hingezogen fühlt und dort am besten auf gedüngtem Boden wächst. Geben Sie der Staude im Kräutergarten einen sonnigen Platz und reichlich Kompost ins Pflanzloch. Wenn Sie mehrere Andornpflanzen setzen möchten, sollten Sie einen Abstand von 30 cm einhalten. Vorgezogene Setzlinge bekommen Sie nur in Kräuter-Spezialgärtnereien. (Bezugsadressen finden Sie im Anhang.)

Andornstauden bleiben nach einer Beobachtung von Madaus frei von Parasiten. Er führt dies auf den »großen Gehalt an Bitterstoffen, Gerbstoffen, ätherischem Öl und anderen charakteristischen Inhaltsstoffen« zurück. Betrachten Sie die Pflanzen in Ihrem Kräutergarten auch einmal unter diesem Gesichtspunkt!

Ernte und Aufbewahrung Das blühende Kraut wird während des Sommers geschnitten. Die unteren harten Stengel sollten Sie aber weglassen. Nehmen Sie nur die oberen Zweige. Binden Sie den Andorn zu lockeren Sträußen, die zum Trocknen aufgehängt werden.

Andorn mit Blüten und den kugelförmig angeordneten sehr stacheligen Samenständen.

Verwendung in der Küche Andorn ist kein gebräuchliches Würzkraut.

Verwendung in der Hausapotheke Aus frischem oder getrocknetem Kraut können Sie einen Tee aufbrühen, der gegen Durchfall hilft. Dieses Getränk lindert aber auch, dank der vielfältigen Wirkstoffe der Pflanzen, den Husten. Älteren Menschen kann Andorn-Tee besonders empfohlen werden, wenn sie von ständigem Hustenreiz geplagt werden. Früher schätzte man das Kraut auch bei Lungenerkrankungen und Menstruationsbeschwerden.

Weitere Verwendungsmöglichkeiten Mit ungesüßtem Andorn-Tee kann man unreine, kranke Haut abwaschen.

Historische Verwendung Andorn gehört zu den uralten Heilkräutern, die seit Jahrtausenden in Gebrauch sind. Schon im alten Ägypten war die heilsame Wirkung des Krautes bei Erkrankungen der Atmungsorgane bekannt.

Auch die Heilige Hildegard empfiehlt Andorn in diesem Sinne: »Und wer in der Kehle krank ist, der koche Andorn in Wasser und seihe jenes gekochtes Wasser durch ein Tuch, und er füge zweimal soviel Wein bei, und er lasse es nochmals in einer Schüssel aufkochen unter Beigabe von genügend Fett; und so trinke er es oft und er wird in der Kehle geheilt werden…«
Tabernaemontanus greift beim Lob des Andorns auf die Berichte antiker Ärzte zurück: »Es beschreibet Galenus gar kürtzlich seine fürnemste Tugenden / dann er sagt / daß er am Geschmack gar bitter sey / und habe eine Krafft / die Verstopffung der Leber und des Miltzes hinweg zu nemmen / Raume die Brust und die Lungen von dem groben Schleim.«
»Ein Wein im Herbst über Andorn verjähren / und täglich getruncken / reiniget die innerliche Glieder.«

Blühende Baldrianstauden sind ein hübscher Anblick. Katzen bevorzugen die duftenden Wurzeln!

Baldrian

Valeriana officinalis

Volkstümliche Namen Waldspeik, Mondwurzel, Katzenkraut, Hexenkraut, Katzenwargel, Augenwurz, Wendwurzel, Viehkraut, Dreiguß, Tollerjahn, Bullerjahn

Heimat Der Baldrian ist in Mittel- und Nordeuropa ebenso zu Hause wie in weiten Teilen Asiens. Er wächst wild an Waldrändern und Bachufern; man findet ihn aber auch auf Wiesen. Typisch sind feuchte, halbschattige Standorte. Die anpassungsfähige Staude gedeiht aber auch in trockenerem Boden und in der Sonne.

Botanischer Steckbrief Baldrian gehört zur Familie der Baldriangewächse (*Valerianaceae*). Der große Wurzelstock setzt sich aus zahlreichen Einzelwurzeln zusammen, die ein »Nest« bilden. Daraus wachsen gerillte Stengel mit schön gefiederten Blättern. An den Spitzen der Zweige erscheinen von Juni bis August zartrosa bis weiße Blüten in lockeren Trugdolden. Die ganze Baldrianstaude erreicht 1–1,50 m Höhe. Im Winter erfrieren alle oberirdischen Pflanzenteile.

Heilkräftige Wirkstoffe In der braunen Wurzel des Baldrians finden sich als Hauptwirkstoffe Valepotriate, hinzu kommen Valerensäure (antispastisch), Alkaloide, Valeriansäure und ätherische Öle. Baldrian wirkt entspannend und nervenberuhigend; er erleichtert das Einschlafen und lindert nervöse Angstzustände.

Geschmack und Würze Der typische Geruch und auch der Geschmack des Baldrians enthalten eine eigenartige, leicht betäubende Süße. Auf Katzen wirkt der Duft wie eine Droge. Sie geraten »außer sich«. Intensiv entfaltet sich der Baldriangeruch aber erst, wenn die Wurzeln getrocknet werden.

Anbau im Garten Das »Katzenkraut« ist eine hübsche Staude, die im Kräutergarten auch eine dekorative Rolle spielt. Ähnlich wie in der Natur können Sie Baldrian an unterschiedlichen Standorten pflanzen: halbschattig in feuchtem Boden oder sonnig in etwas trockener Erde. Geben Sie der kleinen Staude aber auf jeden Fall reichlich Kompost ins Pflanzloch. Halten Sie 30–40 cm Zwischenraum ein, damit der Baldrian genügend Platz hat, um einen kräftigen Wurzelstock zu entwickeln. An warmen Standorten mit gutem Boden soll das berühmte alte Heilkraut eine bessere Qualität entwickeln.
Sie können Baldrian im Frühling im Garten aussäen. Saatgut gibt es im Fachhandel. Vorgezogene Pflanzen bekommen Sie in guten Staudengärtnereien und in Kräuter-Spezialgärtnereien. Später können Sie die Baldrianstauden im Garten durch Teilung des Wurzelstokkes vermehren. Unter günstigen Bedingungen samen sie sich auch selber aus.

Ernte und Aufbewahrung Von erwachsenen, kräftigen Pflanzen können Sie im Herbst (September bis Oktober) einen Teil der Wurzeln ausgraben. Achten Sie aber darauf, daß die Staude nicht zu sehr geschwächt wird. Die Wurzeln werden gesäubert, auf Fäden gereiht und zum Trocknen aufgehängt. Wenn sie ganz dürr sind, können Sie sie in kleine Stücke brechen und gut verschlossen aufbewahren.

Verwendung in der Küche Baldrian ist kein Gewürzkraut.

Verwendung in der Hausapotheke Baldrianwurzeln sind ein uraltes, bewährtes Beruhigungsmittel. Der Tee aus 2 Teelöffel getrockneten Wurzeln pro Tasse kann mit kaltem Wasser angesetzt oder mit heißem Wasser überbrüht werden (siehe »Teezubereitung« Seite 152). Baldrian-Tee hilft bei nervöser Unruhe, Herzklopfen, Angstzuständen, Verkrampfung und Prüfungsstreß. Er ist auch ein ausgezeichneter Schlaftrunk. Trinken Sie ihn so heiß wie möglich auf der Bettkante. Sehr wirksam ist am Abend auch eine Teemischung aus Baldrianwurzeln, Melissenblättern und Hopfen. Baldrian-Tee können Sie unbesorgt eine Zeitlang trinken, er sollte aber nicht zur Gewohnheit werden.

Weitere Verwendungsmöglichkeiten Auch ein Bad mit Baldrianauszügen wirkt sehr beruhigend und entspannend. Dafür können Sie fertige Baldriantinktur aus der Apotheke benutzen (etwa 200 Gramm für 1 Vollbad). Für einen selbsthergestellten Auszug brauchen Sie 100 Gramm Baldrianwurzeln, die mit 1 Liter Waser 10 Stunden lang angesetzt werden. Diesen Auszug gießen Sie, durchgesiebt, ins Badewasser.

Historische Verwendung Im ausgehenden Mittelalter war der Baldrian vor allem als »Augenkraut« berühmt. Tabernaemontanus empfiehlt: »Es sind alle Baldriankräuter heilsame Augenkräuter / fast nützlich zu dem blöden Gesicht / welches man auch von den Katzen wahrnehmen kan / die ihre sonderliche Kurtzweil mit diesen Gewächsen haben / sonderlich aber mit dem gemeinen Baldrian / ihr Gesicht darmit zu stärcken und zu schärpffen. Gemeiner Baldrian mit Kraut und Wurtzel zerschnitten / und in weißem Wein gesotten / machet helle und klare Augen / die selbigen damit gewaschen / und jedertweilen 1. Tröpfflein oder etliche darein gethan.«

Im von Seuchen geplagten Mittelalter empfahl man auch dieses Rezept: »An die Baldrianwurtzel gerochen / trucknet das flüssige Haupt / und es nützt den Bösen / vergifften pestilentzischen Lufft zu verändern / und demselbigen Widerstand zu thun / derowegen etliche in Sterbensläuffen diese Wurtzel in Essig beitzen / und in höltzern Büxlein bey sich tragen / daran ohn Unterlaß zu riechen.«

Die jungen Blätter des Balsamkrautes.

Balsamkraut

Tanacetum balsamita
(Chrysantemum majus)

Volkstümliche Namen Marienblatt, Frauenminze, Schmeckblatt, Bibelblatt, Pfefferblatt

Heimat Das Balsamkraut war ursprünglich im Orient zu Hause. Schon lange gedeiht es auch in Mitteleuropa. In Nordamerika ist es inzwischen »eingebürgert«. Das duftende Kraut war früher in unseren Bauerngärten heimisch. Heute ist es in England viel bekannter als hierzulande.

Botanischer Steckbrief Das Balsamkraut gehört in die Familie der Korbblütler (*Compositae*). Der Wurzelstock bildet zahlreiche Ausläufer. An den verzweigten Stengeln entwickeln sich zartgrüne Blätter, die länglich-eiförmig und an den Rändern gezähnt sind. An langen Stielen öffnen sich im Hochsommer sehr kleine gelbe Blüten, die lockere Dolden bilden. Die ganze Staude erreicht etwa 1 m Höhe. Im Winter frieren die oberirdischen Triebe ab.

Heilkräftige Wirkstoffe Das Balsamkraut enthält ätherische Öle, Gerb- und Bitterstoffe. Es wirkt krampflösend bei Magen- und Menstruationsbeschwerden. Die frischen Blätter sollen auch zusammenziehende, antiseptische Eigenschaften haben.

Geschmack und Würze Das altmodische Kraut trägt den Namen »Balsam« zu recht. Es verströmt, vor allem, wenn Sie es zwischen den Fingern zerreiben, einen herrlich würzigen Duft, in dem Erinnerungen an Minze und Zitrone, aber auch eine sanfte Süße enthalten sind. Der Geschmack ist aromatisch und leicht bitter.

Anbau im Garten Das duftende Balsamkraut braucht, um seine wertvollen Inhaltsstoffe zu entwickeln, unbedingt volle Sonne. Es liebt trockenen, gut wasserdurchlässigen Boden. Schwere Erde müssen Sie mit scharfem Sand lockern. Bei der Pflanzung geben Sie eine Handvoll Kompost unter die Wurzeln. Die kleinen Stauden werden bereits mit 50 cm Abstand auf dem Beet verteilt, damit sie sich gut entwickeln können; sie treiben ja nach allen Seiten Wurzeln. Aus solchen Ausläufern können Sie Ihre Bestände später leicht vermehren. Den jungen zarten Blattaustrieb müssen Sie im Frühling vor Schnecken schützen!

Das altmodische, lieblich-duftende Balsamkraut sollte wieder Einzug in unsere Gärten halten. Es braucht keine besondere Pflege und ist in jeder Beziehung ein Schmuckstück. Pflanzen bekommen Sie in Spezialgärtnereien; Bezugsquellen finden Sie im Anhang.

Ernte und Aufbewahrung Vor der Blüte werden die Blätter geerntet und getrocknet. Sie können sie auch in Öl einlegen, das dann einen aromatischen Geschmack annimmt.

Verwendung in der Küche Frische junge Blätter können als sehr aparte Würze zu Salaten, Soßen und Geflügel verwendet werden. Nehmen Sie aber nur kleine Mengen, damit das Balsamkraut nicht alle anderen Zutaten »erschlägt«. Das Öl

Älteres Balsamkraut bildet ausladende Büsche.

können Sie ebenfalls zum Würzen verwenden.

Verwendung in der Hausapotheke Der Name Marienblatt deutet schon darauf hin, daß das Balsamkraut ein »Frauenkraut« ist. Sie können daraus einen Tee aufgießen, der krampfhafte Menstruationsbeschwerden löst. Er hilft auch bei Magenschmerzen.

Weitere Verwendungsmöglichkeiten Das duftende Kraut vertreibt Motten und Fliegen. Getrocknet können Sie es zusammen mit Lavendelblüten in den Wäscheschrank legen. (Siehe auch Kapitel »Kräutersträuße gegen Motten und Fliegen«, Seite 160).

Im Sommer schmeckt eine Teemischung aus Balsamkraut und Minzeblättern herrlich erfrischend.

Historische Verwendung Der berühmte englische Kräuterkenner Culpeper empfahl das Marienblatt, um die »Schmerzen der Mutter (Wehen) erträglich« zu machen.

Beifuß

Artemisia vulgaris

Volkstümliche Namen Gänse-, Johannis- oder Besenkraut, Wilder Wermut, Weiberkraut, Stabkraut, St. Johannskraut, Himmelsuhr, Buckel, Geißbart, Johannisgürtel, Jungfernkraut, Männerkrieg, Sonnwendkraut, Stabwurzelkraut, Roter und Weißer Bock, Beinwuchskraut, Himmelskehrkraut, Bibes- oder Buckkraut, Buck, Beipes, Bibs, Muggert, Mugwurz, Sonnwendgürtel, Frauenkraut, Biboz, Peipoz

Heimat Der Beifuß wächst in ganz Europa vom Mittelmeer bis nach Skandinavien wild. Er ist auch in Asien zu Hause sowie in Nord- und Südamerika eingebürgert. Man findet ihn an Wegrändern und auf Geröllhalden. Die außergewöhnlich große Zahl seiner volkstümlichen Namen macht deutlich, daß der Beifuß zu den Heil- und Zauberkräutern gehört, die seit Jahrtausenden im Gebrauch sind.

Botanischer Steckbrief Der Beifuß ist in der Familie der Korbblütler (*Compositae*) zu Hause. Er hat verzweigte Wurzeln und einen mehrköpfigen Wurzelstock. Die kräftigen, stark verästelten Stengel bilden einen stattlichen Busch, der bis zu 2 m hoch werden kann. Sie sind weichbehaart und meist rötlich angelaufen. Die Blätter sind verschiedenartig gefiedert, auf der Oberseite grün und auf der Unterseite weißlich-grau gefärbt. Die gelblichen, filzig-behaarten Blütenköpfchen sitzen in länglichen Rispen an den Stengelenden. Sie erscheinen je nach Lage von Juli bis September. Im Winter friert die Pflanze ganz zurück.

Eine Verwandte des Beifuß ist der Meerstrand-Beifuß oder Meerwermut (*Artemisia maritima*) – eine niedrige, silbergraue Pflanze, die als Wurmmittel gilt.

Heilkräftige Wirkstoffe Beifuß enthält ätherische Öle, vor allem Cineol, sowie Gerb- und Bitterstoffe. Das Kraut wirkt krampfstillend und schweißtreibend, lindert Magen-, Darm- und Menstruationsstörungen, fördert den Gallefluß und die Bildung von Magensäften.

Geschmack und Würze Das blühende Beifußkraut schmeckt und riecht herbwürzig und etwas bitter.

Anbau im Garten Die natürlichen Standorte des wilden Beifuß zeigen Ihnen schon, daß diese Staude sehr anspruchslos ist. Geben Sie ihm im Küchengarten einen trockenen, sonnigen Platz, wo er jahrelang aushalten kann. Etwas Kalk wirkt sich günstig aus. Schwere Böden müssen mit viel Sand, eventuell sogar mit Kieselsteinen (Geröll!) gelockert werden.

Der kraftvolle Beifuß ist anspruchslos; er wächst am Zaun und am Wegrand.

Normalerweise genügt eine Pflanze für den Bedarf einer Familie, denn der Beifuß bildet ja sehr stattliche Büsche. Sie können das Kraut selber aussäen, aber praktischer ist es, eine Jungpflanze beim Gärtner zu kaufen oder eine kleine Staude am Wegrand auszugraben. Später können Sie das Kraut bei Bedarf durch Teilung des Wurzelstockes vermehren.

Ernte und Aufbewahrung Schneiden Sie ganze Zweige ab, solange die Blütenknospen noch geschlossen sind. Sobald die Blüten sich öffnen, werden sie bitter. Für die Verwendung in der Küche zupfen Sie alle Blätter ab, und trocknen nur die Blütenknospen. Sie werden gedörrt, aber auch frisch zum Würzen gebraucht. Für die Hausapotheke ernten Sie die obersten Triebspitzen mit Blättern und Blütenknospen.

Verwendung in der Küche Beifuß paßt vor allem zu fettem Fleisch: Enten-, Gänse-, Hammel- und Schweinebraten macht dieses Gewürzkraut verträglicher. Aber auch an einer Kalbshaxe ist sein Aroma nicht zu verachten.

Verwendung in der Hausapotheke Ein Teeaufguß aus frischem oder getrocknetem Kraut wird ungesüßt getrunken. Er hilft vor allem bei Magenverstimmungen. In der alten Volksmedizin wurde er auch gegen Nervenleiden, Gallebeschwerden, Schwäche und Kopfschmerzen empfohlen.

Weitere Verwendungsmöglichkeiten Beifuß ist der »sanfte Bruder« des bitteren Wermut. Er kann ähnlich benutzt werden wie das starke Bitterkraut, wirkt aber milder.

Historische Verwendung Die alten Römer legten sich Beifußblätter in die Sandalen, weil sie damit ihre Füße vor Übermüdung schützen wollten. Im Mittelalter vertrieb man mit dem Kraut Teufel und Hexen. Zum Fest der Sommersonnenwende trug man »Sonnwendgürtel« aus Beifußzweigen. Nach dem Tanz um das Feuer wurde das heilige Kraut in die Flammen geworfen. Mit ihm zusammen verbrannte alles drohende Unheil – das kommende Jahr würde, nach altem Glauben, frei von Krankheit und Unglück sein.

Nicht als Zauberkraut, sondern als Medizin und Küchenwürze sieht Tabernaemontanus den Beifuß. Er empfiehlt ihn besonders den Frauen »als nützliche Kräuter zu den Mutterkranckheiten«. Den Köchen rät er: »Darzu seynd die gedöreten und abgestreifften Blümlein am dienlichsten und nützlichsten / Gänß, Hüner und andere Gevögel und Fleischspeisen damit gefüllt ...«

Beinwell

Symphytum officinale

Volkstümliche Namen Schwarzwurz, Beinbruchwurzel, Heilwurzel, Wundwurzel, Schmalwurz, Speckwurz, Milchwurz, Wallwurz, Eselohrwurzel, Hasenlaub, Himmelsbrot, Küchenkraut, Honigblum, Soldatenwurzel, Schwarze Waldwürze, Wottel, Zottel

Heimat Der Beinwell ist in ganz Mitteleuropa und in Westasien zu Hause. Er wächst wild an Bachufern und auf feuchten Wiesen.

Botanischer Steckbrief Der Beinwell gehört zur Familie der Boretschgewächse (Boraginaceae). Seine dicke, spindelförmige Hauptwurzel verzweigt sich und reicht tief in den Boden. Sie ist außen schwarzbraun und innen weißlich gefärbt – ähnlich wie Schwarzwurzeln. Die verzweigten Stengel sind sehr kräftig, stark wasserhaltig und rauh behaart. Die großen, lang herunterlaufenden Blätter haben im unteren Bereich eine lanzettliche Form, weiter oben sind sie zungenförmig ausgebildet. Wie fast alle oberirdischen Pflanzenteile des Beinwell sind sie von rauhen Haaren bedeckt. Von Mai bis September erscheinen lockere Trauben glockenförmiger Blüten, die malvenfarbig, trüb-rötlich oder creme-weiß gefärbt sein können. Je nach Standort wächst die Beinwellstaude 0,50–1,50 m hoch. Der Frost zerstört die saftreichen Blätter und Stengel. Nur die Wurzeln überwintern.

Heilkräftige Wirkstoffe Die Wurzeln enthalten Gerbstoffe, Schleimstoffe, Glykoside, Stärke, Inulin, Asparagin und Allantoin. Beinweillwurzeln heilen – wie der Name andeutet – Knochenverletzungen, Wunden und Quetschungen. Dabei spielt das Allantoin eine große Rolle: Diese Substanz regt die Gewebebildung (Granulation) an. Auch bei rheumatischen Schmerzen und Muskelverhärtungen können Beinwellpräparate Linderung bringen.

Die Blätter enthalten Gerbstoffe, Schleimstoffe, Cholin und Alkaloide. Sie werden als Gemüse oder Tee verwendet.

Geschmack und Würze Die Blätter schmecken frisch und boretschähnlich, die Wurzeln ein wenig nach Kampfer.

Anbau im Garten Ähnlich wie an den natürlichen Standorten braucht der Beinwell auch im Garten feuchten, nahrhaften Boden: Ein Standort im lichten Halbschatten ist günstig. Unter Obstbäumen oder am Rand einer Hecke ist die üppige Staude deshalb oft besser aufgehoben als im sonnigen Kräutergarten. Pflanzen Sie Beinwell mit reichlich Kompost und einer Handvoll organischem Vorratsdünger. Magere Böden sollten zusätzlich mit Tonmehl verbessert werden. Die kleinen Beinwellpflanzen werden mit 40–50 cm Abstand in die Erde gesetzt, weil sie für ihr üppiges Blattwerk und auch für den Wurzelstock reichlich Platz brauchen. Decken Sie rund um die Stauden den Boden regelmäßig mit Gras oder anderen organischen Abfällen zu.

In Staudengärtnereien und in speziellen Kräutergärtnereien bekommen Sie vorgezogene Beinwellpflanzen. Dort wird auch der Comfrey (*S. peregrinum* oder *S. asperum*), der im Kaukasus und in Armenien heimisch ist, angeboten, eine besonders ertragreiche und gehaltvolle Beinwellart. Diese Staude erreicht je nach Standort bis zu 2 m Höhe.

Die vitalen Beinwellstauden brauchen viel Platz für eine gesunde Entfaltung.

Beinwell kann mehrmals im Jahr zurückgeschnitten werden. Stengel und Blätter entwickeln sich immer wieder neu. Durch ausgegrabene Wurzeln können Sie Ihre Bestände gut vermehren. Bei alten Pflanzen ist es allerdings kaum noch möglich, die tiefverankerten Wurzeln aus der Erde zu lösen. Ähnlich wie Meerrettich ist Beinwell kaum noch auszurotten, wo er einmal richtig Fuß gefaßt hat. Er kommt dann auch ohne besondere Pflege jahrelang wieder. Besser ist es aber, wenn Sie Ihre Beinwellpflanzen regelmäßig mit Kompost und ein wenig Dünger versorgen. Den Boden bedecken die großen Blätter später von selbst.

Ernte und Aufbewahrung Die Wurzeln werden von März bis April oder im späten Herbst von Oktober bis November ausgegraben. Sie haben dann den höchsten Gehalt an Allantoin. Ernten Sie nur bei großen Pflanzen, die den Verlust schon verkraften können, und nehmen Sie nicht zu viele Wurzeln gleichzeitig weg.

Die braunen Wurzelstücke werden gereinigt, der Länge nach aufgeschnitten und sorgfältig getrocknet. Da sie sehr saftreich sind, eignet sich ein Trockenapparat besonders, weil er gleichmäßige Wärme und luftige Ausbreitungsmöglichkeiten garantiert. Beinwell darf auf keinen Fall Schimmel ansetzen! Bewahren Sie die getrockneten Wurzeln gut verschlossen auf.

Frische, noch zarte Blätter können Sie vom Frühling bis zum Herbst nach Bedarf pflücken. Zum Trocknen werden Beinwellblätter im Mai vor der ersten Blüte geerntet.

Verwendung in der Küche Die grünen Blätter können Sie als spinatähnliches Gemüse dünsten oder frisch und kleingehackt als Würze unter Salate mischen.

Verwendung in der Hausapotheke Aus frischen oder aus pulverisierten, trockenen Beinwellwurzeln kann ein Brei angerührt werden, der, in saubere Baumwolltücher verpackt, auf Wunden, Quetschungen, Blutergüsse oder schmerzende Entzündungen gelegt wird. Auch 10 Minuten lang ausgekochte Wurzelbrühe eignet sich für heilende Umschläge (siehe Rezepte Seite 157). Beinwell-Wurzeltee wird mit heißem Wasser aufgebrüht. Er soll gegen Magenkatarrh, Husten und Venenleiden helfen. Innerlich darf Beinwell nicht über längere Zeit eingenommen werden. Es besteht sonst die Gefahr von Leberschäden!

Berühmt ist vor allem Beinwellsalbe, die Wunden, Zerrungen und Verstauchungen heilt. Das Rezept finden Sie auf Seite 157.

Weitere Verwendungsmöglichkeiten Im Garten dienen Beinwellblätter als Spezialmulch, zum Beispiel unter Tomatenpflanzen, und als Zutat zu Pflanzenjauchen. Früher war die Pflanze ein beliebtes, eiweißhaltiges Viehfutter, vor allem für Schweine.

Historische Verwendung Als Lonicerus sein Kräuterbuch schrieb, nannte man den Beinwell Wallwurtz. Schon damals war er ein altbekanntes Wundmittel: »Zu allen Wunden / rissen und brüchen / aussen und innen ein gar heilsame Wurtzel. Dieselbige gestossen / darvon getruncken / benimmt das Blutspeyen. In Wein gesotten und getruncken / heilet sie die versehrte Lung / räumet die Brust / dienet zu allen innerlichen und äusserlichen Brüchen. Ein jeder Wundartzt / soll ihme Wallwurtz zielen / die ist zu allen Wunden / Beinbrüchen und Schäden sehr heilsam und bequem.

Die Wurtzel zerstossen / und auf zerknirschte Glieder gelegt / heilet sie zu hand.«

Von zarter Schönheit sind die Blüten des Bergbohnenkrautes.

Bergbohnenkraut

Satureja montana

Volkstümliche Namen Winterbergminze, Winterbohnenkraut, Staudenbohnenkraut

Heimat Das Bergbohnenkraut stammt aus den Mittelmeerländern. Es ist auf dem Balkan und in Südrußland bis zum Kaukasus weitverbreitet.

Botanischer Steckbrief Das ausdauernde Bohnenkraut gehört in die Familie der Lippenblütler (*Labiatae*). Es wächst zu einem 25–50 cm hohen Halbstrauch heran. Die Pflanze besitzt eine starke Haupt- und reichverzweigte Nebenwurzeln. Die Stengel verästeln sich und verholzen schnell. Sie haben nicht den violetten Farbhauch des einjährigen Bohnenkrautes. Die Blättchen sind schmal, glänzend dunkelgrün und mit Drüsenschuppen besetzt. Die zierlichen Lippenblütchen können weiß, rosa oder violett gefärbt sein.

Heilkräftige Wirkstoffe Im Erscheinungsbild ähneln sich das einjährige und das mehrjährige Bohnenkraut sehr. Beide Arten haben die gleichen Inhaltsstoffe, die hauptsächlich aus ätherischen Ölen und Gerbstoffen bestehen. Auf den Magen hat das Bergbohnenkraut ebenfalls eine wohltuende, beruhigende Wirkung.

Geschmack und Würze Das Bergbohnenkraut schmeckt würzig und ein wenig beißend. Kenner behaupten, es sei im Aroma etwas grober als das einjährige Bohnenkraut.

Anbau im Garten Geben Sie dem Bergbohnenkraut einen warmen, sonnigen Platz, der zur Winterzeit vor rauhen Winden geschützt ist. Der Boden soll leicht und möglichst etwas kalkhaltig sein. Das Bergbohnenkraut verträgt Trockenheit und magere Erde besser als Feuchtigkeit und gute Ernährung. Wenn es dem kleinen Strauch zu gut geht, schießt er ins Kraut, reift nicht richtig aus und erfriert leichter.

Sie können dieses Küchengewürz selbst aussäen, sowohl im Freiland als auch in warmgestellten Saatschalen. Die günstigste Aussaatzeit liegt in den Monaten April bis Mai oder im August. Die feinen Samen des Lichtkeimers werden nur dünn mit Erde bedeckt.

Einfacher ist es, im Mai Jungpflanzen zu kaufen und im Abstand von 30 × 30 cm zu verpflanzen. Später können Sie Ihren Bestand durch Teilung der Wurzelstöcke oder durch Stecklinge vermehren. Das Kraut bleibt über Winter grün. In rauhen Gegenden sollten Sie es mit Kiefernreisig abdecken. Im Frühling werden die Sträucher etwas zurückgeschnitten, damit sie frisch austreiben.

Ernte und Aufbewahrung Einzelne Zweige können Sie immer abpflücken, sobald die Sträuchlein kräftig genug sind. Vom zweiten Jahr an sind 2 bis 3 Ernteschnitte möglich. Kurz vor der Blüte ist der Gehalt an ätherischen Ölen allerdings am höchsten. Die Zweige werden gebündelt und getrocknet. Die Blätter behalten ihr Aroma sehr gut. Führen Sie den letzten Ernteschnitt nicht zu spät aus, weil die Neutriebe sonst nicht mehr ausreifen und leicht erfrieren.

Verwendung in der Küche Das Bergbohnenkraut wird genau wie das einjährige Bohnenkraut verwendet: zu Bohnen, Kartoffeln und Eintöpfen.

Verwendung in der Hausapotheke Aus dem Bergbohnenkraut können Sie einen magenstärkenden, entkrampfenden Tee aufbrühen.

Historische Verwendung »Von den Satureyen wird auch zur Zeit der Weinlesung ein Wein zugerichtet / gleich wie der Wermuthwein / ... Ist aber fürnemlich gut den alten Personen / welchen ihre natürliche Wärm entgehen will. ...« So empfahl Tabernaemontanus das »hitzige« Bohnenkraut zur inneren Erwärmung. Der belebende Wein wird das seine dazu getan haben.

Brennessel

Urtica dioica und *U. urens*

Volkstümliche Namen Donnernessel, Hanfnessel, Haarnessel, Saunessel, Nessel, Nettel, Senznessel, Habernessel, Tausendnessel

Heimat Die Große Brennessel (*U. dioica*) ist in ganz Europa ebenso heimisch wie in Asien und Nordafrika. In Nordamerika ist sie eingebürgert. Nur in den tropischen Regionen Afrikas, Südamerikas und in den Polargegenden sucht man sie vergebens. Die Kleine Brennessel (*U. urens*) ist ein sogenannter Kosmopolit, der fast überall auf der Welt gedeiht.

Unscheinbare Schätze: blühende Brennesseln.

Botanischer Steckbrief Die Brennessel gehört zu den Brennesselgewächsen (*Urticaceae*). Die Große Brennessel besitzt einen sehr verzweigten, kriechenden Wurzelstock. Daraus wachsen vierkantige Stengel, die mit Brennhaaren bedeckt sind. Die länglich-eiförmigen Blätter haben grobgesägte Ränder. Sie sind ebenfalls mit Brennhaaren ausgestattet. Die Große Brennessel ist in der Regel zweihäusig: Die unscheinbaren grüngelben Blüten sind an einer Pflanze entweder männlich oder weiblich. Sie sitzen wie zierliche Rispen in den Blattachseln. Die Blütezeit der Großen Brennessel reicht von Juli bis in den Herbst. Die Stauden werden je nach Standort 0,5–1,50 m hoch.

Die Kleine Brennessel (*U. urens*) gedeiht nur einjährig. Sie ist aber hier mitbeschrieben, weil ihre Inhaltsstoffe und ihre Verwendung der Großen, mehrjährigen Brennessel gleichen. In der Pflanzengestalt sehen sich die beiden Nesseln ebenfalls sehr ähnlich. Die Blätter der einjährigen Art sind etwas kleiner und zierlicher. Die Kleine Nessel trägt weibliche und männliche Blüten gleichzeitig an einer Pflanze.

Brennesseln siedeln sich mit Vorliebe auf gutem, humusreichem Boden an. Deshalb findet man sie oft an Zäunen, neben Häusern, Ställen und auf Gartenland.

Heilkräftige Wirkstoffe Die Blätter enthalten in den Brennhaaren ein Nesselgift, das bei Berührung die bekannten Entzündungen auf der Haut verursacht. Hinzu kommen Histamin, Vitamine, Mineralsalze (z. B. Eisen), wichtige Spurenelemente und Chlorophyll. In Wurzeln und Samen findet sich vor allem Gerbsäure. Brennesseln wirken stoffwechselanregend und blutreinigend; sie stärken die Widerstandskräfte. Ihre heilsamen Inhaltsstoffe bewähren sich besonders bei Rheuma und Gicht, bei Leber- und Galleleiden. Für Frühjahrs- oder Herbstkuren ist diese Pflanze besonders empfehlenswert.

Geschmack und Würze Brennesseln haben einen eigentümlich strengen Geruch; der Geschmack ist herb und etwas bitter.
Anbau im Garten In fast jedem Garten tauchen irgendwann Brennesseln als »Un-Kraut« auf. Die meisten Gärtner reißen die Pflanzen murrend und mit Handschuhen bewaffnet aus. Natur- und Kräutergärtner sehen die brennenden Nesseln mit anderen Augen an. Sie erkennen in ihnen das uralte, einst hochgeachtete Heilkraut, das Menschen, Tieren und sogar der Erde gute Dienste leistet.
Graben Sie einige Wurzelstöcke aus, und pflanzen Sie sie neben dem Kompost, unter einem Strauch oder in einer abgelegenen Gartenecke wieder in die Erde. Der Boden sollte etwas feucht und humusreich sein. Geben Sie dem Wildkraut zum Start reichlich Kompost und etwas stickstoffhaltigen Dünger, zum Beispiel Hornspäne. Weitere Pflege ist nicht nötig. Brennesseln gedeihen sowohl in der Sonne als auch im Halbschatten.
Wer einen großen Kräutergarten besitzt und kein ängstliches Naturell hat, der kann die große Nesselstaude auch dort neben anderen Heil- und Gewürzpflanzen ansiedeln. Wenn Sie die Samenbildung verhindern und zu weit wandernde Wurzelausläufer mit dem Spaten ausstechen, kann eigentlich nichts Schlimmes passieren. Vielleicht entdecken Sie erst im Kräutergarten die verborgene Schönheit und die kraftvolle Pflanzengestalt der zu Unrecht geschmähten Nesseln.
Im Handel gibt es sogar Brennesselsamen zu kaufen. Zu einem solchen Hilfsmittel muß man aber nur greifen, wenn in der näheren Umgebung alle Unkräuter ausgerottet worden sind.
Ernte und Aufbewahrung Von Mai bis Ende Juli/Anfang August kann das ganze Brennesselkraut mit oder ohne Blüten geschnitten werden. Manche Kräutersammler nehmen auch die Wurzeln dazu, die ebenfalls Heilstoffe enthalten. In lockere Sträuße gebündelt, werden die Brennesseln zum Trocknen aufgehängt. Die dürren Blätter streifen Sie später von den Stengeln ab; aber auch die getrockneten Stiele und Wurzeln können kleingeschnitten und mit unter die Blätter gemischt werden. Bewahren Sie diese wertvolle Ernte gut verschlossen und dunkel auf. Aus dem frischen Kraut kann man auch Saft auspressen, der bald getrunken werden muß, weil er sich nicht lange hält.
Verwendung in der Küche Junge Brennnesselblätter werden im Frühling wie Spinat zubereitet oder unter Gartenspinat gemischt. Zusammen mit zarten Löwenzahnblättern und Gänseblümchenrosetten ergeben sie einen gesunden Salat. Die Brennesselblätter brennen nicht auf der Zunge, wenn sie ganz leicht angewelkt sind. Das Welken geschieht schon während der Zubereitung.
Verwendung in der Hausapotheke Brennesseltee und Brennesselsaft können 5 bis 6 Wochen lang als stoffwechselanregende Kur dreimal täglich getrunken werden. Sie regen die Wasserausscheidung an und lindern dadurch Rheuma und Gichtschmerzen. Verstärkt wird diese Wirkung, wenn Sie den Brennesseltee mit Löwenzahnwurzeln und Birkenblättern mischen.
Eine Brennesselkur im Frühling wirkt aber auch ohne Erkrankungen erfrischend wie ein »innerer Hausputz«, bei dem Schlacken aus dem Körper ausgeschieden werden.
Weitere Verwendungsmöglichkeiten Bei Erkältungen, Rheuma und Neuralgien helfen auch Brennesselbäder. Eine Abkochung aus 200 Gramm getrocknetem Kraut reicht für ein Vollbad. Fügen Sie noch bis zu 1 Kilogramm Kochsalz hinzu.
Im Garten werden Brennesseln zu Jauche oder zu Spritzmitteln verarbeitet (siehe Seite 28).
Historische Verwendung Brunfels lobte die Brennessel über alles: »Was ist holtseliger dan ein Hyazynthus, ein Narcissus oder ein Gilgen (Lilie)? Noch dan übertrifft die Nessel diese allsammet.«
Eine besondere, heute vergessene Eigenschaft der Nesseln entdeckte die Heilige Hildegard von Bingen: »Und ein Mensch, der gegen seinen Willen vergeßlich ist, der zerstosse die Brennende Nessel zu Saft und füge etwas Olivenöl hinzu, und wenn er schlafen geht, salbe er damit seine Brust und die Schläfen, und dies tue er oft, und die Vergeßlichkeit in ihm wird vermindert werden.«
Bei Lonicerus heißt es: »Nesselblätter mit Wein gesotten / darüber getruncken / erweicht den Bauch / vertreibt das Grimmen / zertheilet die Winde / treibt den Harn / reiniget die Lenden / und reitzet zum Beyschlaff an.«
Der Autor weiß auch Rat für »gebrannte« Kräutersammler: »Wer von Nesseln übel gebrannt were / der streiche Baumöl und Rosenöl über die Blätterlin / sie vergehen.«

Brunnenkresse

Nasturtium officinale

Volkstümliche Namen Bach-, Born-, Wasser- oder Wiesenkresse, Wasserlauchkraut, Quellenraukenkraut, Wassersenf, Kerschel, Kressenkraut, Bornkassen, Kersche, Paderkerse, Wasserkerse, Quellenrauch, Weiße Kresse
Heimat Die Brunnenkresse wächst in ganz Europa und auch in anderen Erdteilen wild in Quellen und Bächen, die noch reines Wasser führen.

Blühende Brunnenkresse am natürlichen Standort.

Botanischer Steckbrief Die Brunnenkresse gehört in die Familie der Kreuzblütler (*Cruciferae*). Sie treibt bis zu 70 cm lange, waagerechte Stengel. An den Verzweigungen bilden sich Wurzeln. Die Blätter sind rundlich, sattgrün und fiederförmig zusammengesetzt. Von Mai bis September blüht die Brunnenkresse. Ihre weißen Blüten sind in lockeren Trauben angeordnet. Tief unter der Wasseroberfläche können sich manchmal in der freien Natur ganze Rasen von Wasserkresse bilden.

Heilkräftige Wirkstoffe Die Pflanzen enthalten schwefelartige, ätherische Öle, Senfölglykosid, Bitterstoffe, die Vitamine A, C, D, Kalium, Eisen, Arsen und etwas Jod. Wasserkresse wirkt stoffwechselanregend und wassertreibend. Sie kann gut als entschlackende Frühjahrskur benutzt weden.

Geschmack und Würze Die Blätter schmecken würzig scharf und leicht bitter.

Anbau im Garten Da die meisten Freizeitgärtner kein fließendes Gewässer ihr eigen nennen, müssen sie es mit einer Kressekultur in feuchten Kästen versuchen, die schattig aufgestellt werden. Die Samen (erhältlich im Fachhandel) streuen Sie in Saatschalen, decken sie mit Erde ab und halten sie ständig naß. Nach 10 bis 14 Tagen haben sich bereits kleine Pflänzchen entwickelt. Eine andere Möglichkeit: Besorgen Sie sich kleine Ableger der Brunnenkresse aus einem Bach. Sie wachsen, naß gehalten, rasch an. Setzen Sie sie ebenso wie die aus Samen gezogenen Jungpflanzen in eine wasserdichte Schale oder in einen Kasten, die beide nicht ganz mit Erde gefüllt werden. Der Abstand zwischen den Setzlingen beträgt etwa 7 cm. Das Wasser soll ständig 1 cm über der Erde stehen. Lockern Sie die Oberfläche öfter auf, damit keine Algenbildung entstehen kann. 6 Wochen nach der Pflanzung können Sie einen Flüssigdünger unter das Gießwasser mischen.

Der Wasserkresse-Garten im Miniaturformat hält natürlich nicht unbegrenzt. Legen Sie mit Hilfe von Stecklingen immer wieder neue Pflanzungen an.

Ernte und Aufbewahrung Sobald die Triebe der Brunnenkresse etwa 12 cm lang gewachsen sind, können sie zum ersten Mal geschnitten werden. Sie ernten aus der eigenen Anzucht vor allem während der Sommermonate frische Salatblätter. Die Wasserkresse in der freien Natur kann dagegen fast ganzjährig geschnitten werden. Besonders empfehlenswert ist das Frühjahr. Brunnenkresse kann nicht getrocknet oder auf andere Weise konserviert werden.

Verwendung in der Küche In der Küche werden die frischen Blättchen samt den zarten Stielen unter Salate gemischt. Kleingehackt können Sie sie auch unter Quark und Kräuterbutter geben.

Für eine stoffwechselanregende Frühjahrskur eignet sich eine Rohkostmischung aus Brunnenkresse, unter die Sie Löwenzahnblätter, junge Brennesseln, Löffelkraut und Gänseblümchen mischen.

Verwendung in der Hausapotheke Der frische Salat ist die beste Medizin aus der Brunnenkresse. Konzentrierte Auszüge, zum Beispiel Saft, sind nicht so empfehlenswert. Zu intensiver oder zu langer Gebrauch der scharfen Wasserkresse kann zu Nierenreizungen führen!

Historische Verwendung Die Römer glaubten, daß die Kresse, die aus dem Wasser kam, besonders zärtlich mache. Sie nannten das Kraut aber auch »nasi tortium« – Nasenschinder. Noch im Mittelalter benutzte man getrocknete und zerriebene Brunnenkresse als Niespulver. Tabernaemontanus unterschied zu Beginn der Renaissance zwischen Heil- und Küchenkraut: »Wann die Brunnenkressen noch jung und frisch seyn / weren sie an vielen Orten in salat gebraucht. Der gemeine Mann vermeinet den hitzigen Magen damit zu kühlen.«

Duftblattgeranien

Pelargonium

Volkstümliche Namen Sind nicht bekannt, wahrscheinlich, weil die Pflanzen noch nicht so lange bei uns heimisch sind. Die Namen der verschiedenen Arten verraten auch meist die Duftnoten: zum Beispiel Rosengeranien, Zitronengeranien, Pfefferminzgeranien.

Duftblattgeranien haben zierliche, aber sehr anmutige zart gefärbte Blüten.

Heimat Die Pelargonienarten mit den duftenden Blättern stammen aus Südafrika. 1690 wurden die ersten Exemplare nach Europa gebracht. Seit 1847 züchtete man sie in Frankreich. Im vorigen Jahrhundert waren sie sehr beliebt und weitverbreitet. Heute findet man sie als Liebhaberpflanze vor allem in England. In Südfrankreich, Spanien und Nordafrika werden verschiedene Duftblattpelargonien gewerbsmäßig angebaut für die Parfümindustrie.

Sowohl die Blüten- als auch die Duftblattpelargonien werden im Handel und im allgemeinen Sprachgebrauch Geranien genannt.

Botanischer Steckbrief Die Blattpelargonien gehören in die Familie der Storchschnabelgewächse (*Geraniaceae*). Sie bilden verzweigte, krautige, kleine Büsche.

Die Zitronengeranie (*P. citrosmum*) besitzt dreilappige, rauhe Blätter. Im Sommer treibt sie kleine malvenfarbige Blüten. Die Pflanzen können 60–90 cm Höhe erreichen. Ihre Blätter duften nach Zitronen. Intensiven Citrusduft verströmt auch *P. crispum* aus stark gekrausten Blättern.

Rosengeranien (*P. acetosum*, früher *P. graveolens*) treiben sehr kräftige, hohe Stengel, die mit Haaren bedeckt sind. Die tiefeingeschnittenen Blätter sind rauh und groß. Während des ganzen Sommers erscheinen kleine rosa Blüten. Die Blätter duften nach würzigen alten Rosen. Es gibt auch eine weiß-bunte Blattform der Rosengeranie. Diese Pflanzen sind im ganzen zierlicher. Rosenduft verströmen außerdem *P. capitatum* und die filigran geteilten Blätter von *P. radens*.

Die Pfefferminzgeranie (*P. tomentosum*) wächst sehr üppig. Ihre weichen Triebe hängen nach unten. Die großen, samtig behaarten Blätter haben eine leuchtend smaragdgrüne Farbe. Sie sind herzförmig und nur leicht am Rand eingebuchtet. Auf langen Stielen entwickeln sich im Frühsommer zarte Dolden mit kleinen weißen Blüten, die wie Schleierkraut wirken. Die Blätter duften intensiv nach Pfefferminze. Spezialgärtnereien bieten noch viele andere Duftvarianten an – für Liebhaber und Sammler eine Fundgrube! (Bezugsquellen finden Sie im Anhang.)

Die samtigen Blätter der Pfefferminzgeranie sind eine duftende Augenweide.

Heilkräftige Wirkstoffe Die Blattgeranien sind reich an ätherischen Ölen; sie werden nicht medizinisch genutzt, dienen aber zum Teil als Duftlieferanten für die Parfümindustrie.

Geschmack und Würze Geruch und Geschmack variieren sehr stark. Es gibt außer den oben genannten Duftnoten unter anderem noch Aprikosen-, Muskat-, Kiefern-, Kampfer- und Apfelgeruch. Das Würzaroma entspricht dem Duft. Der Wohlgeruch entfaltet sich, wenn man die Blätter mit der Hand bewegt. Dann werden die ätherischen Öle freigesetzt und schweben wie Duftwolken durchs Zimmer oder über die Terrasse.

Anbau im Garten Die Duftblattgeranien sind in unserem Klima nicht winterhart. Sie werden in Blumentöpfen und Kübeln gezogen. Den Sommer verbringen sie an einem sonnigen Platz im Garten. Sie brauchen in der warmen Jahreszeit reichlich Wasser und Dünger, den Sie dem Gießwasser beifügen können. Im Winter müssen sie in einem mäßig warmen Raum stehen; sie benötigen viel Licht, werden aber in dieser Zeit nur mäßig gegossen. Sehr günstig ist ein Gewächshaus, das man bis zu 10 °C beheizt, oder ein Wintergarten.

Im Frühling topft man die Blattgeranien um in humusreiche, etwas sandige Erde und stutzt sie kräftig zurück. Vermehrt werden sie durch Stecklinge, die sich leicht bewurzeln.

Die Pfefferminzgeranien weichen von den allgemeinen Pflegeregeln etwas ab, weil sie im leichten Halbschatten besser gedeihen.

Bis vor ein paar Jahren konnte man die zauberhaften Blattduftgeranien nur durch »Findlinge« bekommen. Ableger gingen unter der Hand von einem Pflanzenliebhaber zum anderen. Inzwischen gibt es Kräutergärtnereien, die ganze Sortimente verschiedener Duftblattgeranien anbieten. Adressen finden Sie im Anhang.

Es lohnt sich, diese zauberhaften Duftgewächse in unseren Gärten und Häusern heimisch zu machen. Ihre Wohlgerüche bereichern die Kräutersammlung, und ihre seltenen Gewürznoten sind wahre »Leckerbissen« für erfinderische Köchinnen.

Ernte und Aufbewahrung Von den kostbaren kleinen Sträuchern sollten Sie nur einzelne frische Blätter abpflücken. Während der Sommermonate sind sie besonders reich an Duftstoffen und Aroma. Zweige, die beim Rückschnitt anfallen, können Sie für Potpourris trocknen.

Verwendung in der Küche Diese seltene, intensive Würze können Sie – mit Gefühl dosiert – zu Salaten und Soßen geben. Die Blätter aller Duftblattgeranien verleihen Getränken, Früchten und Gelees eine besondere Note.

Verwendung in der Hausapotheke Bei uns nicht bekannt. J. J. A. van der Walt berichtet in seinem Buch »Pelargonien des südlichen Afrika«: »Der medizinische Wert von Pelargonien, vermutlich Linderung von Durchfall und Ruhr verschaffend, war den Ureinwohnern des südlichen Afrika bekannt.«

Historische Verwendung In der »viktorianischen Ära« waren die Duftblattpelargonien in England außerordentlich beliebt und weitverbreitet. Sie wurden überall in herrschaftlichen Gewächshäusern, aber auch auf den Fensterbrettern der Bauernhäuser gehegt und gepflegt. Ein »Duftspezialist« unserer Tage, Frider Plenzat, sammelte diese selten gewordenen Pflanzen. Er berichtete: »In meiner Kartothek habe ich rund 50 Duft-Diagnosen von Blattduft-Pelargonien bei etwa 250 bisher bekannten Arten. Bei der überwiegenden Mehrzahl von ihnen herrschte für meine Nase ein würziger Grundduft vor, wobei sich … Pfefferminze, Edelraute, Fichennadelextrakt ungefähr die Waage hielten; … Eine zweite große Gruppe duftete ausgesprochen fruchtig – nach Zitronen, Orangen, Äpfeln… «

Eberraute

Artemisia abrotanum

Volkstümliche Namen Eberries, Eberreis, Zitronenkraut, Gartheil, Eberwurzel, Stab- oder Stangenkraut, Stabwurzel, Albraute, Elfrad, Garthau, Garthagen, Girtwurz, Abergans, Garthagel, Gotthard, Gartholt, Gotthold, Gartenhahn, Gartenhühnchen, Lemonikräutel, Herrgottshölzel

Heimat Die Eberraute ist ursprünglich in Südeuropa und in Vorderasien zu Hause. Das Kraut gelangte – wahrscheinlich im 9. oder 10. Jahrhundert – durch Mönche nach Mitteleuropa und war jahrhundertelang eine Pflanze der Kloster- und Bauerngärten. In den Küchengärten unserer Tage ist das Kraut leider noch eine große Unbekannte.

Botanischer Steckbrief Die Eberraute gehört in die Familie der Korbblütler (*Compositae*). Sie ist mit dem Beifuß, dem Wermut und dem Estragon verwandt. Die Pflanze hat einen starken, weitverästelten Wurzelstock. Die aufrechten Stengel verzweigen sich nach oben rispenartig. Die Blättchen sind sehr schmal und fein gefiedert. Sie haben eine grau-grüne Farbe und sind mit vielen Drüsen besetzt. Der ganze Strauch wirkt buschig-rustikal und zart zugleich. Er wird etwa 1 m hoch. Der größte Teil der Zweige verholzt, nur die neuen Triebe sind weich und krautig. Von Juli bis Oktober erscheinen in günstigen warmen Lagen an den Spitzen kleine kugelige Blütenköpfchen von blaßgelber Farbe.

Die Kampfereberraute (*A. alba*) verströmt einen intensiven, weihrauchartigen Duft. Sie besitzt filigrane, graugrün gefärbte Blätter.

Heilkräftige Wirkstoffe Die Pflanze enthält ätherische Öle, Bitter- und Gerbstoffe sowie das Alkaloid Abrotanin. Eberraute wirkt appetitanregend und magenstärkend.

Geschmack und Würze Die Eberraute duftet sehr intensiv nach Zitrone. Der Geschmack ist aber derber als der der Zitronenmelisse. Die Würze der Eberraute schmeckt sehr aromatisch – mit einem strengen und leicht bitteren Nachklang. Sie erscheint etwas fremdartig und geheimnisvoll.

Anbau im Garten Der ausdauernde Strauch braucht kalkhaltigen, humosen Boden. Trockenheit bekommt der Eberraute besser als zuviel Nässe. Geben Sie ihr einen sonnigen, geschützten Platz. Die Samen reifen in unserem Klima nicht aus und werden auch nicht im Handel angeboten. Pflanzen können Sie in gutsortierten Staudengärtnereien und in Kräuter-Spezialgärtnereien bekommen. Setzen Sie sie auf 40 × 40 cm Abstand. Meist wird aber für den Bedarf einer Familie ein Busch genügen. Aus Triebspitzen können Sie dann Stecklinge schneiden, die leicht bewurzeln. Die Vermehrung im eigenen Garten ist gar nicht schwierig, wenn Sie erst einmal eine Mutterpflanze besitzen.

Es ist schade, daß dieses herrliche Duftkraut mit den zarten, gefiederten Blättern in unseren Gärten so selten geworden ist. Die anmutigen kleinen Sträucher bringen eine nostalgische Note ins Kräuterbeet. Es würde sich sicher lohnen, hier und da die Tradition der mittelalterlichen Bauerngärten aufzugreifen und ein kleines Gewürzgärtchen mit einer niedrigen Hecke aus Eberrautenbüschen einzufassen. Das Kraut läßt sich ohne Schwierigkeiten in Form schneiden.

In rauhen Gegenden braucht die Eberraute etwas Winterschutz. Ihre zarten Blätter erfrieren immer in unserem Klima. Im Frühling werden die schlanken, holzigen Stengel nur wenig zurückgeschnitten. Sie schlagen dann ohne Schwierigkeiten wieder aus.

Ernte und Aufbewahrung Verwenden Sie nur die zarten Triebspitzen – frisch oder getrocknet. Sie können während des ganzen Sommers gepflückt werden. Den höchsten Wirkstoffgehalt besitzen die Blätter im Juli und August.

Zum Trocknen können Sie auch blühende Zweige nehmen. Das gedörrte Kraut wird gutverschlossen aufbewahrt. Sie können einige Eberrautenzweige auch in Kräuteressig verwenden.

Verwendung in der Küche Eberraute schmeckt zu Soßen, Braten und zu Salaten. Verwenden Sie sie aber immer sehr sparsam; schon ein oder zwei Zweigspitzen verleihen einem Gericht eine sehr aparte Note.

Die zartgefiederten Blätter der Eberraute verströmen einen herben Zitronenduft.

Verwendung in der Hausapotheke Aus frischem oder getrocknetem Eberrautenkraut können Sie einen Tee aufbrühen, der appetitanregend und magenstärkend wirkt.

Weitere Verwendungsmöglichkeiten Die starkduftende Eberraute wird seit jeher zur Abwehr von Fliegen und Motten benutzt. Gute Dienste leistet das Kraut sowohl im Zimmer als auch im Kleiderschrank (siehe Seite 160).

Historische Verwendung Eberrautenzweige unter dem Kopfkissen sollten kleinen Kindern einen ruhigen Schlaf schenken und brave Eheleute vor schädlichem Zauber bewahren. Alte Frauen nahmen das stark duftende Kraut als Riechsträußchen mit in die Kirche, um »frisch zu bleiben«. Bei Tabernaemontanus heißt die Pflanze »Stabwurz«. Er schrieb seitenlange Rezepturen auf, in

denen die Wirkungen dieses Heilkrautes gepriesen wurden. Besonders originell ist dieser Ratschlag:
»Wilt du schöne und hübsche Haar am Bart machen wachsen / so nimm zwo Handvoll grüner und frischer Stabwurz / frisch und gut Jungfrauen-Honig ein Pfund / vermische es durch einander / und destillier es in einem Brennkolben mit sanfftem Feuer. Mit solchem Wasser bestreiche den Bart offtmals / und reibe es auch wohl ein / du gewinnest schöne Haar.«

Engelwurz

Angelica archangelica

Volkstümliche Namen Gartenangelica, Engelbrustwurz, Echte Brustwurzel, Zahnwurzel, Theriakwurzel, Luftwurzel, Waldwurzel, Heiligen-Geist-Wurzel, Artelkleewurzel, Dreieinigkeitswurzel, Erzengelwurzel, Geistwurzel, Glückenwurzel, Heiligenwurzel, Heiligenbitter

Heimat Die Engelwurz gehört zu den wenigen Heil- und Gewürzkräutern, die im hohen Norden zu Hause sind. Sie wächst wild in Island, Grönland, Skandinavien und Sibirien. Einige Autoren sind der Meinung, daß sie auch in Syrien und Asien ursprünglich vorkommt. Wahrscheinlich kam die Engelwurz im 14. Jahrhundert nach Deutschland. Sie wurde in den Klostergärten hochgeschätzt. Heute ist sie wildwachsend bis zu den Alpen und den Pyrenäen verbreitet. Man findet sie allerdings nicht allzu häufig. Das mächtige Kraut wächst verstreut auf feuchten Wiesen.

Botanischer Steckbrief Die Engelwurz gehört in die Familie der Doldenblütler (*Umbelliferae*). Sie besitzt eine außergewöhnlich tiefreichende, fleischige Hauptwurzel mit vielen Seitenwurzeln, ähnlich wie der Meerrettich. Die hohlen Stengel können bis zu 2,5 m hoch wachsen und an der Basis faustdick werden. Sie sind gerillt und verästeln sich im oberen Teil. Die großen hellgrünen Blätter sind verschiedenartig gefiedert und besitzen auffallend bauchige Blattscheiden. Von Juli bis August erscheinen große halbkugelige Dolden mit grünlich-weißen Blüten. Die imposanten Stengel und Blätter frieren über Winter ganz ab. Im Frühling schlägt die Staude aus den Wurzeln neu aus.

Heilkräftige Wirkstoffe Die Engelwurz enthält ätherische Öle, Harz, Angelicasäure, andere organische Säuren, Cumarinformen, Pektin, Gerb- und Bitterstoffe. Angelika wirkt appetitanregend und nervenstärkend sowie entwässernd, schweißtreibend und leicht entkrampfend. In der Medizin wird vor allem die Wurzel verwendet.

Geschmack und Würze Die ganze Pflanze riecht kräftig gewürzhaft. Diesen Duft empfinden manche Menschen als moschusähnlich. Die Blüten duften nach Honig, die Stengel manchmal nach Äpfeln. Der Geschmack der Wurzeln ist

Die Engelwurz paßt gut in naturnahe Gärten, sie braucht viel Platz zur Entfaltung.

würzig-süß mit bitter-scharfem Nachklang.

Anbau im Garten Die mächtige Engelwurz hält 2 bis höchstens 4 Jahre an ihrem Platz im Garten aus, dann stirbt sie ab. Sie braucht humusreichen, nahrhaften Boden, der aber so durchlässig sein muß, daß die große Wurzel sich ohne Schwierigkeiten ausbreiten kann. Ein feuchter, halbschattiger Standort ist am günstigsten. Die Engelwurz verträgt weder stauende Nässe noch große Trockenheit.

Sie können dieses Riesenkraut selbst aussäen. Achten Sie aber auf frisches Saatgut, denn es verliert sehr schnell an Keimkraft. Die Angelika ist ein Frostkeimer. Säen Sie sie im frühen Herbst aus. Im nächsten Jahr verpflanzen Sie sie dann mit Abständen von mindestens 1 m. In Spezial-Kräutergärtnereien können Sie aber auch Jungpflanzen kaufen.

Ernte und Aufbewahrung Frische Blätter und Blattstiele wandern als besondere Delikatesse in die Küche. Vor der Blüte können Sie auch einige Blätter trocknen. Spät im Herbst (November) werden die Samen gesammelt.

Die Wurzeln werden ebenfalls im Spätherbst ausgegraben. Säubern Sie die einzelnen Stücke sorgfältig, und schneiden Sie sie der Länge nach durch, bevor sie zum Trocknen aufgefädelt werden. Die aromatisch riechenden Wurzeln locken Insekten und Ungeziefer an! Achten Sie deshalb darauf, daß der Trockenplatz sehr sauber und luftig ist. Kontrollieren Sie öfter! Wenn Sie keinen geeigneten Raum besitzen, verwenden Sie am besten einen auf geringe Wärme eingestellten Trockenapparat. Sobald die Wurzeln ganz dürr sind, werden sie zerkleinert und dicht verschlossen aufbewahrt.

Verwendung in der Küche Kleingeschnittene Blätter und Blattstiele würzen Suppen, Soßen und Salate. Aus Stengelabschnitten und jungen Blättern können Sie auch Gemüse kochen. In Großmutters Küche wurden Angelika-Stengelstücke kandiert.

Ein Tip aus Lappland, wo die Engelwurz zu Hause ist: Die Stengel werden dort vor der Blüte geerntet, geschält und roh gegessen. Sie sollen dann wie Äpfel schmecken.

Verwendung in der Hausapotheke Aus den getrockneten Wurzelstücken können Sie Tee zubereiten: Pro Tasse übergießen Sie 1 Teelöffel voll Wurzeln mit kaltem Wasser, das langsam bis zum Kochen erhitzt wird. Lassen Sie den Tee noch einige Minuten sieden, und sieben Sie ihn dann ab. Sie können auch einen kalten Auszug zubereiten (siehe »Tee-Zubereitung« Seite 152).

Tee aus Blättern und Samen wird mit heißem Wasser überbrüht.

Alle Angelika-Tees helfen bei Magen-Darmbeschwerden, bei Blähungen und nervösen Krämpfen. Engelwurz kann mit anderen Magenkräutern, zum Beispiel Kalmus, Enzian, Wermut, Pfefferminze und Tausendgüldenkraut, gemischt werden.

Weitere Verwendungsmöglichkeiten Bei Rheumaschmerzen und Erschöpfung kann ein Engelwurz-Bad sehr wohltuend sein. Eine Handvoll Wurzelstücke (ca. 100 Gramm) oder Blätter und Samen gemischt werden mit 1 Liter Wasser erhitzt. Lassen Sie diesen Extrakt noch eine Viertelstunde lang leise sieden, und sieben Sie ihn dann in das Badewasser.

Engelwurz-Wein hilft auf angenehme Weise bei Verdauungsstörungen und nervösen Magenbeschwerden.

Historische Verwendung Die alten Kräuterväter sagten voll Ehrfurcht von dieser Pflanze: »Als wann der Heilig Geist selber oder die lieben Engel dem menschlichen Geschlecht dises Gewächs und heylsame Wurtzel geoffenbaret hetten.« Sie empfahlen Engelwurz besonders zu Zeiten der Pest.

Noch im vorigen Jahrhundert verriet ein Schweizer Einsiedler den Bauern des Berner Oberlandes das »Geheimrezept« der Angelika, als eine tödliche Grippewelle umging. Pfarrer Künzle erzählte die Geschichte: »Grabet die Angelica-Wurzel aus, siedet sie und gebt allen im Hause jeden Morgen einen Schluck davon, desgleichen abends vor dem Schlafengehen, dann wird die Krankheit nicht ins Haus kommen. Und so war es auch. Alle Familien, die so taten, blieben verschont, wenn ringsum alles krank war!«

Lonicerus empfahl: »Angelica in Wein und Hysop / oder in Hysopwasser / ist wunderbarlich gut wider alle Gebrechen der Brust / . . . «

Estragon

Artemisia dracunculus

Volkstümliche Namen Das Kraut, das die Kreuzfahrer mitbrachten, der kleine Drache, Schlangenkraut, Dragon, Dragun, Esdragon, Dragonbeifuß, Drachantkraut, Dragonellikraut, Trabenkraut, Eierkraut, Dragunwermut, Kaisersalat, Kaiserkraut, Bertram

Heimat Der Estragon ist ursprünglich in Süd- und Mittelasien, in der Mongolei und in Sibiren zu Hause und im Westen Amerikas eingebürgert. Erst zur Zeit der Kreuzzüge gelangte er vermutlich in die Mittelmeerländer. Heute ist er in den meisten europäischen Landschaften als Kulturpflanze verbreitet.

Botanischer Steckbrief Der Estragon gehört in die Familie der Korbblütler (*Compositae*). Er hat kräftige, verästelte Wurzeln, die Ausläufer bilden. Die Stengel sind buschig verzweigt, meist weich und krautig. Sie wachsen 60 bis 150 cm hoch. Die schmalen, länglichen Blätter sind locker verteilt. An den Stengelspitzen erscheinen von Juli bis September die unscheinbaren gelbgrünen Blütenköpfchen.

Heilkräftige Wirkstoffe Es gibt zwei Formen des Estragon, die bei uns angebaut werden; beide enthalten ätherische Öle, Harz, Gerb- und Bitterstoffe. Der echte Aromatische Estragon, der auch Französischer oder Deutscher Estragon genannt wird, besitzt außerdem noch Estragol als Bestandteil seines ätherischen Öls. Dem Russischen Estragon fehlt dieser Wirkstoff. Estragon wirkt appetitanregend und wohltuend auf den gesamten Magen-Darmbereich. Als wassertreibende Pflanze ist er auch Rheumatikern zu empfehlen.

Geschmack und Würze Der Russische Estragon ist in der Würze weniger ausgeprägt. Das Aroma besitzt eine leichte Bitterkeit und erinnert manchmal ein wenig an Kerbel. Der echte Französische Estragon ist dagegen so feinwürzig und delikat, daß selbst Kenner Mühe haben, sein Aroma genau zu beschreiben. Das frische Kraut enthält eine leichte Süße.

Anbau im Garten Die beiden Formen des Estragon müssen im Gewürzgarten unbedingt unterschieden werden. Sie werden angeboten unter den Bezeichnungen Russischer oder Sibirischer Estragon und Aromatischer Estragon, der auch Deutscher oder Französischer Estragon genannt wird.

Der Russische Estragon ist im ganzen anspruchsloser, er wächst leicht und ist widerstandsfähig, auch in ungünstigen Lagen. Seine Samen reifen auch in unserem Klima aus. Er besitzt allerdings weniger Würze.

Der Aromatische Estragon wird von allen Feinschmeckern, vor allem von Kennern der französischen Küche, vorgezogen. In der Kultur ist er etwas empfindlicher und nicht so ertragreich. Aber im Geschmack bietet er Unvergleichliches. Französischer Estragon wird nur durch Wurzelausläufer vermehrt, weil er bei uns keine Samen ausbildet. Wenn Sie im Handel Estragonsamen kaufen, erhalten Sie also immer die weniger würzige russische Art.

Humusreicher, feuchter Boden ist für beide Estragon-Arten die richtige Lebensgrundlage. Das Kraut braucht einen warmen, geschützten Platz und verträgt sowohl Sonne als auch Halbschatten; gleichmäßige Feuchtigkeit im Wurzelbereich ist wichtig, aber stauende Nässe mag der »kleine Drache« nicht. Versorgen Sie ihn mit reichlich Kompost und einer Handvoll organischem Dünger pro Pflanze als Zusatznahrung. Den Russischen Estragon können Sie im April im Freiland aussäen. Später wird er auf einen Abstand von 40×40 cm versetzt. Den echten Aromatischen Estragon erhalten Sie nur als Wurzelableger. Diese werden auf 30×40 cm Abstand gepflanzt.

Von den erwachsenen Stauden können Sie später selber neue Pflanzen heranziehen, indem Sie entweder Wurzelausläufer abtrennen oder Blattstecklinge schneiden. Vermehren Sie aber rechtzeitig im Sommer, damit die Jungpflanzen bis zum Winter gut eingewurzelt sind!

In trockenen Zeiten müssen Sie Ihren Estragon durchdringend gießen. Im Winter braucht er in rauhen Gegenden eine schützende Abdeckung mit Kiefernreisig. Nach 3 bis 4 Jahren muß der Estragon meist erneuert werden. Die Pflanzen verkahlen dann im Wurzelbereich.

Nach dem ersten Frost oder zeitig im Frühling müssen Sie die langen Stengel mit den dürren Blättern tief am Boden abschneiden. Die Stauden treiben aus dem Wurzelstock neu aus.

Ernte und Aufbewahrung Frische grüne Triebspitzen können Sie während des ganzen Sommers abpflücken. Der Russische Estragon erreicht seine größte Würzkraft, wenn sich die Blütenknospen bilden. Der Deutsche Estragon ist stets gleichmäßig aromatisch.

Zarte Estragontriebe – richtig für die frische Ernte.

Das eben erblühende Kraut wird zum Trocknen geschnitten. Sie können einen Teil der dürren Blätter als Küchengewürz verwenden. Das Aroma ist allerdings mit frischem Kraut nicht zu vergleichen. Empfehlenswert ist getrockneter Estragon als Tee.

Legen Sie einen Teil des frischen Krautes in Essig ein, und würzen Sie im Winter mit diesem sehr aromatischen Estragonessig Ihre Salate. (Siehe »Rezept für Kräuteressig«, Seite 142.)

Verwendung in der Küche Estragon wird in kleinen Mengen verwendet, damit er nicht alle anderen Zutaten übertönt. Er paßt zu Salaten, Geflügel, Suppen, Soßen, Seezunge und zum Einlegen von Gurken.

Verwendung in der Hausapotheke Aus dem getrockneten Kraut mit Blütenköpfchen brühen Sie einen Tee auf, der ohne Zucker getrunken wird und gegen Appetitlosigkeit hilft.

Weitere Verwendungsmöglichkeiten Estragon-Öl wird zur Parfümherstellung benutzt.

Historische Verwendung Plinius berichtete, daß die Römer unter den Falten der Tunika ein Sträußchen Estragon versteckten. Es sollte vor Schlangenbiß schützen. Auch im Mittelalter war man noch davon überzeugt: »Die Blätter auf gifftige Biss geleget / ziehen das Gifft heraus / und heilen die Biss.«

Aber schon Tabernaemontanus ahnte etwas von der delikaten Verwendung, die den Estragon später in Frankreich so berühmt machte: »Es werden Salsen und Eintuncken aus diesem Kraut gemacht. Dann es bekommt wol dem kalten Magen / bringet ein Appetit und Begierd zu essen ... Man isset das Kraut auch zu Lattich wie einen Salat.«

Fenchel

Foeniculum vulgare var. *dulce*

Volkstümliche Namen Frauenfenchel, Süßer Fenchel, Brotsamen, Britsamen, Finkel, Gemeiner Fenchel, Großer Fenchel, Römischer Fenchel, Fencheldill,

Fenikel, Fenis, Fenkel, Finchel, Fennisamen, Brotwürzkörner, Brotanis, Kinderfenkel, Langer Anis, Kammfenchel

Heimat Der Fenchel ist in den Mittelmeerländern und in Kleinasien zu Hause. Schon in alten ägyptischen Papyrus-Dokumenten wird er erwähnt. Auch die antiken Griechen und Römer benutzten bereits den Fenchel. Er kam früh über die Alpen und wurde von Karl dem Großen in das Verzeichnis der wichtigsten Kulturpflanzen aufgenommen. Heute ist er in zahlreichen Ländern Europas verbreitet.

Fenchel gedeiht inzwischen auch in vielen subtropischen Ländern, in China, Japan, Neuseeland, Nord- und Südamerika.

Botanischer Steckbrief Der Fenchel gehört in die Familie der Doldenblütler (*Umbelliferae*). Er treibt eine lange, rübenförmige Wurzel tief in den Boden. Alte, eingewachsene Bestände sind deshalb kaum noch auszurotten. Die gerillten, markigen Stengel haben oft eine bläulich-angehauchte Farbe. Sie verzweigen sich und werden im unteren Teil mit zunehmendem Alter holzig. Die Blätter sind sehr fein gefiedert, die oberen wachsen aus langgezogenen Blattscheiden heraus.

Von Juli bis Oktober erscheinen große Dolden mit zahlreichen gelben Blütchen. Die Früchte sind halbmondförmig und gerippt.

Heilkräftige Wirkstoffe Die Samen sind sehr reich an ätherischen Ölen, deren Hauptbestandteil Anethol ist. Hinzu kommen Zucker, Stärke, Eiweiß, Mineralstoffe und fette Öle. Fenchel wirkt krampflösend und lindert Blähungen. Er ist das klassische »Bauchweh-Kraut«, vor allem für Kinder.

Geschmack und Würze Fenchel riecht in allen Teilen süßlich-würzig, mit einem leichten Anklang an Anis-Aroma.

Anbau im Garten Der Gewürz- und Teefenchel stellt einige Ansprüche an den Boden. Er muß nährstoffreich, kalkhaltig, tiefgründig und feucht sein. Gleichzeitig brauchen die Fenchelpflanzen oberirdisch viel Wärme und Sonne, damit die Samen ausreifen.

Säen Sie das Kraut im Frühling auf ein gut vorbereitetes, separates Saatbeet in Reihen von 20–25 cm Abstand. Die Samen werden dünn mit Erde bedeckt. Die jungen Pflanzen bleiben bis zum nächsten Frühjahr in diesem »Kindergarten«. Im Herbst schneiden Sie das Kraut handhoch über dem Boden ab. In rauhen Gegenden schützen Sie die Pflanzen durch eine Stroh-Abdeckung.

Im März oder April des folgenden Jahres können Sie die kleinen Fenchelstauden an ihren endgültigen Standort setzen. Halten Sie 40 cm Zwischenraum ein und 60 cm von einer Reihe zur anderen.

Wenn der Tee-Fenchel in einem Kräutergarten heimisch geworden ist, fallen jedes Jahr Samenkörner aus, die nicht rechtzeitig geerntet wurden. Daraus keimen im nächsten Jahr von selbst neue Pflanzen, die zur Vergrößerung oder Verjüngung der Bestände verwendet werden können. Für kleine Gärten lohnt eine Aussaat kaum. Kaufen Sie lieber in Kräuter-Spezialgärtnereien ein paar vorgezogene Fenchelpflanzen. Einige gut sortierte Staudengärtnereien bieten auch hübsche Zuchtformen des Tee-Fenchels mit bronzefarbigen Blättern an. In ungünstigen Lagen wächst Fenchel nur zweijährig. Seine oberirdischen Pflanzenteile sterben im Winter ab. Nur die Wurzeln überdauern und treiben im Frühling wieder neu aus.

Ernte und Aufbewahrung Einzelne grüne Blätter dürfen Sie laufend für die Küche pflücken. Die Samen reifen im Spätsommer, aber nicht alle zum gleichen Zeitpunkt. Pflücken Sie deshalb regelmäßig die braunen, reifen Dolden heraus. Sie werden ausgeklopft und trocken aufbewahrt. Den Rest der Ernte schneiden Sie mit den Stielen ab und bündeln sie zu Sträußen; kopfunter aufgehängt trocknen und reifen sie im Haus nach. Fenchelsamen wird in Schraubgläsern aufbewahrt.

Verwendung in der Küche Fenchelblätter würzen Salate, Fisch und Soßen. Die Körner passen zu Schweinefleisch, Suppen und zu Gebäck.

Verwendung in der Hausapotheke Aus den würzigen, leicht zerdrückten Fenchelkörnern brühen Sie einen Tee auf, der für kleine Kinder und Erwachsene gleichermaßen empfehlenswert ist. Bei Husten wird er mit Honig gesüßt; bei Blähungen oder Magenbeschwerden trinkt man ihn besser »pur«.

Sehr dekorativ wirkt im Kräutergarten eine Teefenchelform mit bronzefarbigen Blättern.

Fenchel können Sie mit Anis und Kümmel mischen.

Weitere Verwendungsmöglichkeiten Fenchel-Tee mit Honig ist eine gesunde Bienennahrung.

Historische Verwendung Plinius wußte Wunderbares vom Fenchel zu berichten: »Die Schlange bekommt im Winter eine neue Haut und streift die alte mit Hilfe des Fenchels ab. Den Menschen dient der Fenchel als Gewürz, auch wird er zur Stärkung schwacher Augen gebraucht …«

Tabernaemontanus empfiehlt das Kraut wärmstens für die Küche: »Es wissen die Köch und etliche sorgsame Haußmütter / den Fenchel auf mancherley Weiß zu den Speisen zu bereiten. Etliche essen die jungen zarten Dolden des Fenchel mit Saltz / zum Fleisch und Gebratens. Etliche legen es in Zucker ein / Andere vermischen es mit Salatkräutern. Etliche machen die zarten Stenglein samt den Blättlein und halbzeitigen Saamen / mit Saltz und Eßig in irdine Geschir ein / und brauchen darvon übers Jahr.«
Lonicerus: »Fenchelsafft mit warmer Milch gemischt / das den säugenden Kindern zu trincken gegeben / ist ihnen gut zu den schweren Athem und Keichen.«

Frauenmantel

Alchemilla xanthochlora
(syn. *vulgaris*)

Volkstümliche Namen Herrgottsmäntelchen, Liebfrauenmantel, Muttergottesmantel, Mäntli, Trauermantel, Weiberkittel, Herbstmantel, Taumantel, Frauennachtmantel, Jungfernmantel, Taubecherl, Taublätter, Tauschüsseli, Taufänger, Regendachel, Taurosenkraut, Sintau, Ohmkraut, Krähenfüße, Löwenfußkraut, Alchemistenkraut

Heimat Der Frauenmantel ist in ganz West- und Nordeuropa heimisch bis weit nach Rußland. Er gedeiht auch in Sibirien und in Asien. In Nordamerika ist er eingebürgert. Man findet das Kraut auf fetten Weiden, feuchten Wiesen und am Waldrand.
Botanischer Steckbrief Der Frauenmantel gehört zur Familie der Rosengewächse (*Rosaceae*). Das Kraut wächst rosettenartig. Die Stengel können, je nach Standort, glatt oder zottig behaart sein. Charakteristisch sind vor allem die weichhaarigen sieben- bis neunlappigen Blätter; sie gleichen einem aufgeklappten Fächer. An ihren gezähnten Rändern scheiden sie kleine Wassertröpfchen aus (Guttation), die sich in der Mitte der Blätter in einer schüsselartigen Vertiefung sammeln. Wegen dieser Tropfen, die in der Sonne wie kleine Diamanten funkeln, wurde die Pflanze Alchemistenkraut – *Alchemilla* – genannt.
An langen Stielen erscheinen von Mai bis August Büschel zarter gelblich-grüner Blüten, die einzeln sehr klein und unscheinbar aussehen. Das ganze Kraut wird je nach Standort 10–30 cm hoch.
Heilkräftige Wirkstoffe Bisher wurden Gerbstoffe, Glykoside, Bitterstoffe und Spuren von Salicylsäure gefunden.
Geschmack und Würze Das Kraut duftet nicht; es schmeckt etwas bitter.
Anbau im Garten Die hübschen niedrigen Stauden können als natürliche Bodendecker in Gruppen gepflanzt werden. Sie gedeihen in der Sonne, noch besser aber im lichten Schatten höherer Kräuter. Humusreicher, feuchter Boden ist die beste Grundlage. Zu nährstoffreich sollte die Erde aber nicht sein, sonst schießt der Frauenmantel zu sehr ins Kraut. Versorgen Sie die Pflanzen stets reichlich mit Kompost, und mulchen Sie, solange die Blätter den Boden noch nicht selbst bedecken.

Funkelnde Wassertropfen schmücken die Blätter des Frauenmantels.

Die Wildform des Frauenmantels bekommen Sie in Kräuter-Spezialgärtnereien. Staudengärtnereien bieten meist nur Zuchtformen an, die als Heilpflanzen wertlos sind.
Ernte und Aufbewahrung Von Mai bis August kann das ganze, blühende Kraut (ohne Wurzeln) gesammelt werden. Sie können auch die Blätter allein pflücken. Frauenmantel wird behutsam im Schatten getrocknet und dann verschlossen aufbewahrt.
Verwendung in der Küche Frauenmantel ist kein Würzkraut.
Verwendung in der Hausapotheke Aus dem Kraut wird ein Tee aufgebrüht, der bei Beschwerden der Wechseljahre, Menstruationsstörungen und anderen Unterleibsleiden heilsam wirkt. Frauenmantel soll auch wundheilende Eigenschaften besitzen.
Weitere Verwendungsmöglichkeiten Bäder mit Frauenmantel-Extrakt sollen die Muskulatur kleiner Kinder stärken.
Historische Verwendung Der Frauenmantel war bei den Germanen die Pflanze Friggas, der Göttin der Natur und der Gesundheit. Später wurde diese Verbindung auf die Mutter Gottes übertragen.
Bei Lonicerus wird der Frauenmantel Sinnau genannt und hauptsächlich als Wundkraut empfohlen. Sein Rezept dürfte heute nur noch im letzten Teil Nachahmer finden: »Dieses Kraut wäret ein gantz Jahr unversehrt an seiner Natur / und ist doch frisch gebraucht besser dann dürr. Nimm Sinnau / Sanickel / und heydnisch Wundkraut / jedes ein Handvoll / siede es in Regenwasser / darnach nimm der langen Regenwürm / zerstoß sie und truck die Feuhtigkeit durch ein Tuch / mische die unter das gesotten Wasser / dieß getruncken / stillet alle blutenden Wunden / und lege dies Kraut aufwendig auf die Wunden / es heilet. Sinnau in Wein gesotten / darvon getruncken / heilet die innerliche Versehrung und Brüche.«

Gänseblümchen

Bellis perennis

Volkstümliche Namen Maßliebchen, Matzliebche, Marienblume, Himmelsblume, Mondscheinblume, Regenblume, Maiblume, Augenblümchen, Gänseliese, Mägdelieb, Mutterblümchen, Busserl, Dorotheenstöckel, Mümmeli, Möppelchen

Heimat Das Gänseblümchen wächst in ganz Europa wild auf Wiesen und Weiden, an Wegrändern und auf dem Rasen im Garten. Das hübsche Kraut gedeiht auch in Kleinasien; in Nordamerika ist es eingebürgert.

Botanischer Steckbrief Gänseblümchen gehören in die Familie der Korbblütler (*Compositae*). Der dichte Wurzelstock breitet sich rasenartig aus. Daraus wächst eine niedrige Rosette spatelförmiger Blätter. Auf kurzen, behaarten Stengeln sitzen die überall bekannten Blumen, die aus einem einfachen Kranz rosa-weißer Strahlenblüten bestehen. In der Mitte leuchtet ein Köpfchen aus gelben Röhrenblüten. Die kleine Staude wird nur 10–15 cm hoch. Sie blüht von März bis zum Frostbeginn.

Heilkräftige Wirkstoffe Das Gänseblümchen enthält Saponine, Gerbstoffe, Bitterstoffe, Harz, wenig ätherische Öle, verschiedene Säuren, fette Öle und Flavone. Das Kraut wirkt vor allem stoffwechselanregend; es hat aber auch leicht abführende sowie krampf- und hustenlösende Eigenschaften.

Geschmack und Würze Die Gänseblümchen riechen schwach aromatisch, ein wenig süßlich. Das Kraut schmeckt säuerlich und etwas bitter.

Anbau im Garten Am besten lassen Sie Gänseblümchen im Rasen oder auf einer Wildblumenwiese wachsen. Sie können die kleinen Stauden aber auch an einem sonnigen Platz in den Kräutergarten setzen. Sie eignen sich gut als Randpflanzung oder Bodendecker.

Es gibt im Fachhandel auch Gänseblümchen-Saatgut zu kaufen. Die Samen werden breitwürfig auf einem Beet ausgestreut, dünn mit Erde bedeckt und gleichmäßig feucht gehalten. Später versetzen Sie die Pflanzen mit 8–10 cm Abstand. Sie können das Gänseblümchen-Saatgut auch einfach unter die Grassamen mischen, wenn Sie einen neuen Rasen anlegen.

Maßliebchen gedeihen gut in feuchtem, humusreichem Boden. Geben Sie den Pflanzen reichlich Kompost. Sonst ist keine besondere Pflege nötig. Wo sie heimisch geworden sind, da säen sich die Gänseblümchen leicht selber aus.

Ernte und Aufbewahrung Die Frühlingsblätter werden für die Küche gepflückt, solange sie frisch und zart sind. Zum Trocknen eignet sich das ganze Kraut mit Blüten (ohne Wurzeln). Sie können es vom Frühling bis zum Hochsommer ernten.

Verwendung in der Küche Die Blätter und die Blüten der Gänseblümchen wandern in die Salatschüssel. Zusammen mit anderen Wildkräutern, wie jungen Löwenzahnblättern, Scharbockskraut und Gundelrebe, ergeben sie eine gesunde Delikatesse. Frische Gänseblumen wirken als stoffwechselanregende Frühjahrskur.

Verwendung in der Hausapotheke Aus dem getrockneten Kraut können Sie einen Tee aufbrühen, der blutreinigend wirkt; er regt die Leber, die Galle und den Appetit an.

Wiesenschönheiten: Gänseblümchen und Veronika wachsen oft einträchtig zusammen – wenn man sie nicht vertreibt.

Historische Verwendung Sehr abwechslungsreich sind die Rezepte, die Tabernaemontanus empfiehlt; er beruft sich dabei auch auf andere Autoren: »Es schreibet Tragus / daß die kleine Maßlieben / wenn sie noch jung sind / mit Saltz / Essig und Baumöl geessen / wie ein Salat / den Stulgang fertig machen / welches aber Lobelius nicht approbieret.

Matthiolus ist der Meynung mit dem Trago und schreibet / daß die Fleischbrühe darin der kleinen Blätter gekocht und getruncken / den harten Bauch erweiche.

Das Kraut von den wilden Maßlieben gedorret / gepülvert / und auf die Müslein der jungen Kinder gestreuet / dienet wieder das Rüchlen und kurtzen Athem.

Etliche halten für das Abnehmen sehr viel auf diese Blumen / so man sie nüchtern isset / und wann man schlaffen will gehen.«

Goldrute

Solidago virgaurea

Volkstümliche Namen Goldwundkraut, Heidnisch Wundkraut, Heilwundkraut, Petrusstab, Himmelbrand, Pferdskraut, Ochsenbrot, Schoßkraut, Waldkraut, Nachtheilkraut, Vieharznei

Heimat In ganz Europa ist die wilde Goldrute zu Hause. Sie kommt auch in Asien und Nordafrika vor.

Botanischer Steckbrief Die Goldrute gehört in die Familie der Korbblütler (*Compositae*). Aus einem knorrigen Wurzelstock wachsen aufrechte, nur wenig verzweigte Stengel, die im unteren Teil oft bräunlich-violett gefärbt sind. Die Blätter sind schmal, länglich-elliptisch geformt und am Rand gezähnt. An den Spitzen der Stengel erscheinen von Juli bis Oktober in lockeren Rispen kleine gelbe Blütenkörbchen. Die Goldrute wächst wild auf trockenen Waldlichtungen, auf Kahlschlägen und an sonnigen Wald- und Wiesenrändern. Je nach Standort erreicht die Staude 40–100 cm Höhe. Das Laub stirbt über Winter ab.

Heilkräftige Wirkstoffe Die Goldrute enthält ätherische Öle, Saponine, Flavonoide (u. a. Rutin), Gerbstoffe, Bitterstoffe und verschiedene Säuren. Das Kraut hilft vor allem bei Nierenerkrankungen; günstig beeinflußt werden auch Leberleiden, Rheuma und Gicht.

Geschmack und Würze Die Blüten riechen leicht aromatisch-süß. Das Kraut schmeckt bitter und scharf.

Anbau im Garten Geben Sie dieser Wildstaude einen sonnigen Platz, und sorgen Sie für lockeren Boden mit gutem Wasserabzug. Lehmige Böden vermischen Sie mit etwas Sand. Kompost genügt als Nahrungsgrundlage.

Wenn Sie eine Gruppe von Goldruten zusammensetzen möchten, pflanzen Sie sie mit 30–40 cm Abstand. Sonst sind diese Wildstauden sehr anspruchslos; sie bilden zur Blütezeit einen leuchtend goldgelben Blickfang.

Ernte und Aufbewahrung Zu Beginn der Blütezeit schneiden Sie den oberen, noch nicht verholzten Teil der Stengel ab. Hängen Sie die Goldrutensträuße zum Trocknen auf, und verschließen Sie die Ernte später in Gläsern.

Wilde Goldrute am natürlichen Standort.

Verwendung in der Küche Die Goldrute ist kein Küchengewürz.

Verwendung in der Hausapotheke Seit Jahrhunderten wird die wilde Goldrute als wirksames Nierenheilmittel geschätzt. Auch die moderne Medizin hat die wertvollen Inhaltsstoffe der Pflanze anerkannt und nützt sie als Arznei. Goldruten-Tee wird mit kaltem Wasser übergossen und langsam erhitzt. Er muß nach dem Kochen noch ein paar Minuten durchziehen. Sie können aber auch einen kalten Auszug ansetzen. Mit 3 Tassen Goldruten-Tee täglich kann man Nierenentzündungen, Wasserstauungen und Rheuma günstig beeinflussen. Schädliche Nebenwirkungen sind nicht bekannt. Bei ernsthaften Erkrankungen dürfen Sie aber nicht auf eigene Faust herumdoktern.

Historische Verwendung Schon Martin Luther soll die wilde Goldrute »gegen seine vielen körperlichen Gebrechen« benutzt haben, wie Madaus berichtet. Auch die Kosaken trinken den Tee gegen Nierenschmerzen.

Bei Tabernaemontanus heißt die Goldrute Gülden Wundkraut. Auch zu seiner Zeit war die Nierenarznei schon bekannt: »Es schreiben die beyden weitberühmte Medici Matthiolus und Dodonaeus, und bezeugen auch authoritate Arnoldi Villanovani, daß diß Kraut ein sonderliche Krafft und Eigenschafft habe wider den Stein und das Nierenwehe: Also daß es nicht allein den Gries und Sand / sonderen auch den Stein selbst zermahle / und denselbigen auch zugleich ausführe: Über das reinige es auch die Nieren und die Harngäng von allem grobem Schleim / dadurch offtermals der Harn auffgehalten und verhindert wird: Zu welchem Gebrechen dann das Kraut in Wein kan gesotten werden / und darvon getruncken.«

Gundelrebe

Glechoma hederacea

Volkstümliche Namen Gundermann, Erdefeu, Donnerrebe, Gundelkraut, Gundelreif, Buldermann, Blauhuder, Hederich, Wildes Katzenkraut, Zickelskräutchen, Schelleblume, Wald-Uschla, Soldatenpetersilie, Guckdurchdenzaun

Heimat Die Gundelrebe wächst fast in ganz Europa wild. Ihre Heimat reicht bis nach Sibirien und in weite Teile Asiens. In Nordamerika ist das Kraut eingebürgert.

Botanischer Steckbrief Die Gundelrebe gehört zu den Lippenblütlern (*Labiatae*). Ihre vierkantigen Stengel kriechen weit über den Boden. An den Knoten wachsen Wurzeln, die das Kraut im Boden verankern. So bildet der Gundermann dichte, rasenartige Teppiche.

Die nieren- oder herzförmigen Blätter sind an den Rändern grob gekerbt. Oft fallen sie durch eine rötlich-violette Färbung auf. Wenn der Erdefeu von März bis Juni blüht, bildet er aufrechtwachsende Stengel. Die hübschen lila Blumen mit dem dunklen Fleck auf der Unterlippe sitzen in den Blattachseln.

Die Gundelrebe wächst mit Vorliebe auf feuchten Böden. Man findet sie an Mauern und Zäunen, unter Hecken, auf Wiesen und an Wegrändern.

Heilkräftige Wirkstoffe Die Gundelrebe enthält Gerb- und Bitterstoffe, ätherische Öle, Säuren, Harz, Mineralstoffe und Vitamin C. Sie wirkt stoffwechselanregend und heilend bei Katarrh sowie bei Magen-, Darm- und Nierenstörungen.

Geschmack und Würze Das Kraut verströmt einen eigenartigen herb-würzigen Geruch. Die Blätter schmecken aromatisch-bitter.

Anbau im Garten Oft taucht die Gundelrebe von selbst als »Un-Kraut« im Garten auf. Sie können das Wildkraut aber auch bewußt als Bodendecker ansiedeln: zum Beispiel auf Baumscheiben oder zwischen Sträuchern, wo der Boden nicht zu trocken ist. Im Halbschatten gedeiht der Erdefeu am besten. Außer feuchter, möglichst humusreicher Erde stellt er keine besonderen Ansprüche.

Pflanzen können Sie leicht am Wegrand oder auf einer Wiese ausgraben. Ein paar Ranken mit Wurzeln genügen, um die Grundlage für einen hübschen Gundelrebenteppich zu legen. Sie brauchen sie nur in die Erde zu drücken und anzugießen. Wenn Sie das Wildkraut nirgends in der Umgebung Ihres Gartens entdecken, können Sie sich Pflanzen aus einer Spezial-Kräutergärtnerei bestellen. (Adressen finden Sie im Anhang.)

Eine natürliche Zierde: die Gundelrebe

Ernte und Aufbewahrung Im Frühling, solange das Kraut frisch und zart ist, können Sie junge Blätter und Triebe für die Küche pflücken. Zum Trocknen wird, ebenfalls in den Frühlingswochen, das ganze blühende Kraut geschnitten. Breiten Sie die gesäuberten Ranken locker und luftig aus, damit keine Fäulnis entstehen kann.

Verwendung in der Küche Die kräftig-würzigen Gundermannblätter eignen sich als Zugabe zu Salaten, Suppen und Soßen. Besonders empfehlenswert ist im Frühling eine stoffwechselanregende Wildkräuter-Salatmischung aus Löwenzahnblättern, Gänseblümchen, jungen Brennesseln, Scharbockskraut und Gundelrebe. Hinzufügen können Sie auch noch Giersch, Sauerampfer, Vogelmiere und Nelkenwurz.

Verwendung in der Hausapotheke Gundelreben-Tee wird mit kochendem Wasser aufgebrüht. Auch mit diesem Heiltrank können Sie eine blutreinigende Frühjahrskur machen, die auf viele innere Organe wie ein »Hausputz« wirkt. Trinken Sie Gundelreben-Tee aber nur eine begrenzte Zeit lang; er darf nicht zu stark dosiert werden!

Weitere Verwendungsmöglichkeiten In Lettland kochte man früher mit dem Kraut der Gundelrebe die Milchgefäße aus; dies sollte verhindern, daß die Milch sauer wurde.

Historische Verwendung Bereits die Heilige Hildegard empfahl das heimische Gundelrebenkraut: »Die Gundelrebe ist mehr warm als kalt, und sie ist trocken, und sie hat gewisse Kräfte der Farbstoffe, weil ihr Grün nützlich ist, so daß ein Mensch, der matt ist und dem die Vernunft entschwindet, mit erwärmtem Wasser baden und die Gundelrebe in Mus oder in Suppen kochen soll, und er esse sie entweder mit Fleisch oder mit ›chucheln‹, und sie wird ihm helfen. Und wer in der Brust und um die Brust Schmerzen hat, wie wenn er innerlich Geschwüre hätte, der lege die im Bade gekochte und warme Gundelrebe um seine Brust und es wird ihm besser gehen.«

Tabernaemontanus beschreibt das Kraut so: »Die Gundelräbe / wie vermeldet / ist gar eines bitteren Geschmacks / und ein wenig scharff: Derowegen warmer und truckner Natur. Hat ein Krafft zu reinigen und zu eröffnen.

Diß Kraut sampt Stengel und den Blumen gepülveret / oder ein Tranck daraus gemachet / ist gut den Schwindsüchtigen und die Eiter auf der Brust haben. Gundelräben mit Chamillenblumen / Beyfuß / Poleyen und Dosten in Wein gesotten / und davon getruncken / eröffnet die verstopffte Mutter / und treibet fort die verstandene Zeiten.«

Herzgespann

Leonurus cardiaca

Volkstümliche Namen Herzheil, Herzgold, Herzkräutel, Löwenschwanz, Wolfskraut

Heimat Das Herzgespann war ursprünglich in Europa, den gemäßigten Klimazonen Asiens und Nordafrikas zu Hause; in Nordamerika ist es eingewandert.

Botanischer Steckbrief Das Herzgespann gehört in die Familie der Lippenblütler (*Labiatae*). Aus einem flachen Wurzelstock wachsen vierkantige, haarige Stengel, die oft einen rotvioletten Farbton zeigen. Die behaarten Blätter wachsen an langen Stielen; im unteren Bereich sind sie handförmig, weiter oben dreilappig. Sie haben eine schöne ausgeprägte Form. Die rosaroten Blüten sitzen in Scheinquirlen in den Blattachseln. Die Staude blüht von Juli bis August; sie wird je nach Standort 0,50–1,50 m hoch. Das Herzgespann findet man an Zäunen, Hecken, Wegrändern und auf trockenen Wiesen.

Heilkräftige Wirkstoffe Herzgespann enthält Bitter- und Gerbstoffe, ätherische Öle, Harze, Cholin, Flavonoide, Glykoside und wenig Alkaloide. Wie schon der Name verrät, ist das Kraut vor allem ein Herzmittel.

Geschmack und Würze Die Pflanzen riechen eigenartig streng, ein wenig wie Taubnesseln. Der Geschmack der Blätter ist bitter.

Anbau im Garten Geben Sie diesem Heilkraut einen sonnigen Platz. Die Pflanzen benötigen 30–40 cm Abstand. Die Erde sollte eher mager als zu nahrhaft sein. Kompost in kleinen Mengen genügt als Nahrungsgrundlage. Im übrigen ist das Herzgespann eine hübsche, anspruchslose Staude, die jeden Kräutergarten schmückt. Früher war diese alte Heilpflanze in den Bauerngärten oft zu finden. Sie sollte auch auf unseren Kräuterbeeten wieder heimisch werden.

Herzgespann ist eine gute Bienenweide.

Ernte und Aufbewahrung Vom blühenden Kraut schneiden Sie die oberen Teile der Stengel ab. Sie werden gebündelt zum Trocknen aufgehängt. Die dürren Blätter und Blüten streifen Sie später von den Zweigen ab und bewahren sie in Schraubgläsern auf.

Verwendung in der Küche Herzgespann ist kein Gewürzkraut.

Verwendung in der Hausapotheke Brühen Sie aus dem Kraut einen Tee auf, der ungesüßt getrunken wird. Er hilft bei Beschwerden der Wechseljahre, bei nervösem Herzklopfen, Herzschwäche, Unruhe, Schlafstörungen und Blähungen. Herzgespann kann mit anderen Herz- und Nervenkräutern, wie Johanniskraut, Melisse, Weißdorn und Baldrian, gemischt werden.

Historische Verwendung Lonicerus schreibt über das Herzkraut: »Hertzgespan hat die Tugend den Leib innwendig zu reinigen / und zu erweichen / dieses Kraut braucht man in der Artzney. Mit Römisch Köl gesotten / und gessen / bringt es dem Magen Sänfftigung / und machet auch wol dauen. Gestossen und den Safft genützt / benimmt das Wehe des Hertzens / und machet dem Hertzen gut Geblüt. Dieses Kraut ist gut dem zitternden Hertzen / gestossen / den Safft mit Zucker bereitet / und also nüchtern eingenommen. Mit seiner Wurtzel gestossen / und auff die Brust gelegt / benimmt es den Zwang am Hertzen. Und macht auch / also gebraucht / weit um die Brust.«

Huflattich

Tussilago farfara

Volkstümliche Namen Roßblätter, Roßhuf, Eselsfuß, Hofblätter, Lattich, Mehlblätter, Wollblumen, Märzblume, Mariaschupf, Sonnentürle, Sohn vor dem Vater, Doktorblume, Teeblume, Brandblätter, Hustenkraut, Lungenkraut, Schwindsuchtblume, Berglatschen

Heimat Der Huflattich ist in ganz Europa heimisch. Das Wildkraut wächst auch in Nord- und Westasien und in Nordafrika. In Nordamerika ist es eingewandert.

Botanischer Steckbrief Der Huflattich gehört zur Familie der Korbblütler (*Compositae*). Der Wurzelstock des Krautes reicht tief in die Erde; er ist mehrköpfig und treibt Ausläufer. Sehr früh im Frühling – oft schon im Februar – wachsen daraus weiß-graue, schuppige Stengel mit leuchtend gelben Blütenkörbchen.

Erst nach der Blüte entwickeln sich die Blätter, deren lange Stiele direkt aus dem Boden wachsen. Sie sind oft handtellergroß, hufeisenförmig und an den Rändern flach ausgebuchtet. Auf der Oberseite zeigen die Huflattichblätter eine grüne Farbe, auf der Unterseite sind sie mit wollig-weiß-grauen Haaren bedeckt. Das Kraut wird nur 20–30 cm hoch; es wächst auf lehmigen, kalkhaltigen Böden. Man findet es an Weg- und Ackerrändern, auf Schuttplätzen, Böschungen und Bahndämmen.

Heilkräftige Wirkstoffe Die Hauptwirkstoffe sind Pflanzenschleime, Bitter- und Gerbstoffe. Hinzu kommen Säuren und Inulin. Die Blätter des Huflattich enthalten mehr heilkräftige Substanzen als die Blüten.

Geschmack und Würze Die Blüten duften ein wenig nach Honig; die Blätter schmecken etwas bitter und schleimig.

Anbau im Garten Pflanzen des Huflattich bekommen Sie nur in Spezialgärtnereien, die auch Wildkräuter führen. (Siehe Adressen im Anhang.) Wenn in Ihrer Umgebung Huflattich wächst, dürfen Sie sich sehr vorsichtig ein oder zwei Stauden ausgraben. Suchen Sie sich aber junge Pflanzen aus, deren Wurzeln noch nicht so tief im Boden verankert sind.

Huflattich liebt zwar feuchten, lehmigen Boden, er sollte aber trotzdem einen sonnigen Standort bekommen, weil sich dort seine wertvollen Inhaltsstoffe besser und reichhaltiger entwickeln. Eine nach Süden gelegene Böschung könnten Sie zum Beispiel mit einem Huflattichteppich überziehen. Geben Sie den Pflanzen reichlich Kompost, etwas Tonmehl und Algenkalk. Mergelböden sind eine ideale natürliche Grundlage für das Wildkraut. Sandböden eignen sich nicht. Wenn der Huflattich gut angewachsen ist, braucht er keine besondere Pflege mehr.

Ernte und Aufbewahrung Sowohl die Blüten (Februar bis März) als auch die jungen Blätter (Mai bis Juni) können Sie sammeln und trocknen. Große Blätter zerschneiden Sie besser, damit sie rascher und gleichmäßiger dörren. Bewahren Sie beide Huflattichdrogen gut verschlossen auf.

Verwendung in der Küche Frische junge Frühlingsblätter können Sie in einen Wildkräutersalat schneiden.

Verwendung in der Hausapotheke Aus Blättern und Blüten können Sie einen Tee aufbrühen, der vor allem schleimlösend wirkt. Huflattich ist seit alten Zeiten ein bewährtes Mittel, das bei Bronchitis und Husten Erleichterung verschafft. Trinken Sie diesen Tee mit Honig gesüßt.

Huflattich läßt sich gut mit anderen Hustenkräutern, wie zum Beispiel Königskerzen, Spitzwegerich, Malven und Thymian, mischen.

Weitere Verwendungsmöglichkeiten Ein altes Rezept empfiehlt, getrockneten Huflattich unter den Tabak zu mischen; auf diese Weise soll die Schleimhaut des Gaumens glatt und feucht werden, so daß Raucher, die es nicht lassen können, wenigstens leichter abhusten.

Historische Verwendung Huflattichrauch verordneten schon Dioscurides, Plinius und Galenus ihren Hustenpatienten. Auch Tabernaemontanus waren alle guten Eigenschaften dieses Krautes, das er Roßhub nannte, bekannt: »Diß Kraut wird für ein gut Brust- und Lungenkraut gehalten / weil es in truckenem Husten und Engbrüstigkeit sehr behülfflich.

Die dürren Blätter und Wurtzen / wann sie auf die Glut gelegt / und der Dampff darvon / durch ein Trichter in den Mund / und durch den Athem eingezogen wird; ist sehr dienlich für den dürren trucknen Husten / und Enge der Brust / auch kurtzen Athem / eröffnet und bricht die Lungengeschwär …

Huflattichblüten erscheinen vor den Blättern.

Der Syrup / so aus dem Safft der Blättern wie auch der Blumen / auf gemeine Weiß gemacht wird; wie auch der Zucker von den Blumen / das destillierte Wasser; un Brustleck; so heutiges Tags in den Apothecken sehr üblich; werden bey jungen un alten Leuthen / in truckenem Husten und Lungengeschwären / gebraucht sehr embsig und fruchtbarlich.«

Johanniskraut

Hypericum perforatum

Volkstümliche Namen Blutkraut, Teufelsflucht, Tausendlochkraut, Tüpfelhartheu, Johannisblut, Altblut, Christi Kreuzblut, Herrgottsblut, Jesu Wundenkraut, Wundkraut, Unserer Frauen Bettstroh, Frauenkraut, Mannskraft

Heimat Das Johanniskraut ist ursprünglich in Europa, Nordafrika und Westasien zu Hause. Inzwischen wächst es auch in Australien, Neuseeland und in Amerika.

Botanischer Steckbrief Johanniskraut gehört zur Familie der Hartheugewächse (*Guttiferae*). Aus einer verzweigten Wurzel, die zahlreiche flache Ausläufer treibt, wachsen kantige Stengel, die sich im oberen Bereich verästeln. Die Blätter sind länglich geformt und laufen in eine Spitze aus. An den Enden der Zweige erscheinen von Juni bis September lockere Dolden mit gelben Schalenblüten. Aus ihrer Mitte wachsen dichte Büschel langer Staubgefäße.

Die Stauden erreichen je nach Standort 30 bis 90 cm Höhe. Man findet sie auf trockenen, kalkhaltigen Böden an Wegen, Wiesenrändern und sonnigen Hängen. Alle oberirdischen Pflanzenteile erfrieren im Winter.

In Deutschland wachsen mehrere Arten wilder Johanniskräuter, die sich oft erst durch genaues Hinschauen unterscheiden lassen. Heilkräftig ist aber nur das »durchbohrte« Hartheu. An folgenden botanischen Merkmalen können Sie das echte Johanniskraut erkennen:

- Der Stengel hat nur zwei Kanten.
- Die schmalen Blätter sehen, wenn Sie sie gegen das Licht halten, aus, als wären sie von winzigen, punktgroßen Löchern übersät. Dies sind Drüsen, die ätherische Öle und Harze enthalten.
- Wenn Sie die Blütenknospen des Krautes zwischen den Fingern zerdrücken, tritt ein blutroter Saft heraus, der die Haut blaurot färbt.

Heilkräftige Wirkstoffe Das echte Johanniskraut enthält ätherische Öle, Rutin, Harze, Gerbstoffe und roten Farbstoff (Hypericin). Es beruhigt die Nerven und regt Galle und Leber an.

Geschmack und Würze Die Blüten duften nur wenig; der Geschmack ist harzig-bitter.

Anbau im Garten Pflanzen Sie das Johanniskraut an den sonnigsten Platz im Kräutergarten. Der Boden soll durchlässig und locker sein. Lehmige Erde vermischen Sie am besten mit etwas Sand. Geben Sie außer einer Handvoll Kompost auch etwas Algenkalk ins Pflanzloch. Die kleinen Stauden benötigen 30–40 cm Abstand, weil sie seitlich Wurzelausläufer bilden und sich reichlich vermehren. Wenn das Johannis-

setzt die Pigmentierungsfähigkeit der Haut herab → nicht im Sommer anwenden

kraut einmal eingewachsen ist, braucht es keine besondere Pflege mehr. Mit seinen gelben Blumen bildet es einen hübschen Kontrast zu den blaublühenden Kräutern wie Lavendel, Ysop und Salbei.

Jungpflanzen bekommen Sie in Spezialgärtnereien; Adressen finden Sie im Anhang. Wenn Sie das Wildkraut in Ihrer Umgebung finden, können Sie vorsichtig ein oder zwei Pflanzen ausgraben. Oft taucht das Hartheu auch von selbst als »Un-Kraut« im Garten auf. Die Zierformen des Johanniskrautes, die in Staudengärtnereien angeboten werden, sind für den Kräutergarten wertlos.

Ernte und Aufbewahrung Den höchsten Wirkstoffgehalt soll das Johanniskraut um Johanni (also gegen Ende Juni) besitzen. Dieser Termin ist aber sehr abhängig vom Wetter und auch von der Landschaft und ihrem Klima. Schneiden Sie das Kraut erst, wenn es in voller Blüte steht. Sie können einen Teil der Stengel mit Blättern verwenden oder nur die Blütenkronen pflücken. Blüten und Blätter werden entweder getrocknet oder in Öl eingelegt. Das Rezept für das berühmte Rote Johannisöl finden Sie auf Seite 155.

Blühendes Johanniskraut am Wiesenrand.

Zerdrückte Knospen sondern roten Saft ab.

Verwendung in der Küche Johanniskraut ist kein Würzkraut. Sie können es aber mit klarem Korn ansetzen und daraus einen aromatischen, magenberuhigenden Schnaps herstellen.

Verwendung in der Hausapotheke Aus dem getrockneten Kraut können Sie einen Tee aufbrühen, der die Nerven beruhigt und leichte Depressionen sehr günstig beeinflußt. Sie müssen ihn dann allerdings dreimal täglich 5 bis 6 Wochen lang trinken. Genau so, aber noch intensiver wirkt das Rote Johannisöl, wenn Sie es löffelweise schlucken. Trinken Sie hinterher eine Tasse heißes Wasser, das den öligen Geschmack sofort wegspült.

Äußerlich angewendet, ist Johannisöl ein gutes Einreibemittel bei Nerven- und Rheumaschmerzen. Vorzüglich wirkt das rote Öl bei Sonnenbrand, kleinen Brandwunden und harmlosen Verletzungen. Für solche kleinen Betriebsunfälle des Alltags sollte man es immer in der Hausapotheke vorrätig haben.

Vorsicht ist nur bei längerer innerer Einnahme geboten: Johannisöl macht lichtempfindlich; während einer Kur dürfen Sie sich nicht in die Sonne legen, sonst bekommen Sie leicht einen Sonnenbrand!

Historische Verwendung Tabernaemontanus sammelte in seinem umfangreichen Kräuterbuch Johanniskrautrezepte aus verschiedenen Quellen: »Aber dieser Zeit werden sie nicht allein innerlichen zu Wundtränncken / sondern auch äusserlich / Oel und darvon gesottene Brühen / in großen tieffen Wunden / Verletzung des Geäders / nutzlichen gebraucht / solche zu reinigen und von Grund auf zu heilen.

In Polen pfleget man denjenigen / so ihnen von wegen schwärer Last weh gethan haben / diese Blumen in einem warmen Bier mit Butter und Saltz / warm einzugeben.

Die Apothecker und auch die Wundärzte pflegen ein köstlich Oel aus dieses Krauts Blumen zu machen; welches man aber auf schlechte Weis also präparieren soll: nimm der frischen Blumen so viel du wilt / thu sie in ein Glaß / geuß Baumoel darüber / stopffs oben zu / und stell es an die Sonne / etliche Tage darnach seige das Oel ab / truck die Blumen wol aus / und thu andere frische darein / setze es wiederum an die Sonn / darnach trucke es aus wie zuvor / solches thue etliche Mal nach einander / zuletzt stoß die Hülsen samt den Saamen und lege sie auch in das Oel / so wird das Oel schön blutroth: dieses Oel schreibet Matthiolus, heilet die Wunden gar wol ... «

Lavendel

Lavandula angustifolia (L. officinalis)

Volkstümliche Namen Großer oder Echter Speik, Lavengel, Lafengel, Narden, Spikanard, Zöpfliblüten, Hirnkraut, Echter Lavendel, Spitznarde, Spiklavendel, Spiket, Balsam, Fanda, Nervenkräutlein, Spieke, Spikatblüte

Heimat Der Lavendel stammt aus den südeuropäischen Mittelmeerländern, wo er auf felsigen und trockenen Hängen wild wächst. Benediktinermönche brachten ihn über die Alpen. Heute ist er als Duft- und Heilpflanze in zahlreichen Gärten in West- und Nordeuropa heimisch.

Botanischer Steckbrief Der Lavendel gehört in die Familie der Lippenblütler (*Labiatae*). Seine Pfahlwurzel reicht tief in den Boden. Er bildet einen verzweigten Halbstrauch von 30–60 cm Höhe, dessen ältere Äste verholzen. Die jungen Triebe sind graugrün und vierkantig. Die länglichen, schmalen Blätter, die wie Nadeln wirken, haben eine silbergraugrüne Farbe. An langen Stengeln erscheinen von Juli bis September die duftenden blauen oder lila Blütenähren. Sie sind in Quirlen angeordnet.

Ein Verwandter ist der Große Speik (*Lavandula latifolia*), eine Lavendelart, die in den Alpen wächst und breite Blätter hat. Sie wird bis zu 1 m hoch. Man nennt sie auch Großer Lavendel.

Schopflavendel (*Lavandula stoechas*) – diese Lavendelart wächst im Mittelmeerraum auf trockenen Heideflächen – besitzt samtige, helle Blätter und purpurviolette Blüten.

Heilkräftige Wirkstoffe Die Pflanze enthält vor allem reichlich ätherische Öle. Hinzu kommen Harz, Gerb- und Bitterstoffe sowie Saponin. Lavendel wirkt beruhigend, krampflösend und nervenstärkend.

Geschmack und Würze Der Lavendel hat einen überall bekannten frisch-würzigen Duft. Er schmeckt ein wenig herbbitter, ähnlich wie Rosmarin.

Anbau im Garten Der silbergraue Duftstrauch, von dem es Züchtungen mit unterschiedlich gefärbten Blüten gibt, ist sehr anspruchslos in der Kultur. Er liebt trockenen, leicht kalkhaltigen Boden und viel Sonne. Sorgen Sie immer für guten Wasserabzug.

Lavendelpflanzen können Sie überall kaufen. Wenn Sie Freude an der eigenen Anzucht haben, müssen Sie die feinen Samen im März in ein warmes Frühbeet oder in Schalen auf der Fensterbank aussäen. Die Samen keimen meist unregelmäßig und brauchen zum Aufgehen 2 bis 3 Wochen. Ab Mai können Sie die Jungpflanzen in den Garten setzen. Halten Sie etwa 30 cm Abstand ein. Später können Sie den Lavendel auch durch Stecklinge vermehren.

Halten Sie den kleinen Strauch, der aus felsigen Heimatregionen kommt, möglichst mager. Starkgedüngter Lavendel erfriert leicht. Geben Sie ihm in rauhen Gegenden vorsichtshalber immer etwas Winterschutz. Nach der Blüte wird der Strauch etwas zurückgeschnitten. Lavendel bleibt ganzjährig grün.

Blühender Schopflavendel.

Ernte und Aufbewahrung Junge Blattspitzen können Sie laufend ernten und in der Küche verwenden. Wenn die Blüten sich gerade öffnen, schneidet man sie mit den Stielen und bündelt sie zum Trocknen. Für die Hausapotheke können Sie auch ganze Zweige mit Blättern und Blüten ernten.

Verwendung in der Küche Junge Blatttriebe eignen sich als aparte Würze zu Fisch, Geflügel, Eintopf, Hammelfleisch, Suppen und Soßen.

Verwendung in der Hausapotheke Aus Lavendelblüten können Sie einen Tee aufbrühen, der bei innerer Unruhe und streßgeplagten Nerven ausgleichend wirkt. Mit Lavendelöl und Lavendelspiritus (Rezepte Seite 156) können Sie sich einreiben. Sie lösen Muskelverkrampfungen und helfen bei Kopfschmerzen.

Anregend und herrlich erfrischend ist auch ein Lavendelbad. Einen duftenden Extrakt können Sie selber herstellen aus 50 Gramm Blüten, die mit 1 Liter kochendem Wasser überbrüht werden. Nachem sie 10 bis 15 Minuten zugedeckt durchgezogen sind, sieben Sie die Blüten ab und gießen die Flüssigkeit ins Badewasser. Schon die »alten Römer« badeten in Lavendelwasser und genossen die entspannende Frische; daher kommt auch der Name des Krautes: lavare bedeutet im Lateinischen waschen.

Weitere Verwendungsmöglichkeiten Seit alters her werden getrocknete Lavendelblüten als Duftsträuße in den Wäscheschrank gelegt. Sie verbreiten dort aber nicht nur ihren Wohlgeruch, sondern vertreiben auch die Motten. (Siehe auch Kapitel »Kräutersträuße gegen Motten und Fliegen« Seite 160.)

Historische Verwendung »Lafander (Lavendel) und Spica Nardi wasser heilen das Hauptwehe und den Schwindel / so von Kelte kommen / auff den Würbel und an die stirnen gestrichen... « Von einer solchen erfrischenden Wirkung

des Lavendelwassers war schon Hieronymus Bock überzeugt.
Im 19. Jahrhundert beklagte ein Kräuterbuchautor das schwindende Interesse an der altehrwürdigen Pflanze: »Ehedem legte man allgemein auch das Kraut zwischen das Leinenzeug, um diesem ein angenehmen Geruch zu verschaffen und verschiedenes Ungeziefer davon fernzuhalten; heute thut es kaum mehr eine alte Bauersfrau. Ich habe indessen durch Erfahrung die Überzeugung, daß Wäsche und Kleidungsstücke, die mit dem aromatisch-würzigen und reinigenden Geruch des Lavendels durchzogen sind, eine Art Schutzhülle gegen ansteckende Krankheiten bilden.«

Die Lavendelblüte ist ein duftender Traum.

Liebstöckel

Levisticum officinale

Volkstümliche Namen Bergliebstöckel, Badekraut, Liberstockkraut, Neunstöckel, Maggikraut, Schluckwehrohr, Heiserrehrlich, Lubesteckel, Suppenlob, Labstockkraut, Neunstockkraut, Liestekraut, Sauerkraut-Kraut, Gebärmutterwurzel, Lieberstöckel, Lobstock, Laubstecken, Luststecken, Lieberöhre, Gichtstock, Saukraut

Heimat Der Liebstöckel stammt ursprünglich aus dem Iran. In Europa und Amerika ist er eingewandert. Dioskurides vermutete, daß die Pflanze in der italienischen Landschaft Ligurien beheimatet sei. Sie soll dort in alten Zeiten »Panakes« oder »Panax«, das heißt die »Allheilende«, genannt worden sein. Eine Bezeichnung, die auch der berühmten asiatischen Ginsengwurzel beigegeben wurde. Mönche brachten den Liebstöckel schon früh über die Alpen und pflanzten ihn in die Klostergärten.

Botanischer Steckbrief Der Liebstöckel ist ein Doldenblütler (*Umbelliferae*). Die Pflanze ist sehr kräftig und robust gebaut. Ihr mehrköpfiger, verzweigter Wurzelstock wächst tief in den Boden. Die hohen Stengel können leicht 2 m hoch werden, in fettem Lehmboden erreichen einzelne Pflanzen sogar 3 m Höhe. Sie verzweigen sich erst im oberen Teil. Die Blätter sind glänzend grün, etwas derb und in rhombenförmige Fiederblättchen aufgeteilt. Von Ende Juni bis August erscheinen Dolden mit kleinen gelblich-grünen Blüten. Die Früchte fallen, wenn sie reif sind, in zwei Teile auseinander.
Das üppige Laub samt den hohen Stengeln friert im Winter ab. Im Frühling treibt der Liebstöckel dann mit dicken, rötlich gefärbten Trieben wieder aus.

Heilkräftige Wirkstoffe Liebstöckel enthält ätherische Öle, Harze, Säuren und Bitterstoffe. Er wirkt harntreibend, löst Blähungen und fördert die Verdauung.

Geschmack und Würze Die Blätter schmecken und riechen kräftig würzig. Das Aroma erinnert ein wenig an Sellerie und an das Suppengewürz »Maggi«.

Anbau im Garten Der stattliche Liebstöckel braucht tiefgründigen, nährstoffreichen Boden, um sich voll entfalten zu können. Geben Sie ihm einen Platz, der gleichmäßig feucht ist, und versorgen Sie ihn gut mit Kompost und organischem Dünger. Auch ein Guß Brennesseljauche bekommt der kräftigen Staude gut. Sie verträgt Halbschatten, ist völlig winterhart und kann im Kräutergarten 10 bis 15 Jahre lang am gleichen Platz aushalten.
Liebstöckel können Sie im März oder im August selbst aussäen. (Verwenden Sie nur frisches Saatgut; die meisten Doldenblütler behalten ihre Keimfähigkeit nur kurze Zeit!) Suchen Sie nur die kräftigsten Setzlinge aus, denn der Liebstöckel wird so groß, daß 1 bis 2 Pflanzen für eine Familie ausreichen. Halten Sie dazwischen mindestens 50 cm Abstand ein. Eingewachsene Pflanzen sind sehr anspruchslos und brauchen außer den üblichen Gartenarbeiten keine besondere Pflege. Teilen kann man nur die jüngeren, nicht zu tief verwurzelten Pflanzen.

Ernte und Aufbewahrung Zarte junge Liebstöckelblätter können laufend geerntet werden. Die Blätter lassen sich auch trocknen, verlieren dabei aber einen Teil ihres Aromas. Im frühen Frühling oder im späten Herbst wird ein Teil der Wurzeln von erwachsenen Liebstöckelstauden ausgegraben. Nehmen Sie aber den Pflanzen nur so viel weg, wie sie ohne Schaden verkraften können. Trocknen Sie die gesäuberten Wurzeln nach Vorschrift (siehe Kapitel »Ernten und Konservieren«, Seite 139), und bewahren Sie sie gut verschlossen auf. An der Luft nehmen die Wurzeln leicht wieder Feuchtigkeit auf und verderben!

Verwendung in der Küche Zum Würzen verwenden Sie am besten frische grüne Blätter. Das Aroma des »Maggikrauts« ist so intensiv, daß Sie nur kleine Mengen brauchen. Liebstöckel paßt zu Suppen, rustikalen Eintöpfen, Soßen und Fleisch. Die Blätter werden mitgekocht. In einer kräftigen Suppe können Sie auch einige Wurzelstückchen mitsieden lassen.

Verwendung in der Hausapotheke Die getrockneten Wurzeln werden mit kaltem Wasser angesetzt, langsam aufgekocht und dann abgesiebt. Dieser Liebstöckel-Tee wirkt wassertreibend und ist deshalb bei Rheuma, Gicht- und Nierenbeschwerden empfehlenswert. Er hilft auch bei Verdauungsstörungen. Schwangere Frauen sollten den Tee nicht trinken!

Als Mittel gegen Heiserkeit und Halsschmerzen ist Liebstöckel heute nicht mehr gebräuchlich. Auf diese frühere Verwendung weist noch der volkstümliche Name »Schluckwehrohr« hin.

Weitere Verwendungsmöglichkeiten Eine starke Abkochung der Wurzeln können Sie ins Badewasser gießen; so wirkt Liebstöckel stärkend auf die Unterleibsorgane bei Frauen.

Historische Verwendung »Die jungen Dolden oder Schoß des Liebstöckels / wann sie im Frühling aus der Erden herausser stossen / werden von etlichen in der Speiß gebraucht / etliche machen die unter die Salatkräuter. Diese bringen Stuhlgänge / und erweichen den Bauch ... « So nützlich fand bereits Tabernaemontanus den Liebstöckel.

In den folgenden Jahrhunderten wurde er oft als »bauchwee«-Kraut benutzt und als Mittel gegen Halsschmerzen. Seine hohlen Stengel dienten den Kranken als Trinkrohre. Noch in unserem Jahrhundert tranken kräuterkundige Pfälzer aus Liebstöckelstengeln heiße Milch, wenn sie heiser waren. Mit Liebe hat das gute Kraut, wie einige volkstümliche Namen vermuten lassen, leider nichts zu tun.

Löwenzahn

Taraxacum officinale

Volkstümliche Namen Hundeblume, Milchdistel, Pißkraut, Kuhblume, Pfaffenröhrlein, Mönchskopf, Kettenblume, Butterblume, Sonnenwirbel, Kettenstock, Mönchsblatten, Mistfink, Laterne, Saublume, Pumperblümchen, Teufelsblume, Melkdistel, Bettpisser, Gänsezunge, Milidistel, Bammbusch, Golichter, Apostelkraut, Augenmilch, Kuhlattich, Laternenblume, Leuchtenkraut, Marienschöpfl, Milchblume, Mönchsplatte, Papenkraut, Pfaffenkraut, Pusteblume, Wilde Zichorie, Apostenwurz, Eierkraut, Hundzahnkraut, Maienzahn, Jungeblumenkraut, Pampelkraut, Milchgrasblume, Saurnelken, Bitterblume, Gänseblume, Kettenröhrlein

Heimat Der Löwenzahn ist ein über die ganze nördliche Erdhalbkugel verbreitetes »Unkraut«. Er wächst mit Vorliebe auf Wiesen und an Gräben. Mességué behauptet von ihm, daß er »dabei ist, die ganze Welt zu erobern«.

Botanischer Steckbrief Der Löwenzahn gehört in die Familie der Korbblütler (*Compositae*) und ist mit den Zichoriengewächsen verwandt. Wie sie besitzt er eine tiefreichende, fleischige Pfahlwurzel, die milchigen Saft enthält. Die Blätter sind länglich, gezähnt und bilden eine Rosette. Auf hohlen, milchhaltigen Stengeln öffnen sich im Frühling die goldgelben Blütenkörbchen. Die gefiederten Samen bilden die überall bekannte zarte »Pusteblume«.

Heilkräftige Wirkstoffe Hauptwirkstoff ist der Bitterstoff Taraxin, außerdem finden sich Gerbstoffe, Kautschuk, Wachs, Harze, Säuren, Inulin, Zucker, wenig ätherisches Öl, Cholin, Vitamine und Mineralstoffe. Die Menge der heilkräftigen Substanzen schwankt sehr stark je nach Jahreszeit.

Löwenzahn wirkt stoffwechselanregend und entwässernd. Der Milchsaft des Stengels ist giftig!

Geschmack und Würze Die jungen Blätter schmecken bitter-aromatisch, die Wurzeln etwas süßlich. Die gelben Blüten verströmen einen leicht honigartigen Geruch.

Anbau im Garten Löwenzahn ist nicht anspruchsvoll. Sie können ihn aussäen, wo noch Platz übrig ist und wo er nicht stört. Bei Pflanzen, die genügend Feuchtigkeit bekommen, werden die Blätter nicht so schnell bitter. Achten Sie darauf, daß sie im Garten keine Samen ansetzen und sich nicht unkontrolliert aussäen. Sie können Löwenzahnsamen in speziellen Gartensorten im Handel bekommen. Am einfachsten ist es, wenn Sie im Rasen Löwenzahn wachsen lassen.

Ältere Liebstöckelstauden bilden mächtige Büsche.

Ernte und Aufbewahrung Nur die zarten Blätter des Frühlingsaustriebs werden frisch verwendet, später ist der Löwenzahn zu bitter. Für Arzneizwecke werden vor allem die Wurzeln gesammelt; aber auch das ganze Kraut und die Blüten finden Verwendung.

Der Wirkstoffgehalt der Wurzeln ist starken Schwankungen unterworfen: Die Frühjahrswurzeln sind besonders reich an Bitterstoffen; im Spätsommer (August) steigt der Gehalt an Inulin am höchsten; im September enthalten die Wurzeln das meiste Taraxin, im Oktober das meiste Lävulin. Am besten werden die Wurzeln im Frühling oder im Herbst gegraben. Die Blätter schneidet man vor der Blüte.

Löwenzahn und Pusteblume kennt jedes Kind.

Blätter und Wurzeln werden sorgfältig getrennt getrocknet und anschließend luftdicht verschlossen aufbewahrt.

Verwendung in der Küche Sie können mit Löwenzahn Salate, Kräutersoßen und Frühlingssuppen würzen. Zusammen mit Spinat ergeben die Blätter ein herzhaftes Gemüse. Der Löwenzahn ist ganz besonders gesund – Sie können schon aus den zahlreichen volkstümlichen Namen ablesen, wie beliebt und geachtet er zu allen Zeiten war.

Verwendung in der Hausapotheke Löwenzahn-Tee wird aus getrockneten Wurzeln und Blättern hergestellt. Er kann kalt angesetzt oder mit heißem Wasser überbrüht werden. Wenn Sie mit diesem bewährten Heilkraut eine blutreinigende, entschlackende Frühjahrskur machen möchten, müssen Sie den Tee dreimal täglich 5 bis 6 Wochen lang trinken.

Sehr gut ist auch frisch gepreßter Löwenzahnsaft. Das vitale Wildkraut regt die Leberfunktionen an und fördert die Wasserausscheidung. Deshalb bringt eine Löwenzahnkur auch Erleichterung bei Rheuma und Gicht.

Weitere Verwendungsmöglichkeiten Die hübschen gelben Blütenblätter können Sie auszupfen und mit klarem Korn zu einem Schnaps ansetzen, der wohltuend wirkt, wenn Sie zu reichlich gegessen haben.

Früher wurden die Wurzeln des Löwenzahn geröstet und als Kaffee-Ersatz benutzt.

Historische Verwendung Löwenzahnsaft nannten schon die spätmittelalterlichen Kräuterväter »eine gebenedeyte Artzney«. Noch in einem Kräuterbuch aus dem Jahre 1896 wird er im gleichen Sinne gepriesen: »Der Löwenzahn ist so recht unser Freund, und es ist zu bedauern, daß – besonders im Frühjahre – bei uns so wenig Gebrauch von ihm gemacht wird. In dieser Jahreszeit, wo der Stoffwechsel in besonderer Weise statt hat, und in unserem Blute eine allgemeine Umwälzung vor sich geht, wäre er so recht das eigentliche Mittel, um eine günstige Ausscheidung alles Unreinen aus unserem Körper zu befördern und eine regelmäßige, gesunde Funktion der einzelnen Organe herbeizuführen. Wie viele Krankheiten könnten nicht durch seinen Gebrauch vermieden werden.«

Löwenzahn-Schnaps »reift« in der Sonne.

Malve

Malva sylvestris

Volkstümliche Namen Käsepappel, Roßpappel, Schwellkraut, Käsenäpfchen, Käslikraut, Katzenkäse, Johannispappel, Hasenpappel, Gänsepappel, Schafkas, Ziegerli, Nüsserli, Zuckerplätzchenkraut, Blaumalve, Feldmalve, Wilde Malve, Hausmalve

Heimat Die Malve wächst wild in ganz Europa; sie ist auch in Asien und in Nord-/Westafrika zu Hause.

Botanischer Steckbrief Die Malve gehört zur Familie der Malvengewächse *(Malvaceae)*. Aus einer Pfahlwurzel, die tief in den Boden reicht, wachsen verzweigte, haarige Stengel. Auch die langstieligen Blätter sind behaart; ihre Form ist rundlich und fünf- bis siebenfach gelappt. Die hübschen rosa- oder lila-farbigen Schalenblüten sind mit dunklen Streifen gezeichnet. Sie wachsen – typisch für Malven – aus den Blattachseln. Charakteristisch sind auch die Früchte, deren Form an runde Kuchen oder an Bauernkäse erinnern. Diesen Samenständen verdanken die Malven den Namen Käsepappeln.

Die Wilde Malve erreicht je nach Standort 30–120 cm Höhe. Sie wächst zwei- oder mehrjährig. Man findet sie meist an sonnigen, trockenen Wegrändern. Das Kraut liebt lockere und stickstoffreiche Böden.

Nahe Verwandte sind die Kleine Malve oder Wegmalve (*M. neglecta*) mit rundlichen Blättern und sehr kleinen Blüten, die Moschusmalve (*M. moschata*) mit tief eingeschnittenen, zierlichen Blättern und die großblütige Rosen-Malve (*M. alcea*). Zur weiteren Verwandtschaft gehören die bildschönen schwarzrotblühenden Stockrosen (*Alcea rosea*), die auch Bauerneibisch genannt werden und der Echte Eibisch (*Althaea officinalis*) mit samtigen Blättern und zarten weiß-rosa Blüten.

Heilkräftige Wirkstoffe Die Wilden Malven sind reich an Schleimstoffen; hinzu kommen Gerbstoffe und wenig ätherische Öle. Die Blüten enthalten Malvin.

Alle genannten Malvenarten sind wirkungsvolle Heilmittel bei Husten und Halsentzündungen; sie wirken schleimlösend.

Geschmack und Würze Blätter und Blüten der Malven besitzen keinen Duft und kaum Geschmack.

Anbau im Garten An einem sonnigen Platz im Garten gedeihen alle Malven gut. Sie sind sehr anspruchslos und nehmen fast mit jedem Boden vorlieb, solange der Untergrund wasserdurchlässig ist. In guter, stickstoffreicher Erde wachsen sie am besten.

Setzen Sie mehrere Malven in einer Gruppe zusammen; so wirken sie am schönsten. Zwischen den Pflanzen soll 30–40 cm Zwischenraum frei bleiben, dann können sich die Malven locker verzweigen und viele Blüten ansetzen. Geben Sie den kleinen Stauden reichlich Kompost ins Pflanzloch. Fügen Sie ein wenig organischen Dünger, zum Beispiel Hornspäne, und etwas Algenkalk hinzu. Jungpflanzen verschiedener Malvenarten bekommen Sie nur in Kräuter-Spezialgärtnereien. (Siehe Bezugsquellen im Anhang.)

Ernte und Aufbewahrung Während der Blütezeit können Sie das ganze Kraut schneiden und zum Trocknen bündeln. Es ist auch möglich, nur die Blüten abzupflücken. Diese müssen besonders sorgfältig und locker auf Rosten ausgebreitet werden, damit sie rasch und gleichmäßig trocknen. Sie brauchen die verschiedenen Malvenarten nicht zu trennen; ihre Wirkstoffe sind einander sehr ähnlich.

Verwendung in der Küche Junge Blätter und Triebe der Malven können als Salat zubereitet oder als Gemüse gedünstet werden. Im Sommer schenken Ihnen die Pflanzen bildschöne Blumensträuße für den Eßtisch.

Verwendung in der Hausapotheke Der schleimhaltige Malven-Tee wird nicht

Der Echte Eibisch ist mit seinen zarten Blüten eine heilkräftige Zierde des Kräutergartens.

mit heißem Wasser zubereitet: Nehmen Sie pro Tasse einen gehäuften Teelöffel voll Kraut und Blüten. Diese Menge wird mit lauwarmem oder kaltem Wasser angesetzt. Das Getränk muß 5 bis 10 Stunden ziehen. Zwischendurch wird es öfter umgerührt. Sieben Sie die Flüssigkeit zum Schluß ab, und trinken Sie den Malven-Tee mit Honig gesüßt. Er löst Husten und Bronchialkatarrh. Sie können auch mit dieser Flüssigkeit gurgeln, um Entzündungen im Rachen oder im Mund zu lindern.

Weitere Verwendungsmöglichkeiten Kinder aßen früher die Früchte (Käschen) gerne roh.

Historische Verwendung Vielseitig und praktisch sind die Rezeptvorschläge von Lonicerus, der die Malven »Pappeln« nennt: »Pappeln in Milch gelegt / alle Tag darab getruncken / nimt den Husten in sechs Tagen.

Plinius schreibt / wer alle Tag von Pappeln trincke / der sey sicher von allen zufälligen Kranckheiten. Die Blätter gessen wie ein Salat / heilet die Augengeschwer / oder stoß die Blätter mit Honig / und legs darauf. Pappeln in einer Hühnerbrüh mit Gerstenmeel / so lang biß es dick wird gesotten / mit zweyen Eyerdottern und Violoel gestossen / das es genug sey mit ein wenig Saffran / alles durcheinander gemengt / resolviert er oder zertheilt / erweicht und zeitiget alle Geschwer / und stillet die Schmerzen der Glieder / übergelegt.«

Käsepappel *(M. sylvestris)* mit gestreiften Blüten.

Moschusmalve mit geschlitzten Blättern.

Meerrettich

Armoracia rusticana

Volkstümliche Namen Morrettig, Kren, Fleischkraut, Marr-Reddig, Pferderadies, Mähr-Retig, Bauernsenf, Rachenputzer, Englische Wurzel, Bauernkraut, Skorbutkraut, Krien, Mirch, Maressig, Pfefferwurzel, Gren, Marak, Märek, Mirchwurzel, Greinwurzel, Beißwurzel, Scharfwurzel, Waldrettich

Heimat Der Meerrettich stammt aus Südrußland und der Ukraine. Im übrigen Europa, in Westasien und Nordamerika ist das Kraut eingebürgert. Meerrettich wurde schon im 12. Jahrhundert bei uns in Gärten angepflanzt.

Botanischer Steckbrief Der Meerrettich gehört in die Familie der Kreuzblütler (*Cruciferae*). Er bildet eine auffallend kräftige, stangenförmige Hauptwurzel. Sie ist außen braun und innen weiß. Die dünnen Seitenwurzeln nennt man »Fechser«. Sie besitzen zahlreiche Wurzelknospen und können zur Vermehrung der Pflanze abgetrennt werden.

Im ersten Jahr entwickelt der Meerrettich nur seine derben, bis zu 1 m langen Blätter, die an den Rändern eingekerbt sind. Vom zweiten Jahr an erscheint der bis zu 1,20 m hohe Blütenstiel, an dem sich eine lockere Traube duftender weißer Blumen entfaltet.

Heilkräftige Wirkstoffe Wichtigster Inhaltsstoff ist ein ätherisches Öl mit dem Glykosid Sinigrin. Beim Zerkleinern der Wurzel entsteht unter dem Einfluß von Wasser und unter Mitwirkung des Enzyms Myrosin Senföl. Außerdem sind Kaliumverbindungen, Rhodanwasserstoff, Asparagin und reichlich Vitamin C enthalten. Meerrettich wirkt entwässernd und allgemein kräftigend. Äußerlich angewendet, lindert er rheumatische Schmerzen.

Geschmack und Würze Die Wurzel des Meerrettich hat einen scharfen, beißenden Geschmack.

Anbau im Garten Der Meerrettich braucht viel Platz. Wenn Sie nur ein kleines Kräutergärtchen besitzen, sollten Sie ihn an einen anderen geeigneten Platz im Garten setzen, sonst erdrückt er alle anderen Gewächse. Meerrettich braucht nahrhaften, tiefgründigen Boden, in den die Wurzeln gut eindringen können. Gleichmäßige Feuchtigkeit ist für seine Entwicklung wichtig. Bereiten Sie das Beet schon im Herbst gründlich vor, indem Sie es tief lockern, mit Kompost und Hornspänen versorgen und mit einer Mulchschicht abdecken. Ab März können Sie die Fechser pflanzen. Diese dünnen Wurzelableger bekommen Sie in Samenfachgeschäften, bei manchen Garten-Versandfirmen, im Bio-Versand und bei Kräuter-Spezialgärtnereien. Manchmal bietet sie auch eine Gärtnerei am Ort an, oder ein freundlicher Nachbar überläßt sie Ihnen.

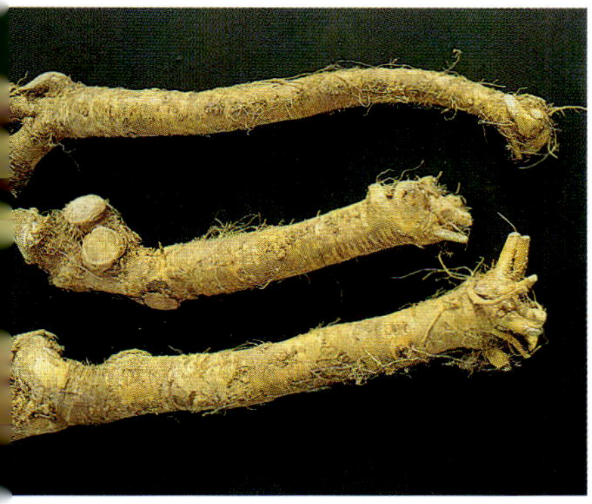

Frischgeerntete Meerrettichwurzeln.

Für die Erzeugung besonders dicker Meerrettichstangen gibt es eine Spezialkultur: Entfernen Sie alle Seitenwurzeln von den Fechsern, und legen Sie sie schräg in die lockere Erde. Der Kopf des Wurzelstücks muß mit der Erdoberfläche abschließen. Der Abstand von einer Pflanze zur anderen beträgt 30 cm, der Reihenabstand 80 cm. Im Juni müssen Sie an einem trüben Tag die Meerrettichwurzeln vorsichtig aufdecken und alle inzwischen nachgewachsenen Seitentriebe mit einem scharfen Messer entfernen; nur die Hauptwurzeln bleiben erhalten. Danach decken Sie die Pflanzung wieder mit Erde zu. So erhalten Sie eine einzige, starke Wurzel pro Pflanze.

Einfacher haben Sie es, wenn Sie einige Wurzelstücke an eine Stelle des Gartens pflanzen, wo sie sich jahrelang ungestört vermehren können: zum Beispiel neben einer Hecke oder am Kompostplatz. Suchen Sie die Stelle aber sorgfältig aus, denn Meerrettich ist schwer wieder auszurotten, wo er einmal Fuß gefaßt hat. Er braucht dann allerdings auch kaum noch Pflege und ist sehr winterhart.

Ernte und Aufbewahrung Die starken Wurzeln aus der Spezialkultur müssen Sie im Herbst ausgraben. Sie werden für den Winterverbrauch in einem kühlen Keller in feuchten Sand eingeschlagen. Von den wild wachsenden Meerrettichstauden können Sie während des Sommers nach Bedarf Wurzelstücke abschneiden. Sie ernten auf diese Weise immer frische Portionen, so wie Sie die Würze gerade in der Küche brauchen.

Verwendung in der Küche Meerrettich wird geschält und dann roh gerieben. Er paßt zu gekochtem Rindfleisch, zu Fisch, Eiern, Tomaten, Quark und zu gebratenen Rumpsteaks. Ein Rezept für frische Meerrettichsoße finden Sie im Kapitel »Kräuterwürze für die Küche« Seite 146.

Verwendung in der Hausapotheke Eine Mischung aus frischgeriebenem Meerrettich und Honig zu gleichen Teilen wird teelöffelweise eingenommen; sie lindert Husten.

Kleine Mengen von frischgeriebenem Meerrettich regen auch die Nieren an und bringen bei Rheumaleiden Erleichterung.

Äußerlich können Sie Breiumschläge aus geriebenen Meerrettichwurzeln auf Körperstellen legen, die von Nervenschmerzen befallen sind. Meerrettich wirkt ähnlich wie Senf stark erwärmend. Er reizt aber die Haut und sollte deshalb nur vorsichtig verwendet werden. Auch die Augen und die inneren Schleimhäute können empfindlich auf den »Rachenputzer« reagieren.

Weitere Verwendungsmöglichkeite Frischgeriebene Meerrettichwurzeln lindern schmerzhafte Insektenstiche. Wenn Sie Meerrettich mit Essig ansetzen und eine Woche ziehen lassen, können Sie mit diesem Auszug Sommersprossen betupfen, die dann verschwinden sollen.

Historische Verwendung Valentini schreibt in seinem Kräuterbuch von 1719: »Am meisten wird der Meerrettich in den Küchen gebraucht, absonderlich in Ober-Teutschland, zu Wien in Oesterreich, da fast kein Bürger sein wird, welcher nicht einen steinernen Mörser im Hauß hätte, worinnen sie den Krien oder Kreen reiben... Wann er aber kocht, so flieht die Krafft hinweg, und bekommen die Köche zum Recompens etwas ausgerichtet vor ihren Anrichten! Er muß in die Zung beißen, wann er dieses nicht thut, so ist er nicht gut ... Die Bierschläuche essen den Meerrettich deswegen nicht gern, weil das beste Bier darauff nicht gut schmäcket.«

Meerrettich ist anspruchslos; er wächst auch halbwild am Wiesenrand.

Melisse

Melissa officinalis

Volkstümliche Namen Zitronenmelisse, Gartenmelisse, Römische Melisse, Frauenwohl, Herztrost, Herzbrot, Honigblatt, Mutterkraut, Honigblume, Bienenkraut, Bienenfang, Immenkraut, Balsam-Melisse, Wanzenkraut, Pfaffenkraut, Limonikraut, Herbstkraut, Zitronellkraut, Muttertee, Frauenkraut, Billerkraut, Darmgichtkraut, Grasspiritus, Hasenohr, Englische Brennessel, Spanischer Salbei

Heimat Die Zitronenmelisse stammt aus dem vorderen Orient und ist seit Jahrtausenden in allen Mittelmeerländern zu Hause. Araber, Griechen und Römer schätzten sie hoch. Die Benediktiner brachten sie nach Mitteleuropa, die Araber nach Spanien. In den Klostergärten des Mittelalters war sie eine der am meisten geschätzten Heilpflanzen. Heute wird die Zitronenmelisse in Europa und Amerika kultiviert. Das Kraut wächst bei uns nicht wild.

Blühende Melisse ist ein Paradies für Bienen.

Botanischer Steckbrief Die Melisse gehört in die Familie der Lippenblütler (*Labiatae*). Sie besitzt einen weitverzweigten Wurzelstock und treibt kurze Ausläufer am Boden. Die vierkantigen, behaarten Stengel wachsen aufrecht; sie verzweigen sich und werden 50–100 cm hoch. Die Blätter sind eiförmig und an den Rändern gezähnt. Von Juli bis August erscheinen in den Blattachseln die weißen, manchmal auch malvenfarbigen Blüten.

Heilkräftige Wirkstoffe Das Kraut enthält ätherische Öle mit den Hauptbestandteilen Citral, Citronellal, Geraniol und Linalool. Hinzu kommen Gerb- und Bitterstoffe. Die Melisse wirkt nervenberuhigend, krampflösend, aufheiternd und erleichtert das Einschlafen.

Geschmack und Würze Wenn Sie sie zwischen den Fingern zerreiben, entfaltet die Melisse einen intensiven, lieblichen Zitronenduft. Er ist frisch und leicht süßlich. Auch der würzige Geschmack erinnert an Zitrone.

Anbau im Garten Geben Sie dem duftenden Zitronenkraut aus dem Süden einen warmen, geschützten, sonnigen Platz im Kräutergarten. Es braucht humosen, durchlässigen Boden. Schwere Erde muß mit Sand vermischt werden. Versorgen Sie die Melisse besonders reichlich mit Kompost, denn sie kann sehr lange Jahre am gleichen Platz stehenbleiben und braucht nahrhaften Grund, um dichte Büsche zu entwickeln. Sie können das Kraut selbst im April oder Mai aussäen – entweder an Ort und Stelle oder unter einem Folientunnel. Die kleinen Pflanzen werden später auf 30 cm Abstand versetzt. Einfacher haben Sie es, wenn Sie fertige Jungpflanzen kaufen, die überall im Handel angeboten werden. In Spezialgärtnereien bekommt man auch Melissensorten mit gelbbunten oder goldfarbigen Blättern. Durch Teilung der Wurzelstöcke oder durch Stecklinge können Sie Ihre Bestände vermehren. Oft sät sich das Kraut auch selber aus. Achten Sie beim Hacken und Jäten darauf, daß die flachwachsenden Wurzeln nicht zerstört werden! Die Melisse überwintert mit einem Nest harter Blätter dicht am Boden, alle anderen oberirdischen Pflanzenteile erfrieren. In rauhen Gegenden braucht sie Winterschutz.

Ernte und Aufbewahrung Pflücken Sie vom Frühling bis zum Herbst die jungen Triebe mit den frischen, weichen Blättern. Ältere Blätter werden hart und etwas bitter. Kurz vor der Blüte ist der Gehalt an ätherischen Ölen und damit an Aromastoffen am höchsten. Sie können dann einen größeren Vorrat abschneiden und trocknen. Verwenden Sie dafür die oberen Teile der Stengel. Leider verfliegt ein großer Teil des feinen Zitronenaromas beim Konservieren. Die Blätter können Sie auch in Essig oder Alkohol einlegen.

Verwendung in der Küche Melissenblätter können an allen Gerichten verwendet werden, zu denen auch Zitrone paßt. Besonders gut schmeckt sie zu Tomaten, grünen Salaten, Quark und Kräutersoßen. Zitronenmelisse darf nicht mitgekocht werden.

Verwendung in der Hausapotheke Melissen-Tee wird mit heißem Wasser aufgebrüht. Er beruhigt überreizte Nerven, reguliert nervöse Herzbeschwerden und schenkt entspannten Schlaf. Sie können die Melisse auch mit anderen Kräutern mischen, zum Beispiel mit Baldrian, Lavendel, Hopfen oder Johanniskraut.

Berühmt ist der Melissengeist, der von Mönchen in einem Karmeliterkloster entwickelt wurde. Sein Rezept ist natürlich geheim. Kaufen Sie für Ihre Hausapotheke fertigen Melissen- oder Karmelitergeist. Sie können ihn innerlich zur Beruhigung nehmen oder als gutes Mittel bei Erkältungen, das die Abwehrkräfte stärkt. Äußerlich reibt man sich mit dem Alkoholauszug ein, um Kopfschmerzen oder Muskelverspannungen zu lösen.

Weitere Verwendungsmöglichkeiten Ein Melissenbad wirkt herrlich entspannend. Bereiten Sie dafür einen Tee-Extrakt aus 50–100 Gramm getrockneten Blättern und 1 Liter Wasser zu. Von frischen Blättern brauchen Sie mehr. Nehmen Sie einfach ein paar Hände voll. Melissen-Badeöl können Sie im Handel kaufen.

Historische Verwendung Von der Melisse wissen die alten Kräuterväter viel Gutes zu berichten: »Melissengeist ist überaus gut / das schwache ohnmächtige Hertz zu stärcken und zu erquicken / insonderheit wann es des Nachts bochet und beängstiget wird / einen Trunck darvon gethan.«

Paracelsus lobte das Kraut ganz besonders: »Melissa ist von allen Dingen, die die Erde hervorbringt, die beste Pflanze für das Herz.« Und im »Zauberarzt« kann man die Empfehlung lesen: »Die Melisse macht anmutige Träume, weshalb man sie bei der Abendtafel genießen soll.«

Lonicerus berichtet von weiteren guten Eigenschaften: »Melissenwasser in trüben Wein gethan / macht denselbigen wieder klar. Es behält das Fleisch frisch vor Fliegen und Maden / daran gesprengt.«

Monarda

Monarda didyma

Volkstümliche Namen Monarde, Indianernessel, Etagenblume, Rote Monarde, Bienenbalsam, Scharfe Melisse, Rote Melisse, Indianerfeder, Oswego-Tee, Scharlach-Goldmelisse, Pferdemelisse

Heimat Die Monarda ist in Nordamerika zu Hause. In Europa, wohin sie nach der Entdeckung der Neuen Welt gelangte, wird sie vor allem als Zierstaude gepflanzt.

Botanischer Steckbrief Die Monarda gehört in die Familie der Lippenblütler (*Labiatae*). Sie hat kantige Stengel, die 80–100 cm hoch wachsen. Ihre Wurzeln verlaufen flach unter der Erde. Die Blätter sind spitzeiförmig und am Rand regelmäßig gezähnt. Von Juni bis Oktober erscheinen die roten Blüten, die in Quirlen angeordnet sind und mehrere Etagen bilden.

Die wilde Bergamott-Monarde (*Monarda fistulosa*) blüht hell-lila. Die Zitronenmonarde (*Monarda citriodora*) ist eine einjährige Indianernessel mit würzigem Zitronenaroma.

Heilkräftige Wirkstoffe Ätherische Öle, unter anderem Thymol und Karvakrol.

Geschmack und Würze Im würzigen Duft der Blätter und Blüten schwingt ein Hauch von Thymian mit. Der Monarden-Tee schmeckt ein wenig »rauchig«, aber nicht streng.

Anbau im Garten Die Goldmelisse stellt keine großen Ansprüche; sie gedeiht am besten in der Sonne, nimmt aber auch mit leichtem Schatten vorlieb. In feuchtem, humusreichem Boden wachsen die Stauden besonders gut. Sie können sie aber auch an trockenere Stellen setzen.

Verbessern Sie die Erde vor der Pflanzung mit reichlich Kompost und etwas organischem Dünger. Die jungen Stauden müssen gut angegossen werden. Indianernesseln wirken sehr dekorativ, wenn Sie sie in Gruppen pflanzen; dann leuchten ihre roten »Federbüsche« weit durch den Garten. Halten Sie zwischen den einzelnen Pflanzen einen Abstand von 30–40 cm ein.

Wenn Sie im ersten Jahr die Blütenknospen auskneifen, entwickelt sich die duftende Goldmelisse kräftiger. Im Herbst oder Frühling werden die erfrorenen Triebe bis zum Boden abgeschnitten. Nach etwa 3 Jahren ist es empfehlenswert, die Stauden im Frühling oder Herbst auszugraben und den flachen Wurzelstock zu teilen. Pflanzen Sie die einzelnen Stücke wieder mit genügend Abstand ein. Auf diese Weise werden die Indianernesseln verjüngt, und Sie gewinnen gleichzeitig reichlich Nachwuchs.

Jungpflanzen bekommen Sie nur selten in Staudengärtnereien; am besten bestellen Sie sie in Kräuter-Spezialgärtnereien. Saatgut gibt es inzwischen auch im Handel. Die Samen gehen leicht auf, und die Pflänzchen wachsen ohne Probleme heran. So können Sie eine größere Menge Indianernesseln preiswert selber heranziehen. Die zahlreichen farbenfrohen Zuchtformen der Monarda sind als Heil- und Würzpflanzen wertlos.

Ernte und Aufbewahrung Frische Blätter können Sie während des ganzen Sommers pflücken. Zum Trocknen werden sie kurz vor der Blüte geerntet. Breiten Sie die Blätter locker und luftig aus; sobald sie ganz dürr sind, werden sie in Schraubgläsern aufbewahrt.

Indianernesseln blühen wochenlang. Ihre bizarren Federkronen bringen farbige Abwechslung in den Kräutergarten, die Blätter wandern in die Teekanne.

Verwendung in der Küche Aus den grünen, duftenden Blättern der Indianernessel können Sie einen erfrischenden Sommertee aufgießen. Besonders gut schmeckt er, wenn Sie ihn kalt servieren und eine Zitronenscheibe hinzufügen. Mit den Blättern können Sie auch Obstsalaten, Gelees und Fruchtgetränken eine aparte Note verleihen.

Verwendung in der Hausapotheke Aus den getrockneten Blättern wird ein Tee aufgebrüht, der die Verdauung fördert. In der Schweiz empfiehlt man ihn auch bei Husten und Unterleibskrämpfen.

Historische Verwendung Auch die Indianer sollen *Monarda fistulosa*-Auszüge zur Heilung von Atemwegserkrankungen benutzt haben. Die nordamerikanischen Oswego-Indianer bereiteten aus dem heimischen Monardenkraut einen kräftigen Tee. Nach dem großen Teesturm von Boston im Jahre 1773, während des amerikanischen Unabhängigkeitskrieges, griffen auch die weißen Siedler zu dem indianischen Kräutertee.

Origano (Dost)

Origanum vulgare

Volkstümliche Namen Wilder Majoran, Oregan, Dost, Dosten, Frauendosten, Gemeiner Doten, Dorant, Wohlgemut, Schusterkraut, Berghopfen, Badhopfenkraut, Costenz, Gemude, Brauner Dost, Mutterkraut, Maran, Müllerkraut, Ohrkraut, Spanischer Hopfen, Staudenmajoran

Heimat Der Origano oder Staudenmajoran ist in Südeuropa, Kleinasien und Teilen Asiens zu Hause. Er hat sich inzwischen in vielen Ländern Europas ausgebreitet und wächst an warmen, trockenen Plätzen auch wild. In Nordamerika ist er eingewandert.

Botanischer Steckbrief Der Origano gehört in die Familie der Lippenblütler (*Labiatae*). Er bildet einen reichverzweigten Wurzelstock mit verholzten Ausläufern. Die Pflanze hat vierkantige, meist rötlich-braungefärbte Stengel, die 30–50 cm hoch wachsen. Die eiförmigen Blättchen sind fein behaart und mit Drüsenpunkten besetzt. Von Juli bis September erscheinen an den Spitzen der Zweige rosa oder weiße Blüten, die in lockeren Trugdolden zusammenstehen.

Blühender Oregano ist eine Zierde des Kräutergartens und eine gute Bienenweide.

Heilkräftige Wirkstoffe Origano enthält Gerb- und Bitterstoffe sowie ätherische Öle mit den Bestandteilen Carvacrol und Thymol. Er wirkt nervenstärkend und krampflösend bei Unterleibsschmerzen, Magenkrämpfen sowie bei Husten.

Geschmack und Würze Origanoblätter haben ein sehr würziges Aroma, das ein wenig pfeffrig und scharf erscheint, aber auch etwas bitter-herb. Diese Nuancen sind aber nur »im Hintergrund« zu schmecken. Origano befindet sich geschmacklich ungefähr zwischen Gartenmajoran und Thymian. Die Würzkraft des Wilden Majorans ist sehr davon abhängig, unter welchen Bodenverhältnissen und Klimabedingungen er aufwächst. Origano aus Süditalien ist wesentlich aromatischer als seine deutschen Verwandten. In kühlen, nassen Sommern wird der Dost in unseren Gärten immer mehr nach »Grünzeug« als nach Majoran schmecken.

Anbau im Garten Geben Sie dem Origano, seiner Herkunft entsprechend, den wärmsten Platz, den Sie finden können. Der Boden sollte trocken und durchlässig sein. In Steingärten gedeiht das anspruchslose Bergkraut oft besser als in niedrigen Beeten. Sie können ihn ab April in Reihen mit 25 cm Abstand aussäen. Die Jungpflanzen werden dann auf 20–25 cm Abstand verzogen. Einfacher ist es, wenn Sie sich in einer guten Gärtnerei im Frühling Origanopflanzen besorgen. Spezialisierte Kräutergärtnereien bieten Origano in zahlreichen würzigen Varianten an. Die Wahl fällt schwer zwischen griechischem, türkischem, mexikanischem Origano oder karminrot blühendem Blumen-Origano. Später können Sie Ihre Bestände leicht durch Wurzelausläufer vermehren. In rauhen Lagen brauchen die Pflanzen einen leichten Winterschutz aus Kiefernreisig. Im Frühling werden sie bis dicht über den Boden zurückgeschnitten.

Ernte und Aufbewahrung Blätter und junge Triebspitzen des Origano können Sie während des ganzen Sommers pflücken und frisch verwenden. In der Blütezeit hat der Staudenmajoran seine höchste Würzkraft. In dieser Zeit wird er in größeren Mengen handhoch über dem Boden abgeschnitten, gebündelt und getrocknet. Das Trockengewürz ist allgemein gebräuchlicher als die grünen Blätter. Das Kraut behält auch in gedörrter Form ausgezeichnet sein Aroma.

Verwendung in der Küche Origano ist das klassische Pizzagewürz. Außerdem können Sie ihn in der Küche noch zu Tomaten, Käse, herzhaften Aufläufen, Fleisch, Suppen und zu südländischen Gemüsen verwenden. Das Kraut wird mitgekocht.

Verwendung in der Hausapotheke Aus den getrockneten Blättern können Sie mit kochendem Wasser einen Tee aufbrühen. Er regt den Appetit an und hilft bei Durchfällen und anderen Störungen des Magen-Darmbereiches.

Ähnlich wie Thymian kann der Wilde Majoran auch als Hustentee mit Honig getrunken werden. Ungesüßt können Sie ihn bei Erkältungen zum Gurgeln benutzen.

Weitere Verwendungsmöglichkeiten Nehmen Sie bei »Grippewetter« ein heißes Origanobad. Dafür brühen Sie aus 100 Gramm getrocknetem Kraut und 1 Liter kochendem Wasser einen Extrakt auf, der nach 15 Minuten abgesiebt und ins Badewasser geschüttet wird.

Historische Verwendung Im Mittelalter wehrte man mit Sträußchen aus Dost oder Wohlgemut, wie man den Origano meist nannte, den Teufel ab. Den Schnittern und Feldarbeitern mischte man das Kraut als Stärkungsmittel unter das Essen.

Adamus Lonicerus gab die folgenden Ratschläge: »Wohlgemuth in Wein gesotten / löschet alle Hitz / … der warme Dampff darvon in die Ohren gelassen / stillet das Sausen und Klingen. Wer eine ungesunde Leber hat / der trinck über diese Blumen / es hilfft.«

Pfefferminze

Mentha × piperita

Volkstümliche Namen Minze, Krauseminze, Krauß Münz, Rote Münz, Spitzmünz, Katzenbalsam, Wassermünz, Edelminze, Flachskraut, Hirschminze, Flohkraut, Grüne Minze, Englische Minze, Teeminze, Oderminze, Prominenzblätter, Braunheiligenkraut, Balsamminze, Mänthenkraut, Feld-, Haus- und Frauenminze, Maienminze, Peperminte, Aderminte, Schmeckerts

Diese Namen beziehen sich nicht nur auf die Edelminze, *Mentha × piperita*, sondern zum Teil auch auf die im Text aufgezählten anderen Minze-Arten.

Heimat Es gibt zahlreiche wildwachsende Pfefferminzarten, die in Europa heimisch sind, zum Beispiel die Ackerminze und die Bachminze. Die besonders heilkräftige Edelminze (*Mentha × piperita*) wird aber nur als Kulturpflanze angebaut. Sie soll gegen Ende des 17. Jahrhunderts auf einem englischen Pfefferminzfeld zum ersten Mal aufgetaucht sein als Bastard von Krauseminze (*Mentha crispa*) und Bachminze (*Mentha aquatica*).

Die Roßminze gehört zu den wildwachsenden, auch in Europa heimischen Arten.

Kultivierte Edelminze wächst auch in Indien, China und Japan sowie in Nord- und Südamerika.

Botanischer Steckbrief Die Minze gehört zu den Lippenblütlern (*Labiatae*). Sie hat flach wachsende Wurzeln und bildet zahlreiche Ausläufer, die über lange Strecken durch den Garten »wandern« können. Die Minze wird dadurch manchmal zum wuchernden »Unkraut«. Die Stengel der Edelminze sind erst im oberen Teil kantig und oft rötlich angelaufen. Sie werden 50–80 cm hoch. Die länglich-eiförmigen, gezähnten Blätter haben eine frische dunkelgrüne Farbe und sind manchmal rötlich-violett getönt. Die rosa bis violetten Blüten bilden an den Zweigspitzen dichte Scheinähren. Die Blütezeit liegt in den Monaten Juli und August.

Die echte Pfefferminze kann nur durch Wurzelausläufer vermehrt werden, da sie ein beinahe steriler Bastard ist und fast nie Samen ansetzt. Sie bekommen diese Ableger in Kräuter-Spezialgärtnereien und Fachgeschäften.

Heilkräftige Wirkstoffe Das Kraut ist reich an ätherischen Ölen, die vor allem Menthol (Pfefferminzkampfer) und Menthon enthalten. Hinzu kommen Gerb- und Bitterstoffe sowie Peperinsäure. Pfefferminze wirkt krampflösend und durchwärmend. Sie hat vor allem auf den Magen-Darmbereich eine wohltuende Wirkung bei Übelkeit, Blähungen und Krämpfen.

Geschmack und Würze Das ganze Minzenkraut riecht erfrischend aromatisch – eben typisch nach Pfefferminze. Es enthält eine leicht brennende Würze. Das schwache Kältegefühl, das die Pfefferminze beim Kauen vorübergehend erzeugt, entsteht durch die leicht betäubende Wirkung des Menthols.

Anbau im Garten Ähnlich wie an ihren natürlichen Standorten möchte die Pfefferminze auch im Garten einen feuchten

Die aromatische Edelminze gedeiht nur als Kulturpflanze im Garten.

Kräftig würzig duftet die Krauseminze.

Platz haben. Sie wächst gut im Halbschatten, aber es muß ein lichter, luftiger Schatten sein, der die Aromabildung nicht behindert. Da die Minze stark wuchert, sollten Sie ihr ein besonderes Quartier geben, das ihren »Wandertrieb« eingrenzt. Ein ausgedienter oder eigens für diesen Zweck aufgestellter Frühbeetkasten eignet sich gut als Minzenbeet. Wo genügend Platz vorhanden ist, können Sie die herrlich duftenden Pfefferminzpflanzen auch als Bodendecker einsetzen, die jede Konkurrenz vertreiben.

Die zierliche Poleiminze ist eine alte Heilpflanze, die auch als »Flohkraut« benutzt wurde.

Der Boden sollte humusreich und feucht sein. Leichte Lehmböden sind ideal, aber auch moorige Erde eignet sich gut. Geben Sie der Minze reichlich Kompost und mäßig organischen Dünger.
Die Wurzelableger der Pfefferminze, die unbedingt nur von sortenechten Mutterpflanzen stammen sollen, können Sie im Frühling flach in die gut vorbereitete, lockere Erde legen. Halten Sie dabei etwa 30 cm Abstand ein. Anfangs sollten Sie sorgfältig alles Unkraut entfernen, später nimmt Ihnen die Minze diese Mühe weitgehend ab. Sie deckt den Boden dicht zu; dann müssen Sie nur noch für genügend Feuchtigkeit sorgen.
Ein gefürchteter Schädling des würzigen Krautes ist der Pfefferminzrost. Er breitet sich vor allem in engstehenden Kulturen aus und bildet kurz vor der Blüte rostrote Flecken an den Blättern. Da hilft nur eines: Schneiden Sie die Pflanzen radikal zurück. Der Neuaustrieb ist dann wieder gesund. In strengen Wintern braucht die Minze eine Frostschutzdecke.
Probieren Sie auch einmal einige aromatische Verwandte der Edelminze aus.
Ananasminze – eine niedrige Minze mit weiß-grün gefleckten Blättern und herbem Zitronenduft.
Apfelminze – sie hat rundliche, samtweiche Blätter und ein sanftes Aroma. Vorsicht: Die Wurzeln treiben starke Ausläufer!
Orangenminze – fruchtiger Orangenduft und glatte, rundliche Blätter sind ihre Merkmale. Sie eignet sich gut für sommerliche Teemischungen.
Kölnischwasserminze – ähnelt der Orangenminze, schmeckt aber erfrischend-kühl.
Feigenminze – auffallend sind die weichen hellgrauen Blätter; das fruchtige Aroma paßt zu Obst-Desserts.
Schokominze – eine unbeschreibliche Mischung aus Mentholfrische und Schokoladensüße; apartes Aroma für Tees und Süßspeisen.
Nane-Minze – die Türkische Minze mit stark gekrausten Blättern und einem kräftigen Kümmel-Menthol-Aroma.
Wildwachsende, im europäischen Raum verbreitete Minzenarten sind die Wasser- oder Bachminze (*M. aquatica*), die Ackerminze (*M. arvensis*), die Roßminze (*M. longifolia*) und die Poleiminze (*M. pulegium*). Alle Minzen sind sehr aromatisch, aber verschiedenartig in den Duftnuancen. Sie müssen Ihre Lieblingsminze selbst »herausriechen«!
Ernte und Aufbewahrung Frische Minzenblätter können Sie laufend abpflücken. Die Haupterntezeit liegt kurz vor der Blüte im Monat Juli. Dann wird das Kraut dicht über dem Boden abgeschnitten, gebündelt und getrocknet. Die abgestreiften, trockenen Blätter werden gut verschlossen aufbewahrt. In warmen Jahren können Sie im Spätsom-

mer noch einen zweiten oder dritten Schnitt erwarten.

Verwendung in der Küche Die frische Minze wird vor allem nach englischer Art zum Würzen von Soßen und Lammfleisch verwendet. Eisgekühlter Pfefferminztee ist ein herrliches Sommergetränk. Aus frischen grünen Blättern zubereitet schmeckt er unvergleichlich aromatischer als der Tee aus getrocknetem Kraut. Mischen Sie einmal Balsamkraut und wenig Eberraute unter die Minzenblätter!

Verwendung in der Hausapotheke Pfefferminztee aus frischen oder getrockneten Blättern wird mit kochendem Wasser aufgebrüht. Trinken Sie ihn ungesüßt, wenn Sie sich den Magen verdorben haben, bei Übelkeit, Leibschmerzen, Darmkrämpfen und Blähungen. Pfefferminztee sollte aber nicht aus Gewohnheit getrunken werden! Er ist ein Heilmittel und kein Allerweltsgetränk.

Pfefferminzöl bekommen Sie in Apotheken und Reformhäusern. Äußerlich wird es zum Einreiben benutzt; dann lindert es Kopf-, Muskel- und Nervenschmerzen. Innerlich eingenommen, löst es Krämpfe und hilft auch bei Erkältungen.

Historische Verwendung »Im alten Griechenland schmückten die Landleute, wenn sie Gäste hatten, den Eßtisch mit Minze … Im übrigen fand das Kraut dortselbst schon die gleiche medizinische Verwendung wie heute ... Auch sollen in den allerältesten Zeiten bei den Griechen und Römern die Brautleute Minzekränze getragen haben.« Dies erzählt ein Kräuterbuch aus dem vorigen Jahrhundert.

Tabernaemontanus kannte bereits eine Fülle verschiedener Minzenarten, zum Beispiel Spitzmüntzen, Wilde Balsam oder Roßmünzen, Katzenmüntz, Bergmüntz, Basilienmüntz, Ackermüntz und Wassermüntz. Eines seiner vielen Rezepte mit Bergminze rät: »Wer mit dem Bauchgrimmen geplaget wird / der leg diese Kräuter in wein und wasser / laß sie bey dem Feuer gar heiß werden / und lege sie darnach heiß über den Nabel / es hilfft gar wol / und erwärmet wiederum die erkaltete Därm.«

Pimpinelle

(syn. Kleiner Wiesenknopf)

Sanguisorba minor

Volkstümliche Namen Kleiner Wiesenknopf, Bibernell, Bibernelle, Wiesenbimbernell, Blutskraut, Pimpernell, Pinellkraut, Weinpimpinellwurzel, Weinpimpinell, Kölbelskraut, Herrgottsbart, Sperbenkraut, Schneiderknopf, Hosenknopf, Grummetkopf, Trommelschlegel, Kölble, Braunelle, Schlotfeger, Rotkopf, Blutströpfli

Heimat Die Pimpinelle wächst in vielen Ländern Mitteleuropas und in gemäßigten Klimazonen Asiens wild, mit Vorliebe auf trockenen Wiesen und an Wegrändern. Schon im Mittelalter war sie ein geachtetes und vielbenutztes Heilkraut.

Botanischer Steckbrief Die Pimpinelle, die auch Kleiner Wiesenknopf genannt wird, gehört zu den Rosengewächsen (*Rosaceae*). Sie hat lange, verzweigte Wurzeln, aus denen eine dichte Blattrosette herauswächst. Die Blätter sind zierlich gefiedert und am Rand gezähnt. An langen Stielen erscheinen von Mai bis Juni rundliche Blütenköpfchen mit rötlich-grünen Einzelblüten. Die ganze Pflanze wird 30–50 cm hoch.

Der Große Wiesenknopf (*Sanguisorba officinalis*) treibt aus einer Rosette mit gefiederten Blättern Stengel, die 1 m Höhe erreichen können. Die walzenförmigen Blüten sind rotbraun gefärbt. Dieses Kraut wächst mit Vorliebe auf feuchten, oft sogar moorigen Wiesen.

Frühlingsaustrieb der Pimpinelle.

Heilkräftige Wirkstoffe Die Pimpinelle enthält Gerbstoffe, Flavone und Vitamin C. Das Kraut wirkt blutstillend, antiseptisch und zusammenziehend.

Geschmack und Würze Die Blätter der Pimpinelle schmecken frisch-würzig, ein wenig nach Gurken.

Anbau im Garten Im Gewürzgarten wird meist der Kleine Wiesenknopf angebaut. Das Kraut ist nicht besonders anspruchsvoll. In trockenen, kalkhaltigen Böden gedeiht es aber besser als in schwerer, feuchter Erde. In der Sonne entwickelt es ein feineres Aroma als im Schatten. Säen Sie Pimpinelle im März oder April ins Freiland aus. Die Reihen sollten 30 cm Abstand haben. Später lassen Sie nur alle 30 cm eine Jungpflanze stehen.

Pimpinelle läßt sich wegen der langen Pfahlwurzel nicht gut verpflanzen. Schneiden Sie die meisten Blütenstände heraus, weil es im Küchengarten nur auf die Blätter ankommt. Die Pimpinelle ist ausdauernd. Aber unter ungünstigen Bedingungen ist es besser, wenn man sie alle 2 Jahre frisch aussät. Sie kümmert sonst leicht.

Ernte und Aufbewahrung Pflücken Sie laufend frische, zarte Blätter. Ältere Blätter sind hart und unbrauchbar. Für die Hausapotheke können Sie auch einen Teil des ganzen blühenden Krautes mit den Wurzeln trocknen.

Verwendung in der Küche Die Pimpinelle gehört zu den klassischen sieben Kräutern der echten »grünen Soße«. Sie paßt zu Salaten, Quark und Eiern. Verwenden Sie das Kraut in der Küche nur frisch.

Verwendung in der Hausapotheke Als Medizin wird meist der Große Wiesenknopf verwendet. Setzen Sie den Tee mit kaltem Wasser an, und erhitzen Sie ihn bis zum Kochen. Sie können ihn für Spülungen bei entzündetem Zahnfleisch benutzen oder auch als Mittel gegen Durchfall.

Blütenköpfchen des Kleinen Wiesenknopfes.

Weitere Verwendungsmöglichkeiten In China und Rußland ist die Pimpinelle als blutstillendes Kraut bekannt und viel genutzt.

Historische Verwendung Bei Tabernaemontanus wird die Pimpinelle Sperbenkraut genannt: »Die beyden Geschlecht der Sperbenkräuter / haben ein zusammenziehenden und klebrichten Geschmack / haben derowegen eine Krafft und Eigenschafft mittelmässig zu kühlen / zu trucknen und die Wunden zu hefften / und das Blut gewaltiglich zu stillen.

Es ist die kleine Welsch Pimpernell so gemein worden / daß die Köch deren in der Küchen nicht entbähren wollen / dann sie nicht allein zu den Salaten gebrauchet wird / sondern sie wird auch nützlich mit anderen Mußkräutern zu dem Gemüß und Suppen vermischet.

Dieses Kraut wird auch heutiges Tages den ganzen Sommer frisch in den Wein gelegt / darab zu trincken / dann es demselben ein anmütigen Geschmack mittheilet…«

Quendel

Thymus serpyllum

Volkstümliche Namen Feldthymian, Bergthymian, Karwendel, Kundlkraut, Kinderkraut, Rainbartkraut, Rainkinderle, Kunerle, wilder Thymian, Wurstkraut, Rainkümmel, Feldkümmel, Gundelkraut, Marienbettstroh, Hühnerklee, wilder Rosmarin, Frauenkraut, Geismajoran, Wilder Zimt, Feldbulla, Hühnerkümmel, Hühnerbolle, Hühnerpolei

Heimat Der Quendel wächst seit alten Zeiten sowohl südlich als auch nördlich der Alpen wild. Man findet ihn in allen gemäßigten Klimazonen Europas an trockenen, sonnigen Plätzen, vor allem an Berghängen oder in Heidelandschaften. Die Ägypter, Römer und Griechen der Antike kannten und benutzten verschiedene Quendelarten; die Germanen weihten die Pflanze der Göttin Freya; im Mittelalter wurde der wilde Thymian als Arzneipflanze sehr geschätzt.

Im Himalaja wächst der Quendel bis in Höhen von 4500 m. Er ist auch in Vorderindien, Nordsibirien und Grönland zu Hause. In Nordamerika zählt das Kraut zu den »Einwanderern«.

Botanischer Steckbrief Der Quendel gehört in die Familie der Lippenblütler (*Labiatae*). Er besitzt einen verzweigten, kaum verholzenden Wurzelstock und bildet kleine, buschige Halbsträucher von 10–25 cm Höhe. Die Stengel breiten sich oft über den Boden aus. Sie sind mit kleinen, eiförmigen oder länglichen Blättern besetzt, die einander gegenüberstehen. Von Juni bis August ist der Quendel von kugeligen Blütenständen übersät, die rosa oder purpurrot gefärbt sind.

Eng verwandt ist *Thymus pulegioides*. Beide Arten des wilden Thymians sind sehr formenreich.

Heilkräftige Wirkstoffe Die Pflanze enthält ätherische Öle, in denen Cymol und wenig Thymol enthalten sind, außerdem Gerbstoffe, Bitterstoffe und Flavon. Quendel wirkt krampflösend, besonders bei Menstruationsbeschwerden. Hinzu kommt eine allgemein kräftigende und nervenstärkende Wirkung.

Geschmack und Würze Während der Blütezeit hat das Kraut seine größte Würzkraft und verströmt in seiner Umgebung aromatische Düfte. Der wilde Thymian riecht und schmeckt sehr würzig. Er besitzt eine leicht bittere, kampferartige Komponente.

Anbau im Garten Siehe Gartenthymian, Seite 118. Beide Kräuter werden in gleicher Weise angebaut.

Ernte und Aufbewahrung Während des Sommers können Sie jederzeit Quendelzweige zum Würzen pflücken. Zur Blütezeit wird das Kraut geschnitten und sehr locker zum Trocknen ausgebreitet.

Verwendung in der Küche Der Quendel wird zum Würzen genau so benutzt wie der Thymian.

Verwendung in der Hausapotheke Quendel-Tee wird mit kochendem Wasser aufgebrüht. Er regt den Appetit an und löst Magen- und Darmkrämpfe. Auch als Hustentee, mit Honig gesüßt, leistet er gute Dienste.

Der Quendel bildet hübsche Blütenteppiche.

Nervenstärkend und kräftigend wirkt ein Quendelbad. Bereiten Sie dafür einen starken Tee-Extrakt, der ins Badewasser gegossen wird.

Weitere Verwendungsmöglichkeiten- Quendelkraut können Sie auch, gemischt mit der gleichen Menge Rosmarinblätter und Veilchenblüten (je 30 Gramm), in einer Flasche mit 0,5 Liter Franzbranntwein ansetzen. Nachdem diese Essenz einige Tage lang in der Sonne durchgezogen ist, wird sie abgesiebt und kann als Einreibemittel bei Rheumaschmerzen verwendet werden.

Historische Verwendung Im Mittelalter hieß es: »In Summa es wird diß Kraut / nemlich der Quendel zu allen innerlichen Schwachheiten gebrauchet...«

Ein »moderner Kräutervater«, Maurice Mességué, steht ganz auf dem Boden dieser Tradition: »Wenn heute die Grippe droht, hat man nur Antibiotika. Ich behaupte, daß man durch den regelmäßigen Gebrauch von antiseptischen Kräutern – und besonders von Thymian und Quendel – seinen Organismus vollkommen widerstandsfähig gegen alle Epidemien machen kann.«

Rosmarin

Rosmarinus officinalis

Volkstümliche Namen Meertau, Merdau, Balsamstrauch, Riechkräutlein, Weihrauchkraut, Weihrauchwurz, Fürst der aromatischen Pflanzen, Hochzeitsblümchen, Kranzenkraut, Antonskraut, Maria Reinigung, Rosemarie, Brautkraut, Kid, Marienkraut, Hochzeitsmaie

Heimat Der Rosmarin ist in allen Ländern rings um das Mittelmeer zu Hause. Er wächst dort in verschwenderischer Fülle an sonnigen Felsenhängen. In seiner Heimat wird er bis zu 2 m hoch. Das stark duftende Kraut war vielen Völkern des Altertums – Juden, Ägyptern, Griechen und Römern – besonders heilig. Es galt als Zauber- und Heilkraut. Wahrscheinlich brachten die Römer den Rosmarin über die Alpen. Karl der Große ließ ihn bereits 812 nach Christus in seinen Gärten pflanzen. Im Mittelalter stand die Pflanze in hohem Ansehen.

Botanischer Steckbrief Der Rosmarin gehört in die Familie der Lippenblütler (*Labiatae*). Er ist immergrün und bildet holzige Halbsträucher, die auch bei uns 50–150 cm hoch werden können. Die jungen, vierkantigen Triebe sind samtig behaart. Wie Nadeln wirken die schmalen, ledrigen Blätter. Sie sind an der Oberseite glatt und dunkelgrün, an der Unterseite grau-filzig. Von März bis Juni erscheinen in den Blattachseln wasserblaue bis zart-violette Blüten. Manchmal sind sie auch weiß.

Heilkräftige Wirkstoffe In den Blättern finden sich reichlich ätherische Öle, die kampferartige Stoffe enthalten, sowie Harz, Säuren, Gerb- und Bitterstoffe. Rosmarin wirkt anregend auf Kreislauf und Nerven und kräftigend bei Erschöpfungszuständen.

Geschmack und Würze Die ganze Pflanze riecht stark-würzig, ein wenig fremdartig nach Kampfer, Weihrauch und Nadelholz. Im Geschmack ist eine herb-bittere Nuance enthalten.

Anbau im Garten Der Rosmarin ist sehr wärmebedürftig und bei uns im allgemeinen nicht winterhart. Nur in Landschaften mit mildem Weinbauklima können Sie ihn draußen im Garten lassen. Er braucht – wie in seiner Heimat – sehr viel Sonne und einen durchlässigen, aber humosen Boden. Wo immer es möglich ist, sollten Sie ihn vor eine Südwand pflanzen. In schweren Böden kann der Rosmarin nur gedeihen, wenn Sie seinen Pflanzplatz durch Sand und Kieselsteine auflockern. Ein erhöhtes Beet mit Dränageschicht oder der Steingarten sind für diesen Südländer empfehlenswerte Standorte.

Sie können Rosmarin selber in einer Saatschale auf der Fensterbank oder im warmen Frühbeet aussäen. Dazu brauchen Sie aber viel Geduld, denn die feinen Samen keimen langsam. Oft dauert es einen Monat, bis das erste Grün erscheint. Die kleinen Pflänzchen werden sorgfältig pikiert und können ab Mitte Mai ins Freiland versetzt werden.

Rosmarin blüht nur an sehr hellen Standorten.

Sehr viel einfacher haben Sie es, wenn Sie sich Rosmarinpflanzen, die Sie in vielen Gärtnereien kaufen können, besorgen. Setzen Sie sie so weit auseinander, daß sie nach allen Seiten viel Luft haben. Von größeren Pflanzen können Sie später Stecklinge schneiden, die sich leicht bewurzeln.

Mit reichlich Kompost und einer organischen Düngung im Frühsommer sorgen Sie bei Ihren Rosmarinstöcken für kräftiges Wachstum. Ab August müssen die Pflanzen unbedingt trocken und mager gehalten werden, damit das Holz ausreift. An zu stark getriebenen Stöcken entsteht leicht Frostschaden.

Wo der Rosmarin im Freien überwintert, wird er mit einer luftigen Abdeckung aus Kiefernreisig geschützt. Im allgemeinen gedeiht er aber in unserem mitteleuropäischen Klima nur in Töpfen, die während des Sommers im Garten eingegraben und im Spätherbst wieder ins Haus geholt werden. Hier braucht der duftende Gewürzstrauch unbedingt einen hellen, kühlen, aber frostfreien Platz. Er wird nur wenig gegossen, gerade so viel, daß der Wurzelballen nicht austrocknet. In warmen Räumen treibt der Rosmarin kraftlose Wintertriebe, die meist von Ungeziefer befallen werden.

Je älter eine Rosmarinpflanze ist, desto weniger sollte sie umgetopft werden. Wählen Sie deshalb für erwachsene Exemplare möglichst große Töpfe, später sogar Kübel!

Ernte und Aufbewahrung Triebspitzen und einzelne Blätter können Sie während des ganzen Jahres pflücken. Passen Sie die Ernte aber immer der Größe der Pflanze an, schneiden Sie nur soviel, daß sie keinen Schaden nimmt. Rosmarin kann getrocknet werden und behält dabei sein intensives Aroma.

Verwendung in der Küche Benutzen Sie das starkwürzige Kraut in kleinen Portionen. Es paßt besonders gut zu Gerichten der italienischen Küche. Rosmarin schmeckt zu Hähnchen, Tomatensuppe, Hammel, Schweinebraten, Käse und pikanten Soßen. Er wird mitgekocht.

Verwendung in der Hausapotheke Rosmarin-Tee wird mit kochendem Wasser aufgebrüht; er wirkt anregend, kräftigt das Herz und stärkt die Nerven. Trinken Sie ihn bei niedrigem Blutdruck und Schwächezuständen.

Rosmarinwein stärkt das Herz und hilft bei geistiger Erschöpfung. Sie können ihn fertig kaufen oder selber ansetzen. Zum Einreiben benutzt man Rosmarinspiritus (Rezept Seite 156). Diese Essenz hilft bei Rheuma-, Nerven- und Kopfschmerzen.

Weitere Verwendungsmöglichkeiten Sehr belebend und kreislaufanregend wirkt ein Rosmarinbad. Fertige Badezusätze werden in Drogerien, Apotheken und Reformhäusern verkauft. Sie können aber auch einen starken Tee selbst aufbrühen (50 Gramm Rosmarin auf 1 Liter Wasser) und diesen in die Wanne gießen.

Achtung: Alle Rosmarin-Präparate – vom Tee bis zum Bad – sollten nicht am Abend benutzt werden; sie wirken so anregend, daß sie unter Umständen den Schlaf vertreiben können.

Historische Verwendung Rosmarin gehört zu den uralten, heiligen Kräutern. Griechen und Römer bekränzten ihre Götterbilder mit seinen duftenden Zweigen. Jahrhundertelang trugen die Bräute Rosmarinkränze. Shakespeares Ophelia erklärt seine tiefe Symbolik: »Und da ist Rosmarin, das ist für die Treue.«

Tabernaemontanus glaubte, daß man die Pflanzen auf junge Wacholder pfropfen und dadurch winterhart machen könne. Er meint: »Roßmarin gehöret in die Küchen / Keller und Apothecken / darumb daß alle Speiß und Tranck mit Rosmarin bereitet / lieblich und wol schmecken / auch zu vielen Gebresten dienlich ist … Man destillirt auch aus Rosmarin ein Wasser / ein Trüncklein am Morgen davon gethan / dient dem Magen und Hertzen … Aus dem Rosmarinholtz macht man nützlich Zahnstürer (Zahnstocher).«

Salbei ist ein Schmuckstück des Kräutergartens.

Salbei

Salvia officinalis

Volkstümliche Namen Gartensalbei, Königssalbei, Kreuzsalbei, Strauch, der das Heil der Welt barg, Salvei, Götterspeise, Tugendsalbei, Edelsalber, Gemeiner Salbei, Geschmackblatt, Altweiberschmecken, Salser, Salfat, Küchliblätter, Müsliblätter, Sophie, Schmale Sophie, Rauchsalbei, Griechischer Tee, Salbenblätter, Zahnblätter, Salfere, Selbinblätter, Sparleiblätter, Zafferblätter, Heilsalbei, Muskatellerkraut, Rauhe Salbe, Salgere, Sabikraut, Fischsalve, Scharlachkraut

Heimat Der Salbei ist in den Mittelmeerländern zu Hause. Vor allem in Dalmatien und Griechenland, aber auch in Spanien wächst er auf trockenen, kalkhaltigen Felsenhängen wild. Schon Dioskurides, der berühmte Arzt der griechischen Antike, benutzte Salbei als Medizin. Auch die Römer kannten ihn und brachten ihn wahrscheinlich über die Alpen in den Norden. In allen Klostergärten des Mittelalters zählte Salbei zu den besonders hochverehrten und vielfältig genutzten Kräutern.

Botanischer Steckbrief Der Salbei gehört in die Familie der Lippenblütler (*Labiatae*). Er bildet verholzende Halbsträucher, die 30–50 cm hoch werden. Sein Wurzelstock ist stark verzweigt, die Stengel sind vierkantig. Charakteristisch für die Pflanze sind vor allem die graugrünen, filzigen, etwas derben Blätter. Sie haben eine längliche Form, die manchmal an der Basis in zwei Seitenlappen ausläuft, und bleiben im Winter grün. Von Juni bis August erscheinen an langen Stielen die hübschen blauen oder violetten Blüten, die in Scheinquirlen angeordnet sind.

Heilkräftige Wirkstoffe Die Blätter enthalten ätherische Öle, die unter anderem aus Thujon, Cineol und Borneol bestehen, außerdem Harz, Gerb- und Bitterstoffe, Kampfer, Salven, Säuren und Flavone und eine östrogene Substanz. Salbei wirkt bei Halsentzündungen, Zahnfleischbluten und nächtlichen Schweißausbrüchen. Er hat allgemein kräftigende und antiseptische Eigenschaften.

Geschmack und Würze Die ganze Pflanze verströmt einen strengen, würzigen Duft. Ihr Aroma ist leicht bitter und kampferartig.

Anbau im Garten Ähnlich wie in seiner südlichen Felsenheimat möchte der Salbei auch bei uns im Garten einen sonnigen Standort mit trockenem, durchlässigem Boden haben. Geben Sie ihm viel Kompost und etwas Kalk. Fette Erde lockern Sie am besten mit Sand auf. Sie können Salbei im April ins Frühbeet säen oder ab Mai ins Freiland. Die Jungpflanzen werden auf 30–40 cm Abstand versetzt. Der im Handel erhältliche Samen enthält ein Gemisch verschiedener Salbeiformen, denn es gibt von diesem Kraut eine fast unübersehbare Menge von Varietäten (auch buntblättrige). Die Aussaat hat den Vorteil, daß Sie sich diejenigen Pflanzen aussuchen können, die Ihrem Geschmack entsprechen. Es handelt sich dabei aber immer, trotz gewisser Unterschiede, um Formen des Gartensalbeis.

Einfacher ist es, wenn Sie sich Salbeipflanzen besorgen. Sie werden in vielen Gärtnereien und auf Blumenmärkten angeboten. Von erwachsenen Sträuchern können Sie leicht Stecklinge oder Ableger ziehen. Der Salbei bildet oft von selbst Absenker an heruntergebogenen Zweigen. Da die Sträucher mit zunehmendem Alter stark verholzen, sollten Sie immer für Nachwuchs sorgen. In rauhen Gegenden braucht der Salbei etwas Winterschutz. Im Frühjahr wird er soweit zurückgeschnitten, daß er aus dem alten Holz frisch austreibt.

Etwas für Kenner und Sammler ist der prächtig blühende Muskatellersalbei.

Buntblättrige Salbeiformen bringen reizvolle Farbenspiele ins Kräuterbeet.

Ein stattlicher Verwandter des Gartensalbei ist der Muskatellersalbei (*Salvia sclarea*); er wird auch Römischer Salbei oder Stinkender Salbei genannt. In Mittelmeerländern und in Weinbergen wächst er wild. Das Kraut wird 50–100 cm hoch und hat prächtige, farbige Blütenstände über großen Blättern. Diese schmecken würzig und riechen – wie Kenner meinen – ein wenig nach Ambra. In der Küche verwendet man sie zu Omeletts, Süßspeisen und Säften.

Sie können dieses seltene Würzkraut sowie zahlreiche andere Salbeiarten und Varietäten in Spezialgärtnereien bestellen. Dort finden Sie zum Beispiel den dreifarbigen Salbei 'Tricolor', die violett-purpurfarbige Sorte 'Purpurascens', Griechischen Salbei (*S. triloba*), Aztekensalbei (*S. divinorum*) und noch viele andere.

Die im Handel angebotenen Ziersalbei-Sorten und auch der Wiesensalbei sind für den Gewürzgarten ungeeignet.

Ernte und Aufbewahrung Junge zarte Blätter können Sie den ganzen Sommer über ernten. Kurz vor der Blüte sind sie am würzigsten. Für den Wintervorrat können Sie Salbeiblätter trocknen; sie bleiben sehr aromatisch. Schneiden Sie dazu büschelweise die Triebspitzen ab, aber nur so viel, daß die Pflanzen keinen Schaden nehmen. Sie müssen vor Winterbeginn unbedingt wieder genügend neue Blätter entwickelt haben, die den Strauch vor Kälte und greller Wintersonne schützen.

Verwendung in der Küche Salbei paßt zu Fleisch, Spießchen, rustikalen Suppen, Schinken, Käse und Aal. Er wird nur in kleinen Mengen verwendet.

Verwendung in der Hausapotheke Aus frischen oder getrockneten Blättern wird mit kochendem Wasser ein Tee aufge-

brüht. Trinken Sie ihn bei Halsschmerzen, denn er wirkt zusammenziehend und antiseptisch. Wenn er etwas abgekühlt ist, können Sie auch mit Salbei-Tee gurgeln oder den Mund spülen; so hilft er gegen Entzündungen am Zahnfleisch.
Mit stark aufgebrühtem Salbei-Tee (2 bis 3 Teelöffel pro Tasse) kann man nächtliche Schweißausbrüche erfolgreich bekämpfen.
Weitere Verwendungsmöglichkeiten Wenn junge Mütter regelmäßig Salbei-Tee trinken und dabei die tägliche Portion immer etwas steigern, können sie die Milch zurückdrängen und das Abstillen beeinflussen.
Historische Verwendung »Warum soll ein Mensch sterben, der Salbei im Garten hat«, hieß es in einem Merkspruch aus der Zeit um 1300. Aber die Antwort lautete leider: »Gegen den Tod ist kein Kraut gewachsen.« Dennoch hielt sich die Hochachtung vor den Kräften des Salbei bis in unsere Zeit. Noch heute sagt man in England: »Wer ewig leben will, der esse Salbei im Mai.«
Die alten Kräuterväter schätzten das aromatische Kraut natürlich sehr: »Under allen Teutschen kreuttern ist nichts breuchlicheres dann edel Salbey / würt nit unbillich / als ein köstliche wurtz (Würze) in die Kuchen unnd Keller geordnet … Die Zän mit frischen Salbey blettern geriben / behelt sie steiff und sauber.«

Sauerampfer

Rumex rugosus

Volkstümliche Namen Gartenampfer, Säuerling, Sättling, Sauersenf, Sauerklee, Sauerblätter, Sauerampfel, Sauergras, Salatampfer, Sauerknöterich, Zauzompfer, Sauerlump, Haderlump, Sauerkraut, Kuckuckskraut, Roter Heinrich
Heimat Wilder Sauerampfer wächst überall in Mitteleuropa auf feuchten Wiesen und an Grabenrändern. Verschiedene Sauerampferarten waren bei den Ägyptern und Römern der Antike bereits Bestandteil des Speisezettels und genossen im Mittelalter hohes Ansehen. Das Kraut gedeiht auch in Nordasien und Nordamerika.
Botanischer Steckbrief Der Sauerampfer gehört zu den Knöterichgewächsen (*Polygonaceae*). Im Garten werden kultivierte Abarten des wildwachsenden Krautes angebaut. Die Pflanze hat eine senkrechte, dünne Pfahlwurzel, die sich stark verästelt. Die großen pfeilförmigen Blätter sind glatt und sattgrün. Sie stehen in dichten Büscheln 20–30 cm über der Erde. Auf hohen, rötlichen Stielen erscheinen von Mai bis Juli die weißrosa Blütenrispen. Die ganze Pflanze wird 30–80 cm hoch.
Heilkräftige Wirkstoffe Sauerampfer enthält Oxalsäure, Vitamin C, Salze und Gerbstoff. Er wirkt »blutreinigend«.
Geschmack und Würze Die Blätter schmecken säuerlich-frisch.
Anbau im Garten Der Sauerampfer stellt keine großen Ansprüche. Er bevorzugt feuchte, humose Böden und gedeiht auch gut im Schatten. Sie können ihn im Frühling oder im August aussäen. Der Reihenabstand beträgt 25 cm, zu dichte Saat wird auf 10–15 cm Lücke zwischen den Pflanzen vereinzelt. Viele Gärtnereien bieten auch vorgezogene Pflanzen an. Später können Sie Ihre Bestände durch Wurzelteilung vermehren. Halten Sie den Sauerampfer immer feucht, und brechen Sie seine Blüten rechtzeitig heraus.
Außer dem weit verbreiteten Gartenampfer (*Rumex acetosa* var. *hortensis*) lohnt es sich, noch einige abwechslungsreiche Verwandte kennenzulernen: den kräftigen Gemüseampfer (*R. patientia*), den Schildampfer (*R. scutatus*) mit seinem frischen Zitronengeschmack und den Blutampfer (*R. sanguineus*), der durch dekorative rotgeäderte Blätter auffällt.
Ernte und Aufbewahrung Zarte junge Blätter können Sie laufend ernten, ältere Blätter werden bitter. Schonen Sie das Herz der Pflanze!
Verwendung in der Küche Sauerampfer wird zu Frühlingssuppen und Salaten verwendet. Sie können ihn auch zusammen mit Spinat als Gemüse kochen.
Verwendung in der Hausapotheke Sauerampfer-Tee und andere Heilmittel aus dem säuerlichen Kraut sind heute nicht mehr gebräuchlich. Benutzen Sie es als frische, blutreinigende Frühjahrskur zusammen mit Löffelkraut, Kresse und Löwenzahn.
Historische Verwendung Tabernaemontanus kannte viele verschiedene Sauerampferarten: »Saueramppfer, Ampffer mit knodichten Wurtzeln, Runder Ampffer, Schaaffampffer, Klein Saueramppfer«. Er schreibt dazu: »Der Saueramppfer ist ein gut Kuchenkraut … zeucht ein wenig zusammen. Dienet allerdings mit Kraut / Stengel / Wurtzel und Saamen zur Artzney … Saueramppfer / Lattich und Endivien mit Eßig bereit und gegessen / benimmt das Grauen und unwillen des Magens / so von vieler hitziger Gall sein Ursprung hat.«

Junge Blattrosette des Gartenampfers.

Schafgarbe

Achillea millefolium

Volkstümliche Namen Tausendblatt, Schafsrippe, Gänsezunge, Lämmerzunge,

Mausleiterl, Grützblume, Grillenkrautgras, Teekraut, Bauchwehkraut, Blutkraut, Blutstillkraut, Kachelkraut, Kalikraut, Katzenkraut, Katzenschwanz, Margretenkraut, Herrgottrückenkraut, Frauenkraut, Gotteshand

Heimat Die Schafgarbe ist in ganz Europa zu Hause. Sie wächst auch in Sibirien und im westlichen Himalaja. In Nordamerika, Neuseeland und Australien ist sie eingewandert. Die wilde Schafgarbe gedeiht auf Wiesen, an Wegen und Feldrändern. Sie stellt keine besonderen Ansprüche, nur nasse Böden meidet sie.

Botanischer Steckbrief Die Schafgarbe gehört in die Familie der Korbblütler (*Compositae*). Aus einem flachwachsenden, kriechenden Wurzelstock treibt im Frühling zuerst eine niedrige Rosette mit krausgefiederten, schmalen Blättern. Danach wachsen kräftige, etwas behaarte Stengel hoch mit länglichen, zwei- bis dreifach fiederschnittigen Blättern. Von Juni bis in den Herbst erscheinen an den Spitzen flache Blütenstände, die aus kleinen Einzelblumen bestehen und sich zu einer Scheindolde zusammensetzen. Diese Blüten sind weiß, rosa oder rötlich gefärbt. Die ganze Staude wird 30–80 cm hoch. Im Winter frieren die Stengel ab.

Heilkräftige Wirkstoffe Die Schafgarbe enthält einen großen Reichtum verschiedenartiger Inhaltsstoffe. Zu den wichtigsten Substanzen gehören ätherische Öle mit Cineol, Pinen, Borneol, Kampfer, Thujon und blauem Azulen, das auch in Kamillen vorkommt. Außerdem finden sich Bitterstoffe (Achillein), Gerbstoffe, Harz, verschiedene Säuren, Asparagin, Cholin und ein photosensibilisierender Stoff. Schafgarbe wirkt desinfizierend, krampflösend und entzündungslindernd. Als aromatisches Bitterkraut regt sie auch den Appetit an und wirkt wohltuend auf den Magen-Darmbereich.

Geschmack und Würze Blüten und Blätter verströmen einen feinen aromatischen Geruch. Die Blätter schmecken würzig und ein wenig bitter.

Anbau im Garten Die wilde Schafgarbe ist sehr anspruchslos. Sie bereichert den Kräutergarten mit ihren hübschen, haltbaren Blüten, ihrem Geruch und ihrer vielfältigen Verwendung.

Pflanzen Sie die Stauden an einem sonnigen Platz mit 30 cm Abstand. Verbessern Sie die Erde mit Kompost. Wichtig ist, daß an dieser Stelle keine stauende Feuchtigkeit entstehen kann. Schwere, lehmige Böden sollten Sie mit Sand lockern. Eventuell muß unterhalb der Pflanzung eine Kiesschicht als Dränage eingefüllt werden.

Schafgarben-Pflanzen bringen Sie sich am besten von einem Spaziergang mit. Graben Sie aber nur wenige Exemplare aus; die Stauden können sich ja in Ihrem Kräutergarten weiter vermehren. Vorgezogene Wildpflanzen bekommen Sie auch in Kräuter-Spezialgärtnereien (Adressen finden Sie im Anhang.) Später können Sie Ihre Bestände leicht vergrößern, wenn Sie Teile der flachen Wurzelausläufer ausgraben und neu einpflanzen.

Die gelben und roten Zierformen der Schafgarbe sind für den Kräutergarten wertlos.

Ernte und Aufbewahrung Die zarten Blätter des Frühlingsaustriebs können Sie frisch pflücken und roh zubereiten. Während der Blütezeit – von Juni bis September – wird das ganze blühende Kraut (ohne Wurzeln und die unteren harten Stengel) geschnitten und zum Trocknen aufgehängt.

Verwendung in der Küche Die zarten aromatischen Frühlingsblätter können Sie kleingeschnitten in den Salat oder aufs Butterbrot streuen. Sie schmecken zu hartgekochten Eiern, Quark oder Kräutersoßen. Das grüne Kraut ist sehr gesund und kann zusammen mit anderen Wildpflanzen für eine erfrischende, blutreinigende Frühjahrskur benutzt werden.

Verwendung in der Hausapotheke Aus den getrockneten Blüten und Blättern der Schafgarbe können Sie mit kochendem Wasser einen Tee aufbrühen. Er hilft bei leichten Magen-, Darm- und Gallebeschwerden. Besonders empfehlenswert ist das Bauchwehkraut aber bei krampfartigen Menstruationsbeschwerden. Der Tee sollte dann längere Zeit getrunken werden, bis die Schmerzen abklingen.

Das vielseitige Heilkraut regt außerdem die Nieren an, heilt Entzündungen, stillt innere Blutungen, verbessert das Blut und kann zusammen mit anderen Kräutern in Husten- und Erkältungstees gemischt werden.

Achtung: Manche Menschen reagieren mit Hautausschlägen auf die Berührung mit Schafgarbe. Wer zu dieser sogenannten Wiesendermatitis neigt, sollte auf Schafgarben-Medizin vorsichtshalber verzichten.

Weitere Verwendungsmöglichkeiten In Schweden benutzte man früher Schafgarbe statt Hopfen zum Bierbrauen.

Historische Verwendung Die Heilige Hildegard schätzte die heilenden Kräfte des »Blutkrautes« bereits hoch ein: »Die Schafgarbe ist etwas warm und trocken, sie hat gesonderte und feine Kräfte für Wunden. Denn wenn ein Mensch durch

Die Blüten der Schafgarbe werden für die Hausapotheke geschnitten und getrocknet.

einen Schlag verletzt wird, wäscht man nachher die Wunde mit Wein, und es soll in Wasser mäßig gekochte Schafgarbe, nachdem das Wasser mäßig ausgepreßt wurde, so warm über jenes Tuch leicht gebunden werden, das auf der Wunde liegt. Und so nimmt sie der Wunde die Fäulnis und die Schwären, das heißt das Geschwür, und sie heilt die Wunde. Und so geschehe es oft, solange es nötig ist. Aber nachdem die Wunde begonnen hat, sich ein wenig zusammenzuziehen und zu heilen, dann soll nach Wegwerfen des Tuches und ohne (das Tuch) die Schafgarbe auf die Wunde gelegt werden, und sie wird um so gesünder und vollkommener geheilt. Wer aber im Körperinneren eine Wunde erhielt, sei es, daß er durch Spieße verwundet oder daß er innerlich zusammengeschnürt wurde, der pulverisiere diese Schafgarbe, und er trinke jenes Pulver in warmem Wein, bis er geheilt wird.«

Schlüsselblume

Primula veris

Volkstümliche Namen Frühlingsschlüsselblume, Wiesenschlüsselblume, Apothekerprimel, Kirchenschlüssel, Burgerschlüssel, Peterschlüssel, Gelbschlüssel, Himmelsschlüssel, Frauenschlüssel, Heiratsschlüssel, Allelujablume, Eieräuglein, Eierkraut, Eierkuchen, Fastenblume, Handschuhblume, Gichtblume, Kraftblume, Märzenblümli, Mundfäulkraut, Schmalzschüsseli, Hühnerblind

Heimat Die Schlüsselblumen wuchsen ursprünglich in Europa wild. Heute gehören sie bei uns zu den geschützten Pflanzen!

Die echten Wiesenschlüsselblumen gedeihen auf mageren Wiesen, auf Waldlichtungen und im Gebüsch.

Botanischer Steckbrief Die Schlüsselblumen gehören zu den Primelgewächsen (*Primulaceae*). Der flachwachsende, kurze braune Wurzelstock ist mit vielen kleinen Faserwurzeln in der Erde verankert. Die länglich-eiförmigen Blätter sind runzlig und kurz gestielt; sie sitzen dicht am Boden. An langen, zart behaarten Stielen erscheinen von März bis April süß duftende goldgelbe Blüten. Die ganze Staude wird 15–30 cm hoch. Die niedrige Blattrosette bleibt über Winter größtenteils grün.

Heilkräftige Wirkstoffe Die wichtigsten Wirkstoffe sind Saponine (Primulasäure); besonders reichlich finden sie sich in den Wurzeln, sparsamer in den Kelchblättern, in den gelben Blüten überhaupt nicht. Hinzu kommen ätherische Öle, Gerbstoffe, Flavone, Kieselsäure und Primulaverin.

Die Schlüsselblumen lösen Husten und Verschleimung, sie wirken auch wassertreibend, herzstärkend und helfen bei Schlaflosigkeit und Migräne.

Geschmack und Würze Frische Blüten riechen ein wenig süßlich und nach Honig; frische Wurzeln duften nach Anis. Die getrocknete Droge verliert den Duft.

Anbau im Garten Die Wiesenprimeln lieben trockene, kalkhaltige Erde und einen sonnigen Standort. Sorgen Sie für guten Wasserabzug, und geben Sie reifen Kompost mit etwas Algenkalk ins Pflanzloch. Die hübschen kleinen Stauden eignen sich gut für Teppichpflanzungen. Sie können sie auch als Bodendecker vor Sträuchern verwenden. Achten Sie aber darauf, daß der Standort nicht zu schattig ist.

Die Schlüsselblumen dürfen Sie auf keinen Fall irgendwo am natürlichen Standort ausgraben! Kaufen Sie sich vorgezogene Pflanzen in guten Staudengärtnereien oder in Kräuter-Spezialgärtnereien. Wenn Sie diese im Garten ansiedeln, können Sie mit dazu beitragen, eine selten gewordene Pflanzenart wieder zu vermehren. Durch Teilung gewinnen Sie später immer wieder Primelnachwuchs.

Die Waldschlüsselblume oder Hohe Schlüsselblume (*Primula elatior*) enthält fast die gleichen Inhaltsstoffe wie die Wiesenschlüsselblume. Sie können sie ebenfalls als Heilpflanze im Kräutergarten ansiedeln. Diese Primelart liebt aber, wie an ihrem natürlichen Standort, feuchten, etwas lehmigen Boden und Halbschatten.

So können Sie sich die passende Schlüsselblume aussuchen, die von ihrer Natur her am besten in Ihren Gartenverhältnissen gedeiht. Auch die Waldprimel ist geschützt!

Auf den Wiesen sind die Schlüsselblumen mit ihren duftenden Blüten selten geworden. Sie gehören deshalb zu den geschützten Pflanzen.

Die echte Aurikel (*Primula auricula*) enthält ebenfalls heilkräftige Wirkstoffe, zum Beispiel Saponine und Flavone. Sie wurde früher in der Volksheilkunde als nierenanregendes Mittel verwendet.

Die zahlreichen farbenfrohen Gartenprimeln sind dagegen für den Kräutergarten wertlos.

Manche Menschen reagieren allergisch auf die Berührung mit Primelblättern. Bei heimischen Schlüsselblumen kommt dies allerdings sehr selten vor.

Ernte und Aufbewahrung In der Natur dürfen unter keinen Umständen Schlüsselblumen gesammelt werden! Wenn Sie im Garten ernten möchten, graben Sie im Frühling vor der Blüte die Wurzeln aus. Von März bis Mai können Sie auch Blüten (mit Kelch) und Blätter sammeln. Alle Pflanzenteile werden sorgfältig getrocknet und gut verschlossen aufbewahrt. Achten Sie darauf, daß in den Blüten keine Insekten sitzen. Blätter, die auf der Blattunterseite Mehltau zeigen, dürfen nicht verwendet werden.

Verwendung in der Küche Junge Wiesenprimelblätter können Sie kleingehackt zu Wildkräuter-Salaten und Frühlingssuppen geben. Aus frischen Schlüsselblumenblüten können Sie einen wohlschmeckenden Likör herstellen.

Verwendung in der Hausapotheke Schlüsselblumen-Tee aus getrockneten Wurzeln, Blüten und Blättern wird mit kaltem Wasser angesetzt und dann bis zum Kochen erhitzt. Trinken Sie ihn bei Erkältungen, Husten und verschleimten Bronchien. Sie können Schlüsselblumen auch mit anderen Hustenkräutern, zum Beispiel Huflattich, Malven und Veilchen, mischen.

Der berühmte Schweizer Kräuterpfarrer Künzle empfahl einen Tee, der mit frisch gepflückten Schlüsselblumen aufgebrüht wird, als wohlschmeckendes Mittel gegen Kopfschmerzen und streßgeplagte Nerven.

Historische Verwendung Kneipp verordnete die hübschen Blumen gegen schlimme Schmerzen: »Wer Anlage hat zur Gliedersucht, zur Gliederkrankheit (Gicht) oder schon an diesen Gebresten leidet, trinke längere Zeit hindurch täglich eine Tasse Schlüsselblumentee. Die heftigen Schmerzen werden sich lösen und allmählich ganz verschwinden.«

Die Heilige Hildegard betrachtete die Himmelsschlüssel noch auf andere Weise: »Die Schlüsselblume ist warm und sie hat ihre ganze Grünkraft vom Scheitelstand der Sonne. Denn gewisse Kräuter werden vornehmlich von der Sonne, andere aber vom Mond, einige aber von Sonne und Mond gleichzeitig gestärkt. Aber dieses Kraut empfängt hauptsächlich von der Sonne seine Kräfte. Daher unterdrückt es die Melancholie im Menschen.«

Ähnlichkeit mit dem Rat von Pfarrer Kneipp hat das folgende Rezept der heilkundigen Äbtissin: »Wer aber durch seinen ganzen Körper von der Lähmung geplagt wird, der lege dieses Kraut in seinen Becher, damit er davon den Geschmack annehme, und er trinke häufig, und er wird geheilt werden.«

Schnittlauch

Allium schoenoprasum

Volkstümliche Namen Prieslauch, Pankokenkraut (Pfannkuchenkraut), Schnittling, Graslauch, Binsenlauch, Brislauch, Beestlauch, Schnittzwiebel, Spaltlauch

Heimat Schnittlauch wächst – in verschiedenen Formen – in den kühlen Zonen Europas wild und bevorzugt an seinen natürlichen Standorten auf feuchtem Boden. Er wurde schon im Altertum gebraucht. Auch in den Pflanzenlisten Karls des Großen wird er empfohlen. Heute gedeiht der Schnittlauch außer in Europa auch in Mittelasien und Nordamerika.

Botanischer Steckbrief Der Schnittlauch gehört in die Familie der Liliengewächse (*Liliaceae*). Er ist mit Zwiebeln und Knoblauch verwandt.

Aus seinen dichtbewurzelten Ballen wachsen unzählige grüne, röhrenförmige Blätter. Von Juni bis August steht der Schnittlauch in Blüte. Seine rötlich-lilafarbenen Blumen bilden dichte, kugelige Scheindolden. Die schwarzen, dreieckigen Samen reifen leicht aus. Die blühende Staude erreicht etwa 30 cm Höhe. Wenn es friert, sterben alle Halme ab.

Heilkräftige Wirkstoffe Die grünen Röhren enthalten ätherische Öle, Vitamin C sowie verschiedene Mineralstoffe. Schnittlauch wirkt appetitanregend, er senkt den Blutdruck und hilft bei Blutarmut.

Geschmack und Würze Schnittlauch-Röhrchen schmecken würzig nach fri-

Schnittlauch und Winterheckezwiebel.

schen Zwiebeln und haben eine leichte Schärfe.

Anbau im Garten Schnittlauch gedeiht am besten in kalkhaltigen Böden, die nährstoffreich und feucht sind. Sonne und Halbschatten verträgt er gleichermaßen. Magere Böden müssen mit Humus und Nährstoffen angereichert werden. Sandige Erde verbessern Sie mit viel Kompost und Tonmehl.

Sie können Schnittlauch ohne Schwierigkeiten im April oder im August ins Freiland aussäen. Im Handel ist Saatgut fein- und grobröhriger Sorten erhältlich. Beim Auseinanderpflanzen greifen Sie sich immer ein kleines Büschel junger Schnittlauchpflanzen und versetzen sie in Abständen von 20 × 20 cm. Geben Sie außer Kompost auch etwas Algenkalk ins Pflanzloch. Setzen Sie die kleinen Stauden nicht tiefer, als sie auch vorher gestanden haben, und halten Sie das Beet gut feucht. Im Frühsommer verträgt der Schnittlauch einen kleinen Guß Brennesseljauche. Vorgezogene Schnittlauchpflanzen werden in fast jeder Gärtnerei im Frühling zum Kauf angeboten. Eigene Bestände können Sie leicht durch Teilung der Wurzelballen vermehren. Pflanzen Sie Schnittlauch als blühende Beeteinfassung!

Ernte und Aufbewahrung Vom Frühjahr bis zum Herbst können Sie laufend frische Schnittlauchröhren schneiden. Wechseln Sie dabei von einer Pflanze zur anderen, damit einzelne Stöcke nicht zu sehr geschwächt werden. Am würzigsten und saftigsten sind allerdings die Blätter des ersten Frühlingsaustriebes. Zum Konservieren eignet sich Schnittlauch nicht, er wird dadurch unansehnlich und fade. Wie Sie Schnittlauch über Winter eintopfen und auf der Fensterbank antreiben können, erfahren Sie auf Seite 34.

Verwendung in der Küche Geben Sie das Würzkraut frisch geschnitten zu Rührei, Omelett, Quark, Salaten, Soßen, Suppen, Kartoffelsalat und Wurstsalat. Schnittlauch soll möglichst nicht erhitzt werden, er verliert sonst einen großen Teil seiner Vitamine.

Verwendung in der Hausapotheke Das Kraut aus der Zwiebelverwandtschaft entfaltet seine gesunden Eigenschaften, wenn Sie es frisch essen. Dann versorgt der Schnittlauch Sie mit dem wichtigen Vitamin C und trägt dazu bei, die Verdauung zu regulieren und den Appetit anzuregen.

Historische Verwendung Kaiser Nero aß Schnittlauch mit Öl, um eine geschmeidige, wohltönende Stimme zu bekommen. Diese Geschichte hat sich lange gehalten. Noch Tabernaemontanus berichtet davon. Im übrigen geht er vorsichtig mit den nach Zwiebeln schmeckenden Röhrchen um. Er meint, daß sie »bläst«, Blähungen hervorrufen und dem Magen schaden.

Bei Lonicerus heißt das Kraut Prießlauch oder Schnittlauch. »Der Prießlauch ist auch fast klein / stehen etwa zweyhundert an einem Stock / bringen an den Gipffeln purpurbraune knöpffechte Blumen. Wird in den Gärten gesäet.«

Spitzwegerich

Plantago lanceolata

Volkstümliche Namen Heilwegerich, Wundwegerichblätter, Ackerkraut, Rippenkraut, Siebenrippe, Roßrippe, Lämmerzunge, Schafzunge, Schlangenzunge, Spitzfederich, Wegetritt, Heufresser, Katzenstühlchen

Heimat Der Spitzwegerich ist in ganz Europa, in weiten Teilen Asiens und in Nordafrika zu Hause. In Amerika ist er eingewandert. Das Kraut wächst wild auf Wiesen, an Wegrändern, an Gräben und auf Schutthalden; es bevorzugt trockene Erde und sonnige Standorte.

Botanischer Steckbrief Der Spitzwegerich gehört zur Familie der Wegerichgewächse (*Plantaginaceae*). Er besitzt einen kurzen Wurzelstock mit zahlreichen feinen Faserwurzeln. Dicht am Boden entfalten sich die schmalen, lanzettförmigen Blätter. Sie sind mit deutlich sichtbaren Adern gezeichnet und bilden eine lockere Rosette. Auf hohen Stielen erscheinen von Mai bis September walzenförmige Blütenähren. Ihre unscheinbare bräunliche Farbe wird durch weit herausragende elfenbeinweiße Staubgefäße belebt. Sie wirken wie ein zarter Schleier, der der sonst so schmucklosen, rustikalen Pflanze für kurze Zeit ein anmutiges Aussehen verleiht. Mit den Blüten erreicht der Spitzwegerich 10–40 cm Höhe.

Der Breitblättrige oder Große Wegerich (*Plantago major*) besitzt breite, eiförmige Blätter und einen längeren Blütenstand. Er ist weit verbreitet, findet sich aber an feuchten Stellen.

Heilkräftige Wirkstoffe Die wichtigsten Heilsubstanzen sind Schleimstoffe; hinzu kommen Bitterstoffe, Kieselsäure und das Glykosid Aucubin. Spitzwegerich wirkt schleimlösend, antibiotisch und wundheilend. Der Breitwegerich besitzt als Heilpflanze ähnliche Eigenschaften.

Geschmack und Würze Die Spitzwegerich-Pflanzen sind fast geruchlos. Die Blätter schmecken etwas bitter.

Anbau im Garten Dieses noch weitverbreitete heilkräftige Wildkraut brauchen Sie weder zu säen noch zu kaufen. Graben Sie sich einige Pflanzen aus, wenn Sie den Spitzblättrigen oder den Breitblättrigen Wegerich im Kräutergarten stets griffbereit haben möchten. Wählen Sie die beiden Arten nach den gegebenen Bodenverhältnissen aus: In trockener Erde an einer sonnigen Stelle wächst der Spitzwegerich gut, in feuchten Boden pflanzen Sie besser Breitwegerich. Setzen Sie stets mehrere Pflanzen in einer Gruppe zusammen. Ein Abstand von 10–20 cm genügt. Sie können das Kraut auch in einer Wildblumenwiese ansiedeln, falls es dort nicht von selbst erscheint. Besondere Pflegemaßnahmen sind nicht nötig.

Ernte und Aufbewahrung Im Frühling können Sie den ersten Blattaustrieb für die Küche pflücken; zum Trocknen sammeln Sie die Blätter von Mai bis zum Spätsommer. Die Pflanzen dürfen noch keine Samen angesetzt haben. Breiten Sie die Blätter locker zum Trocknen aus, und bewahren Sie sie gut verschlossen auf. Breitwegerich wird auf die gleiche Weise gesammelt.

Verwendung in der Küche Spitzwegerich oder Breitwegerich können Sie kleingehackt unter Salat oder in Frühlingssuppen streuen, die Blätter müssen aber von allen harten Pflanzenstellen befreit werden.

Verwendung in der Hausapotheke Spitzwegerich-Tee wird mit kaltem Wasser zubereitet. Mit Honig gesüßt ist er ein ausgezeichnetes Hustenmittel, das den Schleim löst. Sie können das Kraut mit anderen Hustenkräutern, wie zum Beispiel Huflattich und Schafgarbe, mischen. Spitzwegerich-Saft gilt als blutreinigendes Mittel für eine Frühjahrskur. Früher wurde das zerquetschte Kraut als Wundumschlag benutzt. Der Breitblättrige Wegerich kann in der Hausapotheke wie der Spitzblättrige benutzt werden.

Weitere Verwendungsmöglichkeiten Wenn Sie Spitzwegerich im Garten haben, brauchen Sie sich vor Insektenstichen nicht zu fürchten. Legen Sie so schnell wie möglich zerdrückte Blätter auf die anschwellenden Stellen. Wer Spitzwegerich-Essenz einnimmt oder längere Zeit den Tee trinkt, soll einen Widerwillen gegen Tabak entwickeln und sich das Rauchen abgewöhnen.

Historische Verwendung Pfarrer Kneipp empfahl das Kraut zur Wundbehandlung: »… schnell wird die Wunde ausgewaschen, einige Spitzwegerich-Blätter etwas geknetet und der Saft in die Wunde gepreßt. Die Wunde wird dann gut zugepreßt, Spitzwegerich-Blätter aufgelegt, und so heilt sie rasch zusammen. Mit Goldfäden näht der Spitzwegerich-Saft den klaffenden Riß zu und wie am Gold sich nie Rost ansetzt, so flieht den Wegerich jede Fäulnis und faules Fleisch.«

Der Heiligen Hildegard war die wassertreibende Kraft des Spitzwegerich, die wir heute durch den Kieselsäuregehalt erklären können, bereits ebenso bekannt wie die Heilwirkung bei Insektenstichen: »Nimm daher Wegerich und drücke seinen Saft aus, und nachdem er durch ein Tuch geseiht ist, mische ihn mit Wein oder Honig und gib ihn jenem zu trinken, der von der Gicht geplagt wird und die Gicht wird weichen.«

»Und wenn eine Spinne oder ein anderer Wurm einen Menschen berührt oder sticht, dann soll er sofort mit Wegerich-Saft die Stichstelle salben, und es wird ihm besser gehen …«

Staudenmajoran

siehe Origano

Die Blüten verleihen dem Spitzwegerich Anmut.

Der Breitwegerich ist leicht zu unterscheiden.

Thymian

Thymus vulgaris

Volkstümliche Namen Echter oder Gartenthymian, Römischer Quendel, Welscher Quendel, Demut, Jungfern-Demut, Feldkümmel, Immenkraut, Küchenwürze, Kuttelkraut, Zimis, Kunerle, Wurstkraut, Küchenpolich

Heimat Der Thymian stammt ursprünglich aus den südwesteuropäischen Mittelmeerländern, wo er auf den Felsenheiden wächst. In Europa, nördlich der Alpen, und in Nordamerika wird der Thymian nur in Kulturen angebaut. Er gedeiht bei uns nicht wild.

Die Ägypter, Griechen und Römer der Antike benutzten ihn bereits auf vielfältigste Weise. Nachdem die Benediktiner den Thymian über die Alpen gebracht hatten, gedieh er auch bald in den mittelalterlichen Klostergärten. In der Heilkunde und in der Küche hat das würzige Kraut eine vieltausendjährige, ununterbrochene Tradition.

Botanischer Steckbrief Der Gartenthymian gehört in die Familie der Lippenblütler (*Labiatae*), in der auch die stark duftenden Kräuter Rosmarin, Lavendel, Minze, Salbei, Majoran und Bohnenkraut zu Hause sind. Er bildet 10–40 cm hohe Halbsträucher, die im Inneren stark verholzen. Die Pflanze besitzt eine kräftige, ebenfalls verholzende Pfahlwurzel. Die Zweige sind stark verästelt. Schmale, feste Blättchen, die auch im Winter grün bleiben, stehen sich regelmäßig gegenüber. Sie sind auf der Unterseite behaart und am Rand etwas eingerollt. Von Mai bis in den Herbst hinein erscheinen duftende rosa oder malvenfarbige Blüten, die in Scheinquirlen angeordnet sind.

Heilkräftige Wirkstoffe Thymian entwickelt reichlich ätherische Öle, die sich aus Thymol (Thymian-Kampfer), Carvacrol, Cymol, Pinen, Linalool und Borneol zusammensetzen. Außerdem sind Harz, Gerb- und Bitterstoffe vorhanden. Thymian wirkt desinfizierend. Er lindert Husten und Magenkrämpfe.

Geschmack und Würze Die ganze Pflanze riecht und schmeckt stark würzig; sie enthält ein wenig beißende Schärfe.

Anbau im Garten Vor allem braucht der Thymian einen trockenen, sonnigen Platz. Auf feuchten oder gar nassen Böden gedeiht er schlecht und verliert sehr an Würzkraft. Pflanzen Sie ihn entweder direkt in den Steingarten, oder bauen Sie im Kräutergarten einen kleinen, steinigen Hügel für ihn. Düngen Sie den Thymian nicht! Geben Sie ihm höchstens ein wenig Kompost. Er gehört zu den Pflanzen, denen spartanische Lebensverhältnisse am besten bekommen.

Sie können Thymian in Schalen auf der Fensterbank oder ab April auf ein gut vorbereitetes Beet aussäen. Die Samen werden nur dünn mit Erde bedeckt, da der Thymian ein Lichtkeimer ist. Die kleinen Pflänzchen werden auf einen Abstand von 20 × 20 cm versetzt. Später können Sie Ihre Bestände durch Stecklinge vermehren und verjüngen. Einfacher als die Aussaat ist der Kauf von Jungpflanzen.

Zwei Sorten des Gartenthymians sind weitverbreitet: der Französische oder Sommerthymian bleibt niedrig im Wuchs und hat fast silbergraue Blätter. Er wächst rasch und bringt reiche Ernten. Aber er ist frostempfindlich und in unserem Klima nicht ganz winterhart. Der Deutsche oder Winterthymian wächst langsamer, ist dafür aber viel widerstandsfähiger und ausdauernder.

Ein wohlriechender Verwandter des Gartenthymians ist der Zitronenthymian (*Thymus × citriodorus*) – er wächst niedriger und duftet intensiv würzig nach Zitrone. Spezialgärtnereien bieten außerdem noch zahlreiche Aroma-Varianten an wie zu Beispiel Kümmel-, Kampfer- oder Origano-Thymian. (Adressen finden Sie im Anhang.)

Thymian ist wintergrün und behält ganzjährig seine Blätter. Wenn Sie nicht allzu viel von diesem Kraut brauchen und es deshalb während der sommerlichen Erntezeit nicht stark zurückschneiden, müssen Sie diesen Schnitt im Frühjahr nachholen. Dann treiben die Pflanzen frisch aus und verholzen nicht zu früh.

Ernte und Aufbewahrung Kurz vor der Blüte ist das Kraut besonders würzig. Ernten Sie es in der Mittagszeit, dann ist der Gehalt an ätherischem Öl am höchsten. Einzelne Zweige können Sie jederzeit pflücken. Thymian eignet sich sehr

Thymian bildet dichte Blütenpolster.

gut zum Trocknen und behält dabei seine intensive Würze. Wenn die Zweige ganz dürr sind, streifen Sie die kleinen Blättchen von den Stengeln und bewahren sie gut verschlossen auf. Sie dienen als Gewürz und Tee.
Man kann Thymian auch in Essig oder Öl einlegen.

Verwendung in der Küche Thymian wird in kleinen Portionen zu Fleisch, Soßen, Eintöpfen, Kartoffelgerichten und Wild benutzt. Er wird mitgekocht. Das würzige Kraut macht schwere und fette Speisen leichter verdaulich.

Verwendung in der Hausapotheke Thymian-Tee wird mit kochendem Wasser aufgebrüht. Wenn Sie ihn mit Honig süßen, ist er ein ausgezeichnetes krampflösendes Hustenmittel. Sie können das Kraut auch mit anderen Hustenpflanzen, wie zum Beispiel Huflattich und Spitzwegerich, mischen. Ungesüßter Thymian-Tee lindert Krämpfe im Magen-Darmbereich.
Bei Erkältungen, Bronchitis und Asthma wirkt ein Thymian-Bad sehr wohltuend. Dafür können Sie fertige Präparate im Handel kaufen. Aus 100 Gramm Thymian und 1 Liter kochendem Wasser ist aber auch rasch ein selbstgebrauter Kräuterextrakt hergestellt, der durch ein Sieb ins Badewasser gegossen wird.

Weitere Verwendungsmöglichkeiten Thymian ist Bestandteil duftender Kräuterkissen. (Siehe Kapitel »Entspannter Schlaf auf Kräuterkissen«, Seite 159.)

Historische Verwendung Die alten Ägypter brauchten Thymian zum Einbalsamieren. Die Griechen schätzten ihn als Bienenpflanze und verwendeten das aromatische Kraut in ihren Küchen. Sie würzten mit Thymian Käse und Getränke. Im Mittelalter waren blühende Thymianzweige ein beliebtes Motiv, das edle Damen auf die Schärpen ihrer Ritter stickten. Thymian durfte auch in den geweihten Kräuterbüscheln nicht fehlen, die auf dem Lande zu Mariä Himmelfahrt gebunden wurden. Sie schützten Haus und Stall vor Unheil. Unglück wollten auch die Bräute abwenden, die sich einen Zweig des Krautes in den Schuh legten und dazu murmelten: »Ick tret', ick tret' up Thymian, kieck du mir keene andere an!«
Tabernaemontanus empfiehlt, Thymian mit Wein anzusetzen: »Dieser Wein hat ein treffliche Art / alle innerliche Glieder zu wärmen und zu stärcken / die Verstopffung zu eröffnen / und auch die lebende Geister zu erquicken. Ist gut den ohnmächtigen / schwachen / traurigen / und bekümmerten Personen / hilfft den gar wol / so mit dem Schwindel des Haubts beladen sind / welche ein stätig Haubtwehe haben / so mit dem Schlag berühret sind / und sehr zittern: zertheilet den groben Schleim in der Brust / und machet denselben außwerffen / vertreibt das Magenwehe / das Darmgicht / und treibt den Schleim aus / ist gar nützlich denjenigen / so einen kalten Magen haben / und die Speiß nicht verdeuen können …«

Tripmadam liebt karge Standorte; sie gedeiht gut auf Steinmäuerchen.

Tripmadam

Sedum reflexum (S. rupestre)

Volkstümliche Namen Mauerpfeffer, Fetthenne, Salat-Fetthenne, Steinkraut, Felsenpfeffer

Heimat Das Kraut ist in Mitteleuropa zu Hause, wo es auf sandigen Böden wild wächst. Die Tripmadam kommt auch in Norwegen, Finnland, der Ukraine und auf dem Berg Athos vor. Sie ist in französischen Gärten und Küchen besonders beliebt.

Botanischer Steckbrief Tripmadam gehört in die Familie der Dickblattgewächse (*Crassulaceae*). Sie ist mit Hauswurz und Mauerpfeffer verwandt. Die Pflanzen haben dünne, verzweigte Wurzeln und Sprossen, die dicht am Boden liegen. Die Blättchen sind spitz und fleischig, von grüner oder bläulich-grüner Farbe. Die gelben Blüten erscheinen auf 30 cm hohen Stielen von Juni bis August.

Heilkräftige Wirkstoffe Die Pflanzen enthalten Gerbstoff und Schleim.

Geschmack und Würze Tripmadam schmeckt frisch-säuerlich.

Anbau im Garten Das Dickblattgewächs gedeiht am besten in mageren, durchlässigen Böden, an Plätzen, die in der vollen Sonne liegen. Schwere, lehmige Erde muß mit Sand gelockert werden. Nässe verträgt das Kraut nicht. Steingarten und Wegränder sind günstige Standorte. Die Aussaat lohnt sich bei der Tripmadam nicht. Besorgen Sie sich einige Pflanzen beim Gärtner oder aus Kräuter-Spezialgärtnereien. (Adressen finden Sie im Anhang.) Später können Sie das Kraut sehr leicht vermehren, denn jedes Pflanzenteilstück schlägt Wurzeln, wenn Sie es einfach in die Erde drücken. Da die Tripmadam mit ihren Ausläufern bald den Boden bedeckt, können Sie sie auch an geeigneten Stellen als Teppichstaude verwenden.

Ernte und Aufbewahrung Triebspitzen können Sie das ganze Jahr hindurch ernten. Sie bleiben auch im Winter grün. Deshalb lohnt sich eine Konservierung nicht. Empfehlenswert ist nur das Einlegen des Krautes in Essig. Dabei wird die Tripmadam mit anderen Würzkräutern gemischt.

Verwendung in der Küche Die fleischigen Blätter werden stets frisch verwendet. Kleingehackt gibt man sie zu Salaten, Soßen und Rohkostplatten. Nur blühende Pflanzen eignen sich nicht zum Verbrauch. Ähnlich wie Petersiliensträußchen können Sie die Triebe der Tripmadam auch als eßbare Dekoration verwenden.

Verwendung in der Hausapotheke Das Dickblattgewächs wird nur als gesundes Gewürz verwendet. Heilkräftig ist ein anderes Familienmitglied: der Mauerpfeffer (*Sedum acre*).

Historische Verwendung Französische Feinschmecker waren die ersten, die das Kraut in ihre Küchengärten holten. Sie gaben ihm auch den lustigen Namen Tripmadam, der »dicke Madam« bedeutet. Im Vergleich zum Familiennamen »Fetthenne« ist dies geradezu ein Kompliment.

Ein liebenswerter Vagabund: das Veilchen.

Veilchen

Viola odorata

Volkstümliche Namen Veigerl, Viole, Märzveilchen, Osterchen, Osterveigerl, Heckenveigerl, Oeschen, Marienstengel, Schwalbenblume, Märzwohlgeruchblume

Heimat Die wohlriechenden Veilchen sind ursprünglich in den Ländern rings um das Mittelmeer bis zum Kaukasus zu Hause. Sie haben sich aber schon lange in Westeuropa ausgebreitet. Wilde Veilchen findet man unter Hecken, an Zäunen und an sonnigen Waldrändern.

Botanischer Steckbrief Das Veilchen gehört zu den Veilchengewächsen (*Violaceae*). Die kleinen Stauden haben einen weit ausgebreiteten Wurzelstock mit zahlreichen Ausläufern. An langen Stielen bilden sich herz- oder nierenförmige Blätter, die sich zu einem dichten »Nest« zusammenfügen. An dünnen Stengeln erscheinen von März bis April die duftenden tiefvioletten Blüten. Selten gibt es auch weiße oder rosa Veilchen. Oft erscheint im Spätsommer oder Herbst eine duftende Nachblüte. Die Samen der Pflanzen werden von Ameisen verschleppt und weit verbreitet.

Heilkräftige Wirkstoffe Die wichtigsten Heilstoffe sind Saponine; hinzu kommen geringe Mengen ätherische Öle, Veilchenblütenöl, Salycilsäure, blauer Farbstoff, Schleim und Zucker. Die meisten heilkräftigen Wirkstoffe enthalten die Wurzeln. Veilchen sind vor allem ein gutes Hustenmittel. Sie wirken auch leicht entkrampfend bei nervösen Beschwerden.

Geschmack und Würze Den süßen Wohlgeruch der Veilchen kennt jeder. Beim Trocknen verliert er sich leider fast ganz. Die Pflanzen schmecken grasartig und etwas scharf.

Anbau im Garten Veilchen lieben halbschattige Plätze und humusreiche, feuchte Erde. Sie können sie als Bodendecker unter Sträuchern pflanzen. Voraussetzung ist allerdings, daß noch genügend Licht durchdringt. Der Wurzeldruck der Nachbargehölze darf nicht zu stark sein.

Im Kräutergarten sollten Sie eine Stelle aussuchen, wo etwas größere Pflanzen lichten Schatten spenden. Verbessern Sie die Erde mit reichlich Kompost, am besten Laubkompost, und ein wenig organischem Dünger. Setzen Sie mehrere Pflanzen mit 20 cm Abstand, und gießen Sie gründlich an. Die Veilchen werden schon bald zu einem dichten Duftteppich zusammenwachsen.

Pflanzen bekommen Sie in gutsortierten Gärtnereien. Achten Sie aber darauf, daß es sich um das echte Duftveilchen handelt. Großblumige Züchtungen sind für den Kräutergarten wertlos.

Sie können Veilchen auch aussäen. Die Samen brauchen Kälte, um zu keimen. Deshalb werden sie sehr früh im Frühling oder Herbst auf einem Saatbeet breitwürfig ausgestreut. Bedecken Sie die Körner nur dünn mit Erde, und halten Sie die Aussaat gleichmäßig feucht, bis die jungen Pflänzchen wachsen.

Ernte und Aufbewahrung Blätter und Blüten werden im Frühling (März bis April) gepflückt und vorsichtig getrocknet. Im Herbst (Oktober) gräbt man die Wurzeln aus, die ebenfalls nach Vorschrift gedörrt werden. (Siehe Anleitung Seite 153.)

Verwendung in der Küche Veilchenblüten können Sie über den Frühlingssalat streuen. In Großmutters Küche zauberte man aus den duftenden Blumen Konfekt und Sirup.

Verwendung in der Hausapotheke Tee aus Veilchenblüten und -blättern wird mit kochendem Wasser aufgebrüht. Die Wurzeln müssen Sie mit kaltem Wasser ansetzen und über Nacht (etwa 8 Stunden) durchziehen lassen. Dann wird das Getränk abgesiebt. Eine Mischung aus allen Pflanzenteilen übergießen Sie mit kaltem Wasser und kochen sie dann auf. Die Wurzeln sind der wirkungsvollste Teil der Pflanze. Veilchen-Tee wird mit Honig gesüßt. Trinken Sie ihn, wenn Sie unter Husten oder Bronchitis leiden. Sie können Veilchen auch mit anderen Hustenkräutern, zum Beispiel Schlüsselblumen, Malven und Huflattich, mischen.

Historische Verwendung Bei Lonicerus finden sich zahlreiche Veilchenrezepte, die schon eine lange Tradition haben: »Violen benemmen das hitzige Hauptweh / bringen Ruhe und Schlaff / sänfftigen die Brust / benemmen das Blat in der Keelen / unn die Halßgeschwulst / sonderlich der Violsyrup.«

»Violen gerochen / oder das Kraut auf dem Haupt getragen / vertreibe die Trunckenheit. Violen in Wasser gesotten / und getruncken / dienen für das schwerende Zahnfleisch.«

»Violenkraut und Wurzel mit Wasser gestossen / und das getruncken / ist den Kindern so husten / und röcheln / sehr bequem.«

»Einen Syrup von Violblumen zu machen: Lass drey Handvoll Violblumen in Wasser sieden / durchschlagen / mit Zucker süß machen / ist fast gut wider die Hitz deß Fiebers / bringt auch Stuhlgäng / und wird wider die Hitz der Leber / sehr gerühmt.« – »Diese Blum / ist nach der Rosen / die allergebräuchlichste unter allen Blumen / in der Artzney und Apotecken.«

Waldmeister

Galium odoratum
(Asperula odorata)

Volkstümliche Namen Echter Waldmeister, Maikraut, Herzfreund, Leberkraut, Herzensfreude, Sternleberkraut, Waldmännchen, Maiblume, Maitrank, Maitee, Mäschtee, Maßlenkraut, Meserichkraut, Mösch, Möserich, Tabakskraut, Waldhahnel

Heimat Der Waldmeister wächst in Nord- und Mitteleuropa im lichten Schatten von Buchenwäldern, gelegentlich auch in Nadelwäldern. Das Kraut ist auch in Südeuropa, Nordafrika und Sibirien zu finden. Es war bereits im Mittelalter als Küchen- und Heilkraut im Gebrauch.

Botanischer Steckbrief Der Waldmeister gehört in die Familie der Rötegewächse (*Rubiaceae*). Er hat sehr feine, verzweigte Wurzeln, die flachkriechende Ausläufer bilden. Daraus wachsen senkrecht vierkantige Stengel hoch. Die schmalen Blätter stehen in sternförmigen Quirlen etagenartig übereinander. Im Mai erscheinen an den Spitzen weiße, duftende Blüten. Waldmeister wächst 10–30 cm hoch. Das Laub stirbt über Winter ab.

Heilkräftige Wirkstoffe Der Duft entsteht, wenn beim Vertrocknen des Krautes Cumaringlykosid zerfällt und dabei Cumarin bildet. Die Pflanze enthält außerdem Säuren, Gerb- und Bitterstoffe. Waldmeister wirkt leicht schmerzstillend und beruhigend, aber auch nervenstärkend und stoffwechselanregend.

Geschmack und Würze Die ganze Pflanze verströmt einen angenehmen, aromatischen Wohlgeruch, der sich im Verwelken noch verstärkt. Der Geschmack des Krautes ähnelt diesem Duft.

Anbau im Garten Der Waldmeister braucht im Garten ähnliche Bodenverhältnisse wie im Wald: humose, lockere, feuchte Erde und einen schattigen Standort. Verbessern Sie den Boden mit viel Kompost und Laubmulch. Die Aussaat des Waldmeisters ist sehr kompliziert und lohnt nicht. Besorgen Sie sich einige Pflanzen beim Gärtner, in gutsortierten Staudengärtnereien oder in Kräuter-Spezialgärtnereien. (Bezugsquellen finden Sie im Anhang.) Das Kraut vermehrt sich unter guten Bedingungen schnell von selbst und bildet dichte, grüne Rasen. Als Bodendecker unter Bäumen und Sträuchern ist es besser untergebracht als im Kräutergarten. Wo das Waldkraut einmal Fuß gefaßt hat, da vermehrt es sich durch seine

Der Waldmeister ist ein guter Bodendecker.

Ausläufer rasch und ist kaum wieder auszurotten.

Ernte und Aufbewahrung Vom zweiten Jahr an können Sie das Waldmeisterkraut während der Blüte abschneiden. Lassen Sie es etwas anwelken, bevor Sie es zur Maibowle oder zu Fruchtsäften verwenden – es entfaltet dann ein intensives Aroma. Sie können Waldmeister auch zu lockeren Sträußen binden und zum Trocknen aufhängen.

Verwendung in der Küche Die bekannte Waldmeisterbowle ist – mäßig getrunken – ein anregendes Frühlingsgetränk. Größere Mengen oder zu reichlich verwendetes Waldmeisterkraut können Kopfschmerzen verursachen.

Verwendung in der Hausapotheke Aus dem getrockneten Kraut können Sie mit kochendem Wasser einen Tee aufbrühen. Er regt Leber und Nieren an, be-

ruhigt das nervöse Herz und hilft durch seine krampflösenden Eigenschaften bei Migräne und Kopfschmerzen. Vor allem ältere Menschen können Waldmeister-Tee, mit Honig gesüßt, als Schlafmittel benutzen.
Das Kraut darf nie in größeren Mengen eingenommen werden; dann wirkt das Cumarin leicht lähmend auf das Nervensystem und verursacht Übelkeit. In geringer Dosierung entfaltet das getrocknete Kraut beruhigende Eigenschaften; die frischen Blätter wirken dagegen – zum Beispiel im Wein – leicht anregend.
Weitere Verwendungsmöglichkeiten In Böhmen und Mähren legte man früher das frische, zerquetschte Kraut auf die Stirn, um Kopfschmerzen zu vertreiben.
Historische Verwendung Im Jahre 854 nach Christus erwähnte ein Benediktinermönch zum ersten Mal die Sitte, »Maiwein« anzusetzen. Er war der Ahnherr der »Maibowle«.

Im Kräuterbuch des Hieronymus Bock erfahren wir Näheres über die Verwendung von Waldmeister zu solchen erfrischenden Getränken. Das Kraut hatte damals bereits denselben Namen wie heute. Man nannte es aber auch Herzfreund und Leberkraut. Der Kräutervater schrieb darüber: »... die unsere brauchen diß Kraut aller meist in Meyen / inn Wein gelegt / und darüber getruncken / soll das hertz erfrewen (erfreuen) / und der versehrten Leber wider aufhelffen.« Lonicerus ergänzt: »Leberkraut in Wein geleget / darab getruncken / benimmt die Geelsucht. Leberkraut trücknet / reiniget und kühlet / eröffnet derhalben die verstopffte Leber und Miltz / ...«

Weinraute

Ruta graveolens

Volkstümliche Namen Raute, Gartenraute, Kreuzraute, Weinkraut, Totenkraut, Hofraute, Edelraute, Krätzraute, Pfingstwurzel, Mauerraute, Augenraute
Heimat Nach Madaus (»Lehrbuch der biologischen Heilmittel«) ist die Weinraute im Mittelmeergebiet heimisch; im »Zander« (»Handwörterbuch der Pflanzennamen«) heißt es dagegen: »Wild nicht bekannt.« Fest steht, daß die Pflanzen gelegentlich in Weinbergen wild wachsen. Steinige, trockene Plätze sind ihre natürlichen Standorte. Im allgemeinen wird das Kraut nördlich der Alpen nur in Gärten angepflanzt. Die Weinraute gehört zu den traditionsreichen Kräutern, die schon in der Antike von den Ägyptern, Griechen und Römern sehr geschätzt wurden. Über die Alpen muß sie schon früh vorgedrungen sein, denn in den Pflanzenlisten Karls des Großen ist die Raute bereits aufgeführt. Während des Mittelalters zählte sie zu den wichtigsten Heilkräutern in den Klostergärten. Später war sie vor allem in den Bauerngärten heimisch.

Die Weinraute ist eine dekorative Staude.

Botanischer Steckbrief Die Weinraute gehört in die Familie der Rautengewächse *(Rutaceae)*. Sie hat einen holzigen, verzweigten Wurzelstock, der sich nur schwer wieder ausgraben läßt, wo er einmal Fuß gefaßt hat. An den glatten, verästelten Stengeln, die nur an alten Stauden im unteren Teil verholzen, wachsen unpaarig gefiederte Blätter. Sie haben eine schöne, zierliche Form und sind apart blaugrün gefärbt. Die gelben Blüten öffnen sich im Juni und Juli. Sie weisen eine botanische Besonderheit auf: Die mittlere Blüte innerhalb einer Scheindolde, die als erste aufblüht, besitzt immer 5 Blütenblätter. Alle anderen Blumen an diesem Zweig haben nur 4 Blütenblätter. Die grauschwarzen, kantigen Früchte reifen an kleinen Kapseln. Die ganze Staude wird 50–100 cm hoch.
Heilkräftige Wirkstoffe Die Pflanzen enthalten ätherische Öle, das Flavonglykosid Rutin, Gerbstoffe, Cumarin und Alkaloide. Weinraute wirkt vor allem krampflösend, leicht beruhigend und auch appetitanregend. Früher verwendete man sie oft als Augenheilmittel. In größeren Mengen ist die Raute giftig!
Geschmack und Würze Blätter und Blüten der Weinraute sind mit Öldrüsen besetzt. An heißen Sommertagen verströmen sie einen bitter-strengen Duft, der manchen Menschen unangenehm erscheint. Die Blätter entfalten eine sehr eigenartige, kräftige Würze, die einen leicht bitteren und etwas scharfen Nachgeschmack hat.
Anbau im Garten Am besten gedeiht die Weinraute auf magerem Boden, in dem das Wasser gut abfließt. Steine und etwas Kalk tragen sehr zu ihrem Wohlbefinden bei. Dieses Würzkraut muß in der vollen Sonne stehen, damit es möglichst viel ätherische Öle entwickeln kann. Sommerliche Trockenheit macht ihm überhaupt nichts aus. In schweren Böden sollten Sie unter der Pflanzung eine Dränageschicht aus Kieselsteinen oder Tonscherben anlegen.
Sie können die Weinraute im April auf einem lockeren Saatbeet aussäen. Sie keimt innerhalb von 2 bis 3 Wochen.

Später werden die Jungpflanzen auf einen Abstand von 30 × 40 cm versetzt. Da man aber von diesem bitter-aromatischen Kraut in der Regel nicht allzuviel braucht, ist es praktischer, wenn Sie ein oder zwei Pflanzen in einer Staudengärtnerei oder in einer Spezial-Kräutergärtnerei kaufen.
Wenn Sie einige Rauten in den Ziergarten pflanzen möchten, können Sie leicht durch Teilung der Stauden oder durch Stecklinge für eine weitere Vermehrung sorgen. In rauhen Gegenden sollten Sie die Raute im Winter abdecken und anhäufeln. Sie behält auch in der kalten Jahreszeit einen Teil ihrer Blätter.
Ernte und Aufbewahrung Von der starkwürzigen Weinraute dürfen Sie immer nur wenige frische Blättchen verwenden. Sie verleiht den Speisen eine ganz besondere Note, darf aber nie dominieren. Während der Blüte können Sie auch ein paar Rautenzweige für die Kräuterapotheke trocknen. Dabei sollten Sie aber vorsichtig sein und vor allem nicht bei starker Sonne an den kleinen Büschen arbeiten. Das ätherische Rautenöl kann bei empfindlichen Menschen Hautentzündungen hervorrufen!
Verwendung in der Küche Weinraute paßt in kleinen Mengen und feingehackt zu Salaten, Soßen, Hammelfleisch, Käse, Fleischfüllungen und Hamburger Aalsuppe.
Verwendung in der Hausapotheke Aus getrocknetem Rautenkraut können Sie mit kochendem Wasser einen Beruhigungstee aufbrühen. 1 Teelöffel genügt für eine Tasse. Besser ist es, eine Prise Weinraute unter andere nervenberuhigende Kräuter, wie zum Beispiel Melisse, Weißdorn oder Baldrian, zu mischen.
Die Weinraute ist zweifellos ein Kraut mit vielen guten Eigenschaften, sie ist aber im wörtlichen Sinn mit »Vorsicht zu genießen«. Mit ihren Nebenwirkungen ist nicht zu spaßen. Bei zu hoher Dosierung kann es zu Magen-Darm-störungen, geschwollener Zunge und anderen Erscheinungen kommen. Deshalb sollte die Weinraute besser dem Arzt vorbehalten bleiben. So gibt es zum Beispiel noch heute ein homöopathisches Mittel aus diesem Kraut, das bei »Sehschwäche durch Augenmuskelübermüdung« verschrieben wird.
Für Schwangere ist der Genuß von Weinraute verboten!
Weitere Verwendungsmöglichkeiten Madaus berichtet: »Der Geruch der Pflanze ist Katzen, Mardern und Ratten besonders widerlich.« Und weiter heißt es: »In den Gärten pflanzte man die Raute nicht nur als Heilkraut an, sondern auch, um das ›giftige‹ Ungeziefer fernzuhalten; auch soll man mit ihrem Saft junge Hühner besprengt haben, um die Katzen zu vertreiben.«
Historische Verwendung Die Raute ist ein uraltes Heil- und Zauberkraut. Die antiken Römer und Griechen benutzten das bittere Kraut als eine Art Gegengift. Noch Tabernaemontanus ist von solcher Wirksamkeit überzeugt: »Es haben die alten sonderlichen grossen Fleiß / Mühe und Arbeit angewendet / die Rauten in ihren Wurtz- und Lustgarten / von wegen ihrer grossen Kraft / Tugend und mannigfaltigen Nutz / und täglichen Gebrauchs zu zielen und zu pflantzen / auch alles schädlich / gifftig Ungeziffer / auch all unreine gifftige Thier / durch den starken Geruch und sonderlichen Widerstand / damit die Rauten von GOTT dem Heren begabet / auß ihren Gärten zu treiben…«
Besonders wurde die Raute im Mittelalter den Malern und Bildhauern empfohlen, denn diese Arznei sollte klare Augen machen. »Der Rauten Tugend ist, die Augen heiter machen, duch hülff der Rauten sieht ein Mann die scharffsten Sachen.«

Die kleinen Blüten des Wermuts zeigen, daß es Zeit wird für die Ernte des Krautes.

Wermut

Artemisia absinthium

Volkstümliche Namen Absinth, Wurmkraut, Hilligbitter, Bitterer Beifuß, Wurmtod, Würmerkraut, Wirmat, Grabekraut, Bitterals, Elsenkraut, Gottvergiß, Mottenstock, Magenkraut, Bitterer Beyfuß, Kampferkraut, Kittelkraut, Wiegenkraut, Wurmzwiebel, Grasblume, Wermiete, Wormkraut, Wermet, Würmet
Heimat Der Wermut ist in ganz Europa, mit Ausnahme des hohen Nordens, und in großen Teilen Asiens bis nach Kaschmir zu Hause. In Nordamerika ist er eingewandert. Das Kraut wächst in warmen und in gemäßigten Zonen wild an steinigen, trockenen Plätzen.
Der bittere Wermut wird schon seit Jahrtausenden genutzt. Bereits um das Jahr 1000 vor Christus taucht er in einem ägyptischen Papyrus auf. Griechen und Römer schätzten ihn ebenso wie die mittelalterlichen Heilkundigen und moderne Likörfabrikanten.
Botanischer Steckbrief Aus dem kräftigen Wurzelstock wachsen reich verästelte, harte Zweige, die 60–150 cm hoch werden. Die silbergrauen, behaarten Blätter sind zierlich gefiedert. Im Hochsommer, von Juni bis September,

entwickeln sich lockere Rispen mit kleinen rundlichen, gelben Blüten.

Heilkräftige Wirkstoffe Wichtige Bestandteile sind ätherische Öle, in denen Thujon, Pinen, Azulen und Phellandren enthalten sind, außerdem Absinthin, Gerb- und Bitterstoffe, Harz, Säuren und die Vitamine C und B_6. Wermut wirkt wohltuend bei Magenbeschwerden, Völlegefühl und Stauungen im Leber- und Gallenbereich. Schwere Speisen macht das Kraut leichter verdaulich.

Ständiger oder starker Gebrauch von Wermut ist gesundheitsschädlich!

Die enge Nachbarschaft von Wermut und Johannisbeeren vertreibt den Säulchenrost.

Geschmack und Würze Die ganze Pflanze riecht stark und streng aromatisch. Sie schmeckt bitter-herb.

Anbau im Garten Der Wermut braucht viel Sonne. Lockerer, sandiger Boden, der etwas Kalk enthält, eignet sich besonders. Die kräftige Staude verträgt eher Trockenheit als Nässe. Im übrigen ist der Wermut im Garten ebenso anspruchslos und winterhart wie in der freien Natur. Eine Aussaat ist möglich, lohnt sich aber im Grunde genommen nicht. Denn selbst ein passionierter Kräutergärtner kommt mit einer einzigen Pflanze aus, die er bequem beim Gärtner kaufen kann. Bedenken Sie nur, daß dieses Kraut einmal einen ausladenden Busch bildet und reichlich Platz braucht.

Der starke strenge Duft des Wermut scheint auf viele Pflanzen einen ungünstigen Einfluß auszuüben. Wo es möglich ist, da sollten Sie dem eigenwilligen Kraut einen Platz geben, der ein wenig abseits liegt. Eine enge Nachbarschaft mit Gemüse oder anderen Kräutern ist nicht empfehlenswert. Gut aufgehoben ist der Wermut neben Johannisbeerbüschen, weil er dort den Säulchenrost vertreibt.

Ernte und Aufbewahrung Die bitter-aromatischen Wermutblätter werden nur in kleinen Mengen verwendet und zu diesem Zweck laufend frisch gepflückt. Wenn Sie allerdings eine größere Menge Wermut trocknen möchten, so schneiden Sie ihn am besten während der Blüte. Nehmen Sie nur die oberen Spitzen der Zweige, die gebündelt und luftig zum Trocknen aufgehängt werden.

Verwendung in der Küche In der Küche paßt das Kraut zu fettem Fleisch, Wild und Eintöpfen. Es wird mitgekocht. Beliebt ist auch das Würzen von Wein mit einem Wermutzweig.

Verwendung in der Hausapotheke Wermut-Tee wird mit kochendem Wasser aufgebrüht. Das bittere Getränk hilft zuverlässig, wenn der Magen durch zu reichliches oder zu fettes Essen überladen ist. Auch bei Appetitlosigkeit und bei Gallebeschwerden sollten Sie öfter Wermut-Tee trinken. Eine Prise Pfefferminze stimmt das bittere Getränk etwas »freundlicher«.

Vor dem Wermut-Schnaps Absinth muß man dagegen warnen: Regelmäßiger Genuß in größeren Mengen kann nämlich zu Gehirnschäden führen!

Weitere Verwendungsmöglichkeiten In einem »Kriegsarzneibüchlein für den Dreißigjährigen Krieg« wird der Wermut als Mittel gegen Parasiten empfohlen: »Willst du von Ungeziefer gesichert sein, so tauche dein Hemd in einem Absud von Wermut und Hufabschnitzeln von Pferden in halbverdünnter Lauge und lasse es trocknen: So kommt dir keine Laus hinein, während sonst eine im Hemd stürbe und viele Tausende mit ihrer Leiche gehen.«

Heute nützt man diese Eigenschaft des Krautes wieder im biologischen Garten, indem man Wermut-Brühe ansetzt, die Läuse und Milben von den Pflanzen abwehrt (siehe Seite 39).

Historische Verwendung Uralt ist der Gebrauch des bitteren Wermut. Schon tausend Jahre vor der Zeitenwende kannten ihn die Ägypter. Griechen und Römer machten sich bereits seine magenstärkenden und verdauungsfördernden Eigenschaften zunutze. Plinius schrieb über den Wermut: »Dieses äußerst nützliche Kraut ist allgemein bekannt und zu vielen Heilzwecken im Gebrauch.«

Im heidnischen Germanien bettete man die Toten auf Wermutlager, ehe sie verbrannt wurden. Auch die frühen Christen pflanzten das bittere Kraut auf ihre Gräber.

Die Heilige Hildegard empfahl das folgende Rezept: »Der Wermut ist sehr warm und sehr kräftig und der wichtigste Meister gegen alle Erschöpfungen. Denn von seinem Saft gieße genügend in warmen Wein, und den Kopf des Menschen, wenn er schmerzt, befeuchte ganz bis zu den Augen und bis zu den Ohren und bis zum Nacken, und dies sollst du abends tun, wenn du schlafen gehst und bedecke den ganzen Kopf mit einem wollenen Hut bis zum Morgen, und es unterdrückt den Schmerz des geschwollenen Kopfes und den Schmerz, der sich im Kopf ›erbulset‹ von der Gicht, und es vertreibt auch den inneren Kopfschmerz.«

Tabernaemontanus preist den Wermut als Arznei »zu dem schmertzlichen Magenwehe von Kälte und Winden verursacht« und als besänftigendes Mittel für die »zornigen und bösen gallsüchtigen Weiber«. – Auch in der Küche sei er zu gebrauchen: »dann die Köch den jungen Wermuth in die Eyer oder Pfannen-Kuchen pflegen zu mischen / welches denen / so erkaltete Mägen haben / eine sehr dienliche Speiß ist.«

Wiesenknopf

siehe Pimpinelle

Blühende Winterheckezwiebel.

Winterheckezwiebel

Allium fistulosum

Volkstümliche Namen Röhrenschnittlauch, Schlottenzwiebel, Winterzwiebel, Welsche Zwiebel, Sibirische Zwiebel, Schnittzwiebel, Röhrenzwiebel, Jakobszwiebel, Johanneszwiebel, Fleischzwiebel, Hohllauch, Klöwen, Schlotten, Ewige Zwiebel

Heimat Die Winterheckezwiebel stammt aus Sibirien. Sie ist auch in Japan und China verbreitet, die Wildformen sind dort aber inzwischen ausgestorben. Wahrscheinlich kam diese ausdauernde Zwiebel bereits im Mittelalter nach Europa.

Botanischer Steckbrief Die Winterheckezwiebel gehört in die Familie der Liliengewächse (*Liliaceae*). Sie bildet nur eine unscheinbare, länglich-schlanke Hauptzwiebel. An einem fast waagerechten Wurzelstock entwickeln sich viele kleine Nebenzwiebeln. Der leicht verdickte Scheinstamm hat Ähnlichkeit mit Lauch. Die grünen, röhrenförmigen Blätter gleichen dem Schnittlauch. Sie sind aber derber und haben einen größeren Querschnitt. Die Winterzwiebel blüht in kugeligen Scheindolden, deren Einzelblüten weißlich-grün gefärbt sind. Wenn es nicht zu stark friert, behalten die Pflanzen auch im Winter grüne Schlotten.

Heilkräftige Wirkstoffe Die Pflanze enthält Vitamin C und ätherische Öle.

Geschmack und Würze Die Röhren schmecken zwiebel- und schnittlauchähnlich.

Anbau im Garten Die Ewige Zwiebel wird ähnlich wie Schnittlauch angepflanzt. In humusreicher Erde gedeiht sie am besten; Trockenheit macht ihr aber nicht allzuviel aus. Im April werden die kleinen Steckzwiebeln mit 20 cm Abstand auf ein Beet gepflanzt. Sie können das winterharte Kraut aber auch – ähnlich wie Zwiebeln – aus Samen anziehen. Steckzwiebeln und Saatgut sind im Handel erhältlich, vor allem bei Kräutergärtnereien und im Bio-Versand.

Im übrigen ist die Winterzwiebel sehr anspruchslos. Sie gedeiht in fast allen Böden, und sie verträgt sowohl Sonne als auch Halbschatten. Geben Sie ihr einen Platz im Küchengarten, der im Winter nicht von kalten Ostwinden gestreift wird. In sehr rauhen Lagen schützen Sie das wintergrüne Kraut besser durch eine leichte Kiefernreisig-Abdeckung, dann ist es möglich, auch bei Frost unversehrte Halme zu ernten. Nur bei sehr strenger Kälte erfrieren die Röhrenblätter. Da sie aber sehr früh, oft schon im Februar, wieder austreiben, entsteht nur selten eine Erntepause. Durch Teilung der immer umfangreicher werdenden Horste können Sie im Frühling Ihre Bestände weiter vermehren.

Ernte und Aufbewahrung Die grünen Röhrenblätter samt den winzigen Zwiebeln können Sie fast das ganze Jahr hindurch ernten. Im Winter und zu Beginn des Frühlings sind sie besonders willkommen als seltene, frische Vitaminspender.

Verwendung in der Küche Winterheckezwiebel wird zu Salaten, Soßen, Suppen und Quark gebraucht.

Verwendung in der Hausapotheke Die wintergrüne Zwiebel wird nur frisch als gesundes Würzkraut verwendet.

Historische Verwendung Diese winterharte Zwiebel ist vor allem im fernen Osten, in China und Japan beliebt. Dort gibt es von ihr viele unterschiedliche Züchtungen. Einige haben Blätter, die über 2 cm dick sind. Von antiken Rezepten berichtete schon Dioscurides: Die »Winterzwiebel ist schärfer, hat auch etwas Zusammenziehendes … dient für sich oder mit Honig zum Reinigen der Lunge und Luftröhre, schadet aber, wenn sie öfters gegessen wird, den Augen und dem Magen.«

Ysop

Hyssopus officinalis

Volkstümliche Namen Hysop, Isop, Weinespenkraut, Eisewig, Eisop, Kirchenseppli, Klosterysop, Joseph, Josop, Ispen, Ispenkraut, Eisenkraut, Bienenkraut, Maßkräutel

Ysop wächst buschig und kann in Form geschnitten werden.

Heimat Der Ysop stammt aus Südeuropa, Nordafrika und Vorderasien. Er kommt auch in Südrußland und bis zum Altai wildwachsend vor. In der Natur findet man ihn an sonnigen, steinigen und kalkhaltigen Plätzen. Seit alten Zeiten wird er als Heilpflanze benutzt. In asiatischen Lamaklöstern wurden Ysopbüschel aufgehängt, weil ihr würziger Duft Krankheiten vertreiben sollte. Auch in den antiken Mittelmeerkulturen schätzte und ehrte man das Kraut. Mönche brachten es in die Klostergärten Mitteleuropas. Heute wird Ysop als Gewürz- und Zierstrauch gepflanzt.

Botanischer Steckbrief Der Ysop gehört in die Familie der Lippenblütler (*Labiatae*). Er bildet kleine Halbsträucher, die 30–60 cm hoch werden. Die Stengel sind vierkantig und verholzen. Die schmalen, lanzettförmigen Blätter, die in Quirlen um die Stiele angeordnet sind, haben eine dunkelgrüne Farbe; sie sind behaart und mit Öldrüsen besetzt. Von Juli bis August öffnen sich in den Blattachseln hübsche Blüten, die zierliche Scheinähren bilden. Sie sind meist leuchtend blauviolett gefärbt, manchmal auch rosa oder weiß.

Heilkräftige Wirkstoffe Die Pflanze enthält ätherische Öle, den Bitterstoff Hesperidin, Gerbstoffe und Harz. Ysop fördert die Verdauung; er wirkt magenstärkend, leicht wassertreibend, schleimlösend und entkrampfend.

Geschmack und Würze Die Blätter riechen sehr würzig, ein wenig in Richtung Minzenaroma. Im Geschmack sind sie leicht bitter.

Anbau im Garten Der kleine Halbstrauch gehört zu den anspruchslosen Gewächsen im Kräutergarten. Er braucht lockeren, trockenen Boden, etwas Kalk und viel Sonne. Am besten behandeln Sie ihn ähnlich wie Thymian. Sie können Ysop im Frühling unter Glas oder in Schalen auf der Fensterbank aussäen. Die Samen werden nur dünn mit Erde bedeckt und feucht gehalten. Die jungen Pflanzen versetzen Sie mit 25 × 30 cm Abstand, nachdem der Boden mit etwas Kompost und Algenkalk vorbereitet wurde.

Die langandauernde Ysopblüte lockt zahlreiche Insekten in den Garten.

Einfacher ist es, einige vorgezogene Stauden zu kaufen. Die im Anhang genannten Firmen haben Ysop-Pflanzen vorrätig. Oft bekommen Sie das Kraut in gutsortierten Staudengärtnereien, die es unter den Ziersträuchern führen. Durch Teilung und durch Stecklinge können Sie Ihre Bestände vermehren und verjüngen. In rauhen Gegenden brauchen die Sträucher einen Frostschutz aus Kiefernreisig.

Ernte und Aufbewahrung Blätter und junge Triebspitzen können Sie laufend abpflücken und frisch verbrauchen. Zum Trocknen schneiden Sie das Kraut während der Blüte. Blätter und Blumen werden verwendet. Das Trockengut muß schnell und dicht verschlossen werden, weil es sonst rasch die Würzkraft verliert.

Verwendung in der Küche Geben Sie frische Ysopblätter nur in kleinen Portionen an Salate, Soßen, Bohnengemüse, Kartoffelsuppe und Ragout. Sie verleihen den Gerichten eine sehr aparte Note. Auch zu Bowle ist das Kraut, ähnlich wie Waldmeister, zu gebrauchen.

Verwendung in der Hausapotheke Ysop-Tee wird mit heißem Wasser aufgebrüht. Mit Honig gesüßt, können Sie ihn als Hustentee trinken. Er löst Verschleimungen der Luftwege. Ungesüßt regt er den Appetit an und wirkt beruhigend auf den Magen.

Weitere Verwendungsmöglichkeiten Zusammen mit Salbei kann der Ysop zu einem doppelt starken Tee aufgegossen werden, der gegen nächtliches Schwitzen hilft.

Historische Verwendung »In den ersten christlichen Jahrhunderten wurde diese jetzt so bekannte und geschätzte Handels-, Zier- und Arzneipflanze als Sprengwedel (für Weihwasser) benützt«, weiß ein Kräuterbuch aus dem vorigen Jahrhundert zu berichten. Der Ysop war wohl immer ein heiliges Kraut; die Franzosen nennen ihn deshalb auch »herbe sacré«.

Tabernaemontanus kannte viele Rezepte: »Wer sich gern brechen wolt / der siede Isop und Kressen mit Essig und Honig / trinck es lau / und stoß darnach ein Feder mit Baumöl in Hals.«

»Von dem Ysop wird auch gar ein nutzlicher guter Wein bereitet / ... und tauget dieser Wein sonderlich den Alten / dann er erwärmte alle innerliche Glieder ...«

»Ysopwasser im Mund gehalten / vertreibt das Zahnwehe / so von Kälte verursacht wird.«

Zitronenmelisse

siehe Melisse

Zitronenthymian

siehe Thymian

Abwechslungsreiches Kräuterbeet mit Thymian, Schnittlauch, Weinraute, Lavendel, Liebstöckel und hohen Fenchelstauden.

Gäste am Rande des Kräutergartens

Einige allgemein gebräuchliche Küchengewürze gehören nicht im engeren Sinn zu den Kräutern. Sie haben, wie zum Beispiel Zwiebeln und Lauch, ihren Platz im Gemüsegarten, oder sie schmücken, wie Lorbeer und Wacholder, eher den Ziergarten. Da sie aber alle altvertraute Gewürzlieferanten sind, müssen sie zusammen mit den aromatische Kräutern genannt und beschrieben werden. Passionierte Kräutergärtner, die über reichlich Platz verfügen, können mit etwas Geschick auch diese Pflanzen eingliedern. Eine Reihe Knoblauch und Schalotten reift auch auf den Gewürzbeeten; Wacholderbäumchen können als Windschutz dienen und den Kräutergarten nach Norden abgrenzen; der Lorbeer schließlich darf einfach schön sein, er findet sicher einen passenden Platz unter den duftenden Gewächsen des Mittelmeerraumes, die im Kräutergarten reichlich vertreten sind.

Knoblauch mit den typischen gezipfelten Blüten.

Knoblauch

Allium sativum

Volkstümliche Namen Knobel, Knoblich, Knublich, Knubl, Knofel, Windwurzel, Alterswurzel, Magenwurzel, Stinkerzwiebel, Neidstern, stinkende Rose, Lauchkraut, Knoflak, Gruserich, Look

Heimat Wahrscheinlich liegt die Urheimat des Knoblauchs in Zentralasien. Er war aber schon vor einigen tausend Jahren ein ausgesprochener Kosmopolit, und er ist es bis auf den heutigen Tag geblieben. Bereits lange vor der Zeitenwende wurde das Zwiebelgewächs in China, Japan, Indien, Ägypten, Griechenland und Rom verwendet. Knoblauch galt als Medizin und als Nahrungsmittel. Er gehörte zu denjenigen Pflanzen, die schon früh über die Alpen nach Mitteleuropa gebracht wurden. In den Empfehlungen Karls des Großen an seine Pächter ist er bereits enthalten. Heute gedeiht Knoblauch in allen Erdteilen als Kulturpflanze.

Botanischer Steckbrief Der Knoblauch gehört in die Familie der Liliengewächse (*Liliaceae*). Er ist eng mit Zwiebeln, Schnittlauch und Lauch (Porree) verwandt. Botanisch gehört er zu den ausdauernden Pflanzen, aber in unseren Gärten wird er ein- bis zweijährig gezogen. Knoblauch hat eine Hauptzwiebel, die ringsum von sogenannten »Zehen« umgeben ist. Diese Nebenzwiebeln haben eine leicht gebogene Form. Im unteren Teil sind sie rundlich gewölbt, nach oben laufen sie in eine Spitze aus. Die Knoblauchzwiebeln sind von einer seidenpapierfeinen, trockenen Hülle umgeben. Sie können weiß, rosa oder violett gefärbt sein – je nach Sorte und Herkunft. Aus dem Zwiebelboden wachsen kurze, feine Saugwurzeln.
Die Pflanze besitzt lange, schmale, meist nach unten hängende Blätter. Der glatte, runde Blütenstengel kann 30–90 cm hoch wachsen. Der kugelige, rötlichweiße Blütenstand wird von einem langgezogenen, zipfeligen Hüllblatt umfaßt. Die Büten sind meist steril; sie sitzen zwischen 20 bis 25 eiförmigen Brutzwiebelchen. Knoblauch wird nur durch die Zehen und die Brutzwiebel vermehrt.

Heilkräftige Wirkstoffe Die Zehen enthalten außer ätherischen Ölen Allicin, das antibiotische Eigenschaften besitzt und den typischen Knoblauchgeruch hervorruft; hinzu kommen hormonartige Substanzen, die den männlichen und weiblichen Sexualhormonen ähneln. Fermente, Rhodanwasserstoffverbindungen, Jod und die Vitamine A, B-Gruppe und C.
Knoblauch wirkt allgemein antibakteriell und antibiotisch; er senkt den Blutdruck, wirkt sich günstig auf Darminfektionen und Darmträgheit aus, verbessert die Durchblutung und verhindert die Verkalkung und Verengung der Blutgefäße. Auffallend ist, daß es in denjenigen Ländern, in denen die Menschen ein Leben lang regelmäßig Knoblauch essen, besonders viele »Uralte« und wenig Krebskranke gibt!

Geschmack und Würze Die ganze Pflanze riecht eigenartig durchdringend, eben typisch nach Knoblauch. Die Zehen schmecken meist etwas süßlich, scharf und brennend; manche Sorten haben aber ein milderes Aroma. Die Würze ist abhängig vom schwefelhaltigen ätherischen Knoblauchöl, das in den Zwiebeln erzeugt wird. Die Produktion der Inhaltsstoffe ist wiederum abhängig vom Klima, vom Boden und von der Art des Anbaus. Das Knoblauch-Aroma kann also stark variieren.

Anbau im Garten Knoblauch braucht einen Platz in der vollen Sonne. Der Boden soll locker, humusreich, aber nicht frisch gedüngt sein. Mit Kompost können Sie – wie überall im Kräutergarten – nichts falsch machen. Zerlegen Sie eine Knoblauchzwiebel in die Einzelzehen, und legen Sie diese alle 15 cm in einer Reihe 5 cm tief in den Boden. Der Abstand zwischen den Reihen beträgt etwa 20 cm. Sie können den Knoblauch im März oder April pflanzen. In wärmeren Gegenden gelingt auch eine Herbstpflanzung, für die der Oktober die richtige Zeit ist. Die Frühlingspflanzung wird im August reif, die Herbstpflanzung im folgenden Frühjahr.

Wenn Sie Knoblauch auf ein sorgfältig vorbereitetes, humusreiches Beet pflanzen, ist keine weitere Düngung erforderlich. Sie brauchen die Pflanzen auch im Sommer nicht zu gießen. Merken Sie sich auf jeden Fall, daß Stickstoffdüngung den Zwiebeln nicht gut tut; sie lassen sich dann schlecht lagern.

Besorgen Sie sich möglichst einheimisches Saatgut. Südländischer Knoblauch hält unserem Klima meist nicht stand!

Aus Amerika kam die neue Riesenknoblauchzüchtung 'Elephant' zu uns, die breite, lauchähnliche Blätter und eine kinderfaustgroße Zwiebel von mildem Knoblauchgeschmack entwickelt.

Sehr alt ist dagegen die Rocambole (*Allium sativum* var. *ophioscorodon*), eine ursprünglich wilde Knoblauchart mit kleinen Zwiebelchen und würzigem Laub.

Der Schnittknoblauch (*Allium tuberosum*) liefert nur nach Knoblach duftende Blätter. Die Pflanzen ähneln dem Schnittlauch; ihre Halme sind aber nicht röhrenförmig, sondern flach wie Gras.

Auch einige »wilde« Verwandte des Knoblauchs können Sie – entsprechend ihren natürlichen Standorten – im Kräutergarten ansiedeln:

Knoblauchkraut (*Alliaria petiolata*) – eine Wildpflanze, die in den gemäßigten Zonen Europas und Asiens als Heckenpflanze weitverbreitet ist. Die Blätter schmecken kräftig nach Knoblauch. Sie können als Würze zu Salaten, Suppen und Broten verwendet werden.

Bärlauch (*Allium ursinum*) – er wird auch Wilder Knoblauch genannt und wächst in schattigen Wäldern. Die jungen, nach Knoblauch duftenden Blätter können Sie zu Salat, Suppen, Soßen und Gemüse geben.

Zum Trocknen wird Knoblauch zu Zöpfen geflochten und aufgehängt.

Pflanzen dieser Wildkräuter bekommen Sie nur in Spezialgärtnereien (siehe Seite 163).

Ernte und Aufbewahrung Wenn die Blätter gelb werden, ist der Knoblauch im allgemeinen reif. Die Merkmale sind ähnlich wie bei den Speisezwiebeln. Graben Sie die Knoblauch-Zwiebeln vorsichtig an einem warmen Tag aus, und lassen Sie sie an der Luft trocknen. Dann werden sie mit Hilfe des dürren Laubs zu Zöpfen geflochten und im Haus an einem luftigen Platz aufgehängt.

Einen Teil der Knoblauchzehen können Sie auch in Öl, Essig oder Alkohol einlegen.

Verwendung in der Küche Die würzigen Zehen werden zu sehr vielen Gerichten gebraucht – vorausgesetzt, man ist nicht empfindlich gegen den Knoblauchduft, der nach dem Essen aus allen Poren dringt. Knoblauch paßt zu Salaten, Soßen, Suppen, Fleisch und Gemüse. Er wird roh und gekocht verwendet.

Verwendung in der Hausapotheke Rohe Knoblauchzehen und frischer Knoblauchsaft werden als die beste Medizin angesehen. Beide verursachen aber intensive Ausdünstungen durch die Haut. Dieser Knoblauchduft ist in unseren Breiten nicht jedermanns Sache. Weniger Probleme gibt es dagegen mit Knoblauchöl in Kapseln, die Sie in Apotheken, Drogerien und Reformhäusern kaufen können.

Aus der eigenen Knoblauchernte können Sie aber nach alten Rezepten eine Tinktur herstellen: Für 1 Liter reinen Branntwein (z. B. Weizenkorn) brauchen Sie 250 Gramm Knoblauch. Die Zehen werden geschält, in kleine Stücke geschnitten, in eine Flasche gefüllt und mit Alkohol übergossen. Dieser Ansatz muß gut verschlossen 2 bis 3 Wochen lang sehr warm in der Sonne stehen und öfter durchgeschüttelt werden. Dann sieben Sie die Flüssigkeit ab und bewahren sie verschlossen und dunkel auf.

Von der Knoblauchtinktur können Sie zwei- bis dreimal täglich vor den Mahlzeiten 10 bis 15 Tropfen einnehmen. Dieses natürliche Mittel stärkt die Abwehrkräfte gegen Krankheiten. Es wirkt desinfizierend und blutreinigend.

Achtung: Reines Knoblauchöl kann auf der Haut Reizungen und Entzündungen hervorrufen!

Weitere Verwendungsmöglichkeiten
Im naturgemäßen Garten wird der Knoblauch bewußt als »Pflanzen-Medizin« in der Mischkultur eingeplant: Er wirkt vorbeugend gegen Pilzerkrankungen.

Historische Verwendung Tabernaemontanus gibt zahlreiche gute Knoblauch-Ratschläge weiter: für Gärten, für Menschen, die den Geruch scheuen und für die medizinische Verwendung.

»So man ihn gern süß hat / und nicht zu starck am Geruch / so sollen die Zähen gesetzet werden / wann der Mondschein unter der Erden ist / und soll auch wann der Mon unter der Erden /außgezogen werden.«

»Den Geruch nach dem Essen zu vertreiben / essen etliche grüne Rauten darauf / andere eine rohe Bone / etliche ein

Bärlauch ist ein wilder Verwandter des Knoblauchs, der in manchen Wäldern noch blühende Teppiche bildet.

gebraten Mangoltwurtzel / aber Peterlein oder Eppich darauf gebrauchet / demmet den Gestanck und Dämmpffung ins Haubt. Er erwärmet und trucknet den kalten und feuchten Magen / zertheilet die zähe Feuchtigkeit im Leib / eröffnet die Verstopffung / verheilt die Bläst. Dann Galenus schreibet von einem Baurin / dem die windige Darmgicht viel Leid gethan: wann sie aber ihn ankommen / hat er sich starck gegürtet und Knoblauch mit Brodt geessen / sich geübet / nichts getruncken biß auf den Abend /alsdann hat er einen guten Wein getruncken / darauf die ganze Nacht wol geschlaffen / und am Morgen von allen Schmertzen frey aufgestanden.«
Knoblauch gehörte zur Nahrung der altägyptischen Pyramidenbauer – darüber berichtete schon Herodot.
Die Griechen der Antike nannten ihn zwar »stinkende Rose«, benutzten die gesunden Zwiebelzehen aber in großen Mengen, Knoblauch wurde überall dort gegessen, wo es auf Kraft und Gesundheit ankam. Griechische Athleten und römische Legionäre kauten ihn als »Doping-Mittel«. Matrosen aller Länder nahmen ihn mit auf die Reise, und sogar die Kampfhähne in Mexiko oder auf den Philippinen werden noch heute mit »Knoblauch-Kraftfutter« versorgt. Früher nannte man den Knoblauch »Theriak der armen Leute« – eine Art Allheilmittel, das gegen viele Übel half und widerstandsfähig gegen Krankheiten machte.

Lauch, Porree

Allium porrum

Volkstümliche Namen Winterlauch, Breitlauch, Preißlauch, Welsch Lauch, Fleischlauch
Heimat Der Lauch stammt wahrscheinlich aus den östlichen Mittelmeerlän-

dern; er wurde schon von den Ägyptern, Griechen und Römern des Altertums als Gemüse angebaut. Auch Karl der Große nahm ihn in seine Liste der um das Jahr 820 nach Christus besonders empfehlenswerten Gewächse auf.

Botanischer Steckbrief Der Lauch gehört in die Familie der Liliengewächse (*Liliaceae*). Seine Zwiebel ist nur wenig ausgeprägt, die zahlreichen weißen Wurzeln sind relativ kurz. Mehrere Lagen von Laubblättern bilden einen dicken Scheinstengel. Der Blütenschaft erscheint gut ein Jahr nach der Pflanzung; er wird bis zu 1,50 m hoch und trägt eine kugelige Trugdolde mit weißrosa Blüten.

Heilkräftige Wirkstoffe Lauch enthält schwefelhaltige ätherische Öle wie alle Zwiebelgewächse, außerdem Zucker und Vitamine. Er regt die Verdauung an.

Geschmack und Würze Lauch schmeckt zwiebelartig-süßlich, ein wenig scharf und sehr würzig.

Anbau im Garten Das kräftige Zwiebelgewächs braucht nährstoffreichen, feuchten Boden. Geben Sie ihm Kompost und organischen Dünger. Sie können den Lauch im März und im April unter Glas oder Folie aussäen. Vorgezogene Pflanzen bieten im Frühling auch viele Gärtnereien an. Von April bis Juli verpflanzen Sie den Lauch auf gut vorbereitete Beete. Der Abstand von Pflanze zu Pflanze beträgt etwa 20 cm, der Reihenabstand 30 cm. Lauch wird tief gesetzt und später angehäufelt, damit die Schäfte bleichen. Er braucht viel Wasser, muß also in Trockenzeiten kräftig gegossen werden. Zwei- bis dreimal sollen Sie diesem starkzehrenden Gemüse einen Guß Brennessel-Jauche während der Wachstumszeit geben.

Sie bekommen im Handel verschiedene Sorten: 'Elefant' eignet sich für die Herbsternte. 'Blaugrüner Winter' ist besonders unempfindlich gegen Kälte.

Ernte und Aufbewahrung Sie können den Lauch nach Bedarf vom Herbst bis zum Frühling ernten. In milden Gegenden kann er über den Winter auf dem Beet bleiben und bei frostfreiem Wetter frisch ausgegraben werden. Wo dies nicht möglich ist, sollten Sie die Pflanzen im Frühbeet oder in einer geschützten Ecke einschlagen. Sie können Lauch, in Streifen geschnitten, auch einfrieren oder trocknen.

Verwendung in der Küche Lauch wird als gesundes, würziges Gemüse angerichtet oder als Rohkost serviert. Eine Lauchcremesuppe oder aber eine bunte Gemüsesuppe mit reichlich Lauch schmecken ebenfalls vorzüglich.

Schließlich eignet sich Lauch – in kleinen Portionen – auch als kräftig aromatische Würze zu Suppen und Braten oder roh, in feine Streifen geschnitten, zu gemischten Salaten.

Verwendung in der Hausapotheke Die gesunden Eigenschaften dieses Gemüses genießen Sie am besten in der Form eines guten Essens. In alten Rezepten aus der Volksmedizin wird Lauch ähnlich wie die verwandte Zwiebel verwendet. Für ein Hustenmittel schneidet man das Laub in Streifen und kocht es kurz in Milch auf; wenn das Getränke nur noch handwarm ist, süßt man es mit Honig und nimmt es eßlöffelweise über den Tag verteilt ein.

Lauchgemüse, mit Milch angerichtet und mit Kartoffelbrei serviert, soll eine gute Nierendiät sein.

Weitere Verwendungsmöglichkeiten Ein zerquetschtes Lauchblatt legt man auf Insektenstiche, damit die Schwellungen verschwinden.

Historische Verwendung In der »Edda« heißt es: »Die Fügung segne vor Gefahr dich, schütze dich und lege dir Lauch in den Trank.«

Lauch oder Porree stand schon im Altertum bei Ägyptern, Römern und Griechen auf dem Speisezettel. Plinius berichtete von Kaiser Nero, daß dieser jeden Monat einige »Porreetage« eingelegt habe, an denen er außer Lauch und Öl nichts anderes aß.

Der Römer Martial, ein Zeitgenosse Neros, schätzte dagegen das nach Zwiebeln duftende Gemüsegewürz weit weniger. Einem Freund riet er: »Hast du stinkenden Porree gegessen, dann schließe wenigstens den Mund, wenn du jemanden küssen willst.«

Auch mit Lauch kann man würzen und heilen.

Tabernaemontanus empfiehlt diese Rezepte: »Die Blätter zerstossen und übergeschlagen / vertreiben die Masen und Flecken des Angesichts.

Der Safft aus den Blättern mit Essig und zerstossenen Weyhrauch vermischet und übergelegt / stillet den Blutgang / sonderlich der Nasen: wie auch die Blätter zerstossen und auf die Stirn gebunden.«

Lorbeer

Laurus nobilis

Volkstümliche Namen Lorbeerblatt, Suppenblätter

Heimat Wahrscheinlich war der Lorbeer ursprünglich in Kleinasien zu Hause, aber er ist auch schon seit undenklichen Zeiten in den Mittelmeerländern heimisch. Griechen und Römer haben ihn als Medizin und als Küchengewürz benutzt. Sie verehrten ihn sehr und flochten ihren Helden und Göttern Kränze aus Lorbeerzweigen. In Mitteleuropa wurde der Strauch bereits von Karl dem Großen und von der Äbtissin Hildegard von Bingen empfohlen.

Botanischer Steckbrief Der Lorbeer gehört in die Familie der Lorbeergewächse (*Lauraceae*). In seiner südlichen Heimat wächst er als Baum, der unter guten Bedingungen über 10 m hoch und sehr alt werden kann. In unserem Klima wird er als buschige Kübelpflanze gezogen. Er bildet kräftige, verholzende Sträucher. Seine immergrünen, ledrigen Blätter sind dunkelgrün gefärbt, länglich lanzettförmig und an den Rändern manchmal gewellt. Im Mai erscheinen weißliche, duftende Blüten; die Früchte bestehen aus eiförmigen, schwarzen Beeren.

Heilkräftige Wirkstoffe Lorbeerblätter enthalten ätherische Öle, fette Öle, Gerb- und Bitterstoffe. Lorbeer regt den Appetit an; er galt schon im Mittelalter als Magenmittel. Das Heilöl aus den Früchten wirkt durchblutungsfördernd und antiseptisch. Es wird bei Entzündungen, Zerrungen und Verstauchungen angewendet.

Geschmack und Würze Die Blätter riechen stark würzig und schmecken etwas bitter, was sich beim Trocknen verliert.

Anbau im Garten Lorbeerpflanzen müssen Sie in einer Gärtnerei kaufen. Durch Stecklinge können Sie sie dann selbst vermehren. Die Pflanzen brauchen große Gefäße und kräftige, nährstoffreiche Erde. In der sommerlichen Wachstumszeit, die sie auf jeden Fall im Freien verbringen sollten, müssen sie reichlich mit Dünger und Wasser versorgt werden. Geben Sie den Lorbeerpflanzen einen sehr sonnigen, geschützten Standort.

Im Winter sollten die Kübel in einem kühlen, hellen Raum stehen. Die Pflanzen werden nur sparsam gegossen, aber der Ballen darf nicht trocken werden (siehe Seite 34).

Blüten des Gewürzlorbeers.

Ernte und Aufbewahrung Blätter und Triebspitzen können Sie nach Bedarf während des Sommers frisch pflücken. Achten Sie aber darauf, daß der Strauch nicht »geschröpft« wird. Für den Winter werden die Lorbeerblätter ohne Stiel getrocknet. Sie dürfen nicht zerbrechen, sonst verlieren sie ihre Würzkraft.

Verwendung in der Küche Lorbeer wird zu Suppen, Soße, Fisch, Frikassée, Wildmarinaden und zum Einlegen von Gurken verwendet.

Verwendung in der Hausapotheke Das grünliche Lorbeeröl ist dick wie eine Salbe. Sie können es in der Apotheke kaufen. Für die Gewinnung benötigt man besondere Pressen, wie sie in der Arzneimittelherstellung verwendet werden. Das Öl wird äußerlich gebraucht, um Geschwüre zu erweichen oder um schmerzende Muskeln nach einer Zerrung oder Quetschung einzureiben.

Weitere Verwendungsmöglichkeiten Das Öl ist noch heute gebräuchlich zur Behandlung entzündeter Kuheuter.

Historische Verwendung Ein Lorbeerkranz schmückte einst im alten Griechenland das Haupt des Apoll. Mit den duftenden, glänzend grünen Blättern wurden in antiken Zeiten auch die Sieger in sportlichen Wettkämpfen, erfolgreiche Feldherren und berühmte Poeten bekränzt. – Noch heute gilt die mahnende Weisheit, man solle sich nicht auf seinen Lorbeeren ausruhen.

Tabernaemontanus meint: »Der ganze Baum ist schön anzusehen / und reucht wol / die Blätter bleiben stätigs grün.«

Für die Verwendung im Alltag weiß er zahlreiche praktische Rezepte: »Dioscorides schreibet / wann man die Blätter kleinzerstossen und anstreiche / so seyn sie gut wider den Bienen und Wespenstich. Die Blätter mit Polenta oder Gerstenmuß angestrichen / sänfftigen und hinderen alle hitzige Geschwülst.

Ein Bad von Lorbeerblättern / lindert den Schmertzen der Blasen / fürdert den Harn und die Frauenzeit.«

Lorbeerbäumchen sind dekorative Kübelpflanzen.

Nach dem folgenden alten Rezept kann man Lorbeeröl auch selber gewinnen; die mittelalterliche Verwendung entspricht den heutigen Empfehlungen: »Nimm der frischen wolzeitigen Lorbonen so viel du wilt / zerstosse sie gar wol / kochs in Wasser / thus in ein Sack / und trotts aus / so findest du das Oel auff dem ausgetrotten Wasser empor schwimmen.

Das erste Oel hat ein Art und Natur zu erwärmen / zu erweichen und zu eröffnen.«

»Das erste Oel wird gebraucht wider allerley Flechten / Masen / Räude und Unreinigkeit der Haut; ist gut denjenigen / so hoch gefallen und etwas zerbrochen haben / äusserlich damit gesalbet.«

Wacholder

Juniperus communis

Volkstümliche Namen Wacholderbeerstrauch, Säulenwacholder, Macholder, Recholder, Quickholder, Queckholder, Reckholder, Weckholder, Kadick, Krammetsbaum, Krammetsstrauch. Kromvetstrauch, Kranawitterstrauch, Kranabit, Kronabit, Kaddig, Kranawitt, Machandel, Machandelboom, Jachandel, Jochandel, Krammetbeere, Quakelbeere, Kaddigbeere, Granwirlbeere, Feuerbaum, Räucherstrauch, Weihrauchbaum, Wachteldörner, Knirkbusch

Heimat Der Wacholder ist in ganz Europa heimisch und weit verbreitet. Er wächst auf sandigen Heideböden, im Moor und als Unterholz in lichten Nadelwäldern. Man findet ihn auch in Nord- und Westasien sowie in Nordamerika. Die Sträucher standen schon bei den Germanen in hohem Ansehen. Im Mittelalter wurden die Beeren auch als Räucherwerk verwendet.

Botanischer Steckbrief Der Wacholder gehört in die Familie der Zypressengewächse *(Cupressaceae)*. Er hat die typisch schmale Gestalt der Zypressen. Seine kräftigen, zähen Wurzeln greifen tief in die Erde. Die Äste verzweigen sich schon dicht am Boden; sie haben eine rötlich schimmernde Rinde. Die graugrünen Blätter sind dünn wie Nadeln und zu dritt in Quirlen angeordnet. Der Wacholder ist zweihäusig; er entwickelt an getrennten Sträuchern männliche oder weibliche Blüten. Die kugeligen Früchte, die erst im zweiten Jahr reifen, bilden Scheinbeeren. Sie haben eine schwarze Farbe, die bläulich bereift ist. Der harzig duftende Strauch ist immergrün und kann bis zu 10 m hoch werden. Meist bleibt er aber kleiner.

Reife Wacholderbeeren.

Heilkräftige Wirkstoffe Die Wacholderbeeren sind vor allem reich an ätherischen Ölen. Sie enthalten außerdem Flavonglykosid, Gerbstoffe, Zucker, Harz, Wachs und Gummi.

Geschmack und Würze Der ganze Strauch verströmt einen eigenwilligen, aromatischen Geruch. Die Wacholderbeeren schmecken sehr würzig, ein wenig süß und harzig und eine Spur bitter.

Anbau im Garten Wacholderpflanzen bekommen Sie in Baumschulen. Der Strauch braucht durchlässigen, möglichst kalkhaltigen und sandigen Boden. Sonst stellt er keine besonderen Ansprüche und bleibt jahrzehntelang am selben Standort stehen. Im Kräutergarten wird nur selten genug Platz vorhanden sein für einen so großen Strauch. Sie können ihm innerhalb des Ziergartens einen geeigneten Platz geben. Der Standort sollte möglichst sonnig sein.
Von den vielen Wacholderarten, die in Baumschulen angeboten werden, ist nur *Juniperus communis* als Gewürz- und Heilpflanze zu verwenden.

Ernte und Aufbewahrung Sammeln Sie im Herbst (Oktober) die reifen Beeren. Dies ist wegen der stacheligen Zweige nicht ganz einfach; empfindliche Menschen ziehen besser Handschuhe an. Die Wacholderbeeren müssen sehr sorgfältig auf Rosten zum Trocknen ausgebreitet werden. Ein luftiger Speicher oder ein frostfreies Gartenhaus sind zum Dörren gut geeignet. Vermeiden Sie möglichst künstliche Wärme!
Trockene Beeren verschließen Sie in Schraubgläsern. Blechdosen sind für die Aufbewahrung nicht geeignet.

Wacholder am natürlichen Standort.

Verwendung in der Küche Wacholderbeeren können Sie zu Sauerkraut, Fischsud und Wildmarinaden verwenden. Wacholderschnaps ist eine bekannte Spezialität. Dieses Getränk wärmt den Magen und fördert die Verdauung, wenn es, wie Medizin, in kleinen Mengen getrunken wird.

Verwendung in der Hausapotheke Wer im Frühling eine Entwässerungskur durchführen möchte, der richtet sich am besten nach einem berühmten Rezept von Kneipp: Am ersten Tag kauen und schlucken Sie dreimal je eine Wacholderbeere. An den folgenden Tagen nehmen Sie jeweils eine Beere mehr, bis Sie bei dreimal 20 Beeren am Tag angelangt sind. Dann nehmen Sie täglich eine Wacholderbeere weniger, bis Sie am letzten Tag der Kur nur noch dreimal je eine Beere kauen.

Die ätherischen Öle der Wacholderbeeren wirken direkt auf die Nieren. Die starke Entwässerung ist sehr wohltuend für Rheumaleidende. Diese »Roßkur« kann aber nur von gesunden Nieren verkraftet werden. Für Nierenkranke und Schwangere sind Wacholderbeeren streng verboten!

Einfach ist ein Wacholder-Spiritus herzustellen: Übergießen Sie in einer Flasche 100 Gramm zerquetschte Beeren mit 500 Gramm 70%igem Weingeist (aus der Apotheke). Dieser Ansatz wird 2 bis 3 Wochen lang gut verschlossen auf eine sonnige Fensterbank gestellt und öfter durchgeschüttelt. Danach sieben Sie die Flüssigkeit ab und bewahren sie in einer verschlossenen Flasche kühl und dunkel auf.

Mit Wacholder-Spiritus können Sie schmerzende Körperstellen einreiben, die von Rheuma geplagt werden.

Weitere Verwendungsmöglichkeiten Bei Muskel-, Nerven- und Rheumaschmerzen bringt auch ein Wacholderbad Entspannung und Linderung. Wacholder-Badeöl können Sie zu diesem Zweck fertig kaufen. Es wird in Apotheken, Drogerien und Reformhäusern angeboten.

In Schlesien legte man zerdrückte Wacholderbeeren auf die Stirn, um Kopfschmerzen zu vertreiben.

Historische Verwendung Lonicerus empfiehlt den alten Heilstrauch so: »Die Frucht deß Baums ist fast lieblich im Munde zu halten / und treibet den bösen Lufft auß.

Wechholderbeer befördern den Harn.«

»Wecholderholtz reiniget den bösen Lufft / angezündet / und Rauch damit gemacht.«

»Das Oel von Wechholderholtz dienet wohl zur Läme / welche von Kälte entspringt …

Dieses Oel ist gut für das Gegicht im Leib / darmit der Ruckgrat geschmirt / hat manchen Menschen geholffen.«

»Wechholderbeer Wasser / Morgens / Mittags / und zu Nachts / jedes mal zwey Loth getruncken / ist fast gut fürs Gries in Lenden und Blasen / reiniget die Nieren und Blasen …«

In »heidnischen Zeiten« wurden die Wachholdersträucher so hoch in Ehren gehalten wie der Holunder. In manchen Gegenden Deutschlands zog man vor dieser Pflanze ehrfürchtig im Vorbeigehen den Hut. Getrocknete Wacholderbeeren wurden häufig als Räucherwerk benutzt, um die Ansteckungsgefahr bei Seuchen zu vermindern.

In einem alten Kräuterbuch kommt der Autor zu dem Schluß: »Wenn Schnaps überhaupt empfohlen werden könnte, so müßte man es beim Wacholderbranntwein thun, denn als ›Medizin‹ betrachtet und in kleinen Gaben genossen, erwärmet er bei frostigem Wetter den Magen und verhütet dadurch Erkältungen.«

Zwiebel

Allium cepa

Volkstümliche Namen Sommer-, Küchen- oder Speisezwiebel, Zippel, Zipolle, Bolle, Bölle, Sipel, Oje, Zwifl, Zwiefel, Zibel, Oellig; Perlzwiebeln heißen auch: Silberzwiebel, Perllauch, Rocambole, Rockenbolle

Heimat Sehr wahrscheinlich stammt die Zwiebel aus den innerasiatischen Steppenländern. Sie wird seit mindestens 4000 Jahren von den Völkern Asiens, des Orients und der Mittelmeerländer genutzt. Sehr früh wurde sie bereits kultiviert. Assyrer, Babylonier und Ägypter kannten sie ebenso gut wie die Griechen und Römer. Die Zwiebel ist eines der ältesten und gesündesten Gewürze der Welt. In Mitteleuropa wurde sie in den Pflanzenlisten Karls des Großen und im berühmten Kräutergarten-Plan des Klosters St. Gallen verzeichnet. Heute gibt es eine Vielzahl von Zwiebelzüchtungen, aber die Wildformen sind ausgestorben.

Botanischer Steckbrief Die Zwiebel gehört in die Familie der Liliengewächse (*Liliaceae*). Sie kann eine runde, eine längliche oder eine abgeplattete Form haben. Ihre trockenen Außenhäute sind weiß, bräunlich oder dunkelrot gefärbt. Die Zwiebel hat röhrenförmige Blätter. Im zweiten Jahr erscheint ein langer, glatter Stengel, der den kugeligen Blütenstand trägt.

Heilkräftige Wirkstoffe Zwiebeln sind vor allem reich an ätherischen Ölen; außerdem enthalten sie Flavonglykosid, organische Säuren, Vitamine, besonders Vitamin C, und einen sogenannten Zwiebelherzstoff. Sie wirken desinfizierend, antiseptisch, appetitanregend, verdauungsfördernd, beruhigend auf das Nervensystem und schleimlösend.

Geschmack und Würze Die Frucht schmeckt beißend-würzig und ein wenig süß. Der scharfe Geruch, der in der Küche zu Tränen reizt, wird durch Thiopropional verursacht.

Steckzwiebeln bilden dicke Einzelzwiebeln.

Anbau im Garten Alle Zwiebeln brauchen lockeren, humusreichen Boden. Nässe und zuviel Dünger schaden ihnen. Ab Mitte März können Sie Saatzwiebeln aussäen. Im April werden die Steckzwiebeln und die Schalotten gesetzt. Außerdem gibt es noch die Frühlingszwiebeln, die im August gesät werden.
Bei der Aussaat müssen Sie einen Reihenabstand von 20 cm einhalten. Die Saat keimt relativ langsam und kann bis zu 3 Wochen im Boden liegen. Steckzwiebeln werden in der Reihe mit 15–20 cm Abstand gepflanzt. Die kleineren Frühlingszwiebeln können dichter stehen. Zwiebeln haben flach ausgebreitete Wurzeln; seien Sie deshalb vorsichtig beim Unkrauthacken!
Eine Besonderheit unter den Zwiebeln, die besonders gut in den Kräutergarten paßt, ist die Etagenzwiebel oder Luftzwiebel. Die schlanken Zwiebelchen werden im Frühjahr in die Erde gesteckt. An einem langen, hohen Stengel entwickelt sich während des Sommers eine Krone aus kleinen Brutzwiebeln. Oft treiben sie auf ihrem luftigen Hochsitz bereits wieder aus.
Diese Zwiebelchen können Sie ernten oder als willkommenen Nachwuchs in die Erde pflanzen. Reife Zwiebeln, die abfallen, schlagen von selbst Wurzeln.
Ernte und Aufbewahrung Saat- und Steckzwiebeln sind im Hochsommer reif, wenn das Laub vergilbt. Sie werden ausgegraben, kurz an der Luft getrocknet und dann in einem frostfreien Raum luftig gelagert. Sie können die Zwiebeln mit dem Laub auch zu hübschen Zöpfen flechten. Frühlingszwiebeln sind für den frischen Verbrauch bestimmt. Aber auch von den Speisezwiebeln können Sie einzelne Pflanzen jung auszupfen, vor allem dort, wo die Saat zu dicht aufgegangen ist. Sie werden zusammen mit den grünen Röhren gleich verwendet.
Kleine Zwiebelchen und die Brutzwiebeln der Etagenzwiebeln eignen sich zum Einlegen in Gewürzessig. Die trockenen Zwiebeln lassen sich monatelang lagern und können nach Bedarf frisch verwendet werden.

Etagenzwiebeln gedeihen in luftiger Höhe. Sie dienen als Würze und Saatgut.

Verwendung in der Küche Zwiebeln passen zu unendlich vielen Gerichten: unter anderem zu Fleisch, Suppen, Soßen, Salaten, Quark und Kartoffeln.
Verwendung in der Hausapotheke Zwiebeln sind ein seit Generationen bewährtes Hustenmittel. Zerschneiden Sie eine frische Zwiebel sehr fein, und vermischen Sie sie mit 1 Eßlöffel voll Honig. Dieser Brei wird löffelweise eingenommen.
Sie können auch eine gehackte Zwiebel mit 3 Löffeln Kandiszucker und wenig Wasser langsam aufkochen, bis sich ein dicker Saft bildet. Lassen Sie ihn erkalten, und drücken Sie die Flüssigkeit durch ein sauberes Baumwolltuch (Taschentuch). Dieser Hustensaft wird mehrmals täglich teelöffelweise eingenommen.
Altbekannt und berühmt ist der Zwiebel-Schmalz-Umschlag. Erwärmen Sie in einer Pfanne reines Schmalz, und lassen Sie dann reichlich Zwiebelringe glasig dünsten. Diese Masse wird warm über die Brust und die Bronchien verteilt. Legen Sie ein sauberes Baumwollhandtuch darüber, damit die Bettwäsche nicht fettig wird. Dieser Umschlag hilft bei Erkältung, Husten und Bronchienverschleimung. Im übrigen sollten Sie möglichst oft die gesunden Zwiebeln in der Küche verwenden. So kommen Sie immer wieder auf angenehm würzige Weise in den Genuß der vielen heilsamen Wirkstoffe.
Weitere Verwendungsmöglichkeiten Träufeln Sie frischen Zwiebelsaft auf Insektenstiche; dann klingen Entzündungen rasch ab.
Historische Verwendung Zwiebeln sind seit Jahrtausenden gesunde Bauernnahrung in vielen Ländern der Welt. Auch Tabernaemontanus wußte schon viel über sie zu berichten: »Die Blätter sind hol wie die Trompeten / grün aufgespitzet am Geschmack scharff … Die klugen Gärtner säen den Zwiebelsamen auch vor dem Herbst / auf daß sie im Frühling junge Zwiebeln haben … Die Zwiebeln sind der Armen (zu Zeiten auch der Reichen) tägliche Kost / weil sie ihre Speisen damit würtzen … Etliche gemeine Leut essen die rohe Zwieffeln mit Brodt und Saltz für die böse faule Lüfft / und ist nicht zu verwerffen.«
Lonicerus ergänzt diese Erfahrung: »Arbeitende Leuth essen Morgens Zwibeln mit Saltz und Brodt für den bösen Lufft / mit Tyriac / Müssiggänger aber werden toll / schwermütig und schläffrig davon. Rohe Zwiebeln zerschnitten / über Nacht in frisch Wasser gelegt / diß Wasser treibt den Kindern die Spulwürm aus.«
»So einem Menschen wehe ist um die Brust / der brate Zwibeln auf einer Glut sänfftiglichen / und esse Abends und Morgens darvon / es hilfft den Unflad außwerffen / und macht weit um die Brust.«

Vom Umgang mit Kräutern

Die meisten Gewürz- und Heilpflanzen lassen sich für längere Zeit haltbar machen. Sie können für die Küche und die Hausapotheke wertvolle Vorräte anlegen, wenn Sie einen Teil Ihrer Kräuterernte trocknen, einfrieren, in Essig, Öl oder Alkohol einlegen. Dabei müssen Sie die verschiedenen Pflanzenteile natürlich sehr sorgfältig behandeln und die unterschiedlichen Regeln des Konservierens genau beachten. Anfangs arbeiten Sie am besten »genau nach Vorschrift«. Mit der Zeit bekommen Sie Übung und Erfahrung im Umgang mit Trockenkräutern und anderen Aufbewahrungsmethoden. Dann dürfen Sie sich bei der Verarbeitung auch auf Ihr Gefühl und auf eigene Beobachtungen verlassen.

Ebenso wichtig wie das Erlernen des »Handwerks« ist aber auch die innere Einstellung beim Umgang mit den duftenden, heilkräftigen Kräutern. Wer sie gedankenlos abrupft und kleinhackt, der wird niemals die ganze Fülle ihrer guten Eigenschaften kennenlernen. Denken Sie, wenn Sie in Ihren Gewürzgarten gehen, manchmal an die Worte des großen Kräuterkenners Mességué: »Wollen Sie mit Heilpflanzen umgehen, müssen Sie sie zuerst einmal lieben und nichts tun, was sie verletzt oder ihnen wehtut. Zupfen Sie die Blättchen mit der Hand ab. Messer und jede Berührung mit Metall sind ihnen unangenehm. Pulverisieren Sie die getrockneten Gräser in der Hand und nicht auf dem Hackbrett. Sie werden Ihnen diese gute Behandlung danken!

Freunden Sie sich mit ihnen an, lernen Sie sie kennen und verstehen. Die Freundschaft der Pflanzen ist nicht leicht zu gewinnen. Bei der geringsten brutalen Berührung verschließen sie sich. Wenn Sie aber einmal ihre Freundschaft gewonnen haben, dann ist sie dauerhaft. Wie Sie sich Mühe geben, die Psychologie der Kinder zu erfassen, so müssen Sie sich auch um die Psyche der Pflanzen bemühen. Dann werden Sie nach und nach ihre Charakterzüge erkennen.«

Günstiger Zeitpunkt – richtiger Schnitt

Jedes Kraut erreicht zu einer bestimmten Zeit im Jahr den Höhepunkt seiner Reife. Dann ist auch der Gehalt an würzigem Aroma und wertvollen Inhaltsstoffen am größten. Wenn Sie in diesen günstigen Tagen oder Wochen ernten, dann sind Ihre Vorräte besonders wertvoll. Bei vielen Kräutern fällt die Reife mit der Zeit kurz vor oder während der Blüte zusammen. In jeder Kräuter-Beschreibung dieses Buches finden Sie einen genauen Hinweis darauf, wann Sie die einzelnen Pflanzen am besten ernten. Aber auch diese Zeitangaben bieten Ihnen nur Durchschnittswerte. Jedes Jahr läuft anders ab. Nach einem kühlen, nassen Sommeranfang verschiebt sich zum Beispiel der Blütenbeginn. Entsprechend später reifen auch die Samen. In rauhen Bergregionen liegen diese Termine immer später als zum Beispiel im milden Klima des Rheinlandes. Deshalb müssen Sie die Pflanzen genau beobachten, um zwischen Theorie und Praxis den günstigsten Zeitpunkt zu finden.

Auch der Gehalt an wertvollen Inhaltsstoffen wechselt mit den Jahreszeiten und mit den Witterungsbedingungen. In einem kühlen, verregneten Sommer bilden die Kräuter weniger ätherische Öle und andere heilkräftige Substanzen aus als unter dem Einfluß warmer Sonnenstrahlen. Auf solche Qualitätsschwankungen hat ein Kräutergärtner natürlich keinen Einfluß. Um so wichtiger ist es, alle Regeln für eine gesunde Ernte und eine schonene Konservierung sorgfältig einzuhalten.

Ein warmer Sommermorgen ist wie geschaffen für die Kräuterernte.

Wählen Sie immer einen sonnigen Tag zum Sammeln. Pflücken Sie Kräuter, die längere Zeit aufbewahrt werden sollen, am späten Vormittag (zwischen 10 und 11 Uhr), wenn die Sonne den Tau der Nacht schon abgetrocknet hat. Dann sind die Pflanzen noch frisch und voller Würze. Ungünstig ist auf jeden Fall die Mittagszeit, wenn Blätter und Blüten schon viel Feuchtigkeit verdunstet haben und matt sind von der Hitze.
Weiche Triebspitzen, einzelne Blätter und Blüten pflücken Sie am besten behutsam mit den Händen. Nur härtere Zweige schneiden Sie mit einem scharfen Messer oder mit einer Gartenschere ab. Niemals dürfen Sie die Pflanzen zerren oder Zweige mit Gewalt abreißen.
Legen Sie Ihre Kräuterernte stets locker in einen luftigen Weidenkorb. Plastiktüten sind ganz ungeeignet, weil die Pflanzen darin »schwitzen« und rasch faulen.
Achten Sie auch im Korb darauf, daß Blätter und Blüten nicht zerdrückt werden. Es ist nicht gut, wenn zu viele Kräuter übereinanderliegen. Bringen Sie Ihre kostbare Ernte gleich ins Haus, und verarbeiten Sie sie sofort weiter. Kräuter verderben leicht und sollten deshalb auf keinen Fall längere Zeit liegenbleiben.
Außer dem günstigsten Termin müssen Sie für die Ernte auch die richtigen Pflanzenteile kennen. Von vielen Kräutern werden die Blätter gesammelt. Andere bieten Ihnen in den Blüten oder in den Wurzeln besonders wertvolle Inhaltsstoffe an. Bei einigen sind die Samen der wichtigste Teil der Pflanzen.
Es gibt auch eine ganze Reihe von Heil- und Gewürzkräutern, die »von Kopf bis Fuß« verwendet werden können. Dann erntet man das ganze blühende Kraut mit oder ohne Wurzeln. Bei den Kräuter-Beschreibungen ist unter dem Stichwort »Ernte und Aufbewahrung« stets genau angegeben, welche Pflanzenteile Sie sammeln und verwenden können.

Reinigen

Verwenden Sie zum Konservieren nur einwandfreie, gesunde Pflanzenteile. In der Küche schütteln Sie die Zweige einmal kräftig, damit versteckte kleine Tiere herausfallen. Kranke oder beschädigte Blätter entfernen Sie sorgsam. Am besten wäre es, wenn Sie die Kräuter nun gleich trocknen könnten. In Gegenden mit großer Luftverschmutzung werden Sie sie aber leider noch einmal waschen müssen. Unter einem weichfließenden Wasserstrahl reinigen Sie die Blätter und Zweige. Anschließend schütteln Sie sie aus und trocknen sie dann behutsam mit Küchenpapier ab. Jeden Druck und jede Verletzung der Blätter müssen Sie vermeiden. Breiten Sie die Kräuter dann locker auf sauberen Küchentüchern im Schatten aus. Sie dürfen erst weiter verarbeitet werden, wenn sie nicht mehr feucht sind; nur so vermeiden Sie die Gefahr von Schimmel und Fäulnis.

Kräuter mit harten Stengeln, wie hier Majoran und Thymian, schneiden Sie besser mit einer Schere.

Die meisten Kräuter werden mit der Hand gepflückt und in ein luftiges Körbchen gelegt.

Trocknen

Binden Sie aus den trockenen oder abgetrockneten Kräutern lockere Sträuße. Die Stiele werden in einer Schlinge aus einfacher Kordel oder Bast festgehalten. Diese Kräuterbüschel hängen Sie an einem schattigen, luftigen Platz kopfunter zum Trocknen auf. Dazu eignen sich zum Beispiel saubere Speicher, Gartenhäuschen oder ein wenig benutztes Gästezimmer. Die Trockenleine wird ja nur einige kurze Wochen gebraucht!
Ungeeignet ist die Küche, in der beim Kochen immer feuchte und fettige Dünste die Luft erfüllen. Kräuterbüschel über dem Geschirrschrank sehen zwar sehr hübsch und dekorativ aus, ihre Qualität aber muß in der Küchenatmosphäre zwangsläufig leiden.
Der Prozeß des Dörrens soll langsam, bei mäßiger Wärme ablaufen. Ganz falsch ist es, wenn Sie Kräuter in die Sonne oder in einen heißen Backofen legen. Die starke Wärme zerstört einen großen Teil der wertvollen Inhaltsstoffe. Vor allem die ätherischen Öle lösen sich dann buchstäblich in Luft auf. Achten Sie auch darauf, daß die Kräuter beim Trocknen nicht dunkel und fleckig werden.

Von den Ringelblumen kann man die Blütenblätter abzupfen oder ganze Blüten pflücken.

Wenn Sie keinen geeigneten Trockenraum für gebündelte Sträuße besitzen, können Sie die Kräuter locker auf selbstgebauten Hürden ausbreiten. Dazu werden einfache Holzrahmen mit einem Kunststoff-Fliegengitter (kein Metall!) bespannt. Auch auf dem Rost im Backofen können Sie Kräuter bei sehr niedrigen Temperaturen (ca. 30 °C) trocknen. Die Backofentür muß dabei immer einen Spalt offen bleiben.

Auf einem Trockenapparat lassen sich duftende Kräuter ebenfalls behutsam dörren. Im Handel können Sie ein Modell kaufen, das einen Temperaturregler besitzt. Für die Kräuterernte wählen Sie die niedrigste Einstellung. Auf mehreren Sieben, die übereinandergestapelt werden, können Sie verschiedene Pflanzenteile getrennt trocknen. Beim Konservieren müssen die verschiedenen Pflanzenteile unterschiedlich, »ihrer Natur gemäß«, behandelt werden. Hier noch einige praktische Tips für die Ernte und die weitere Verarbeitung:

Zweige und ganze Pflanzen Sie werden nach der Reinigung zu lockeren Sträußen gebunden und zum Trocknen aufgehängt. Wer keinen Platz für eine Trockenleine hat, der kann die Zweige auch sehr locker auf Rosten ausbreiten. Wichtig ist, daß sie nicht aufeinander liegen. Sanfte Wärme und Luftzirkulation garantieren einen raschen, harmonischen Trockenprozeß. Deshalb sind alte Speicher, auf denen es immer ein wenig zieht, besonders gute Trockenräume. Auf Dachböden, die dicht isoliert sind, müssen Sie während der Trockenzeit unbedingt die Fenster öffnen!

Blätter Zupfen Sie sie einzeln ab, und breiten Sie sie nach dem Säubern zum Trocknen aus. Achten Sie darauf, daß sie nicht übereinandergeschichtet werden, sondern ganz locker nebeneinander liegen. Große, saftreiche Blätter müssen zwischendurch gewendet werden. Benutzen Sie dazu möglichst Geräte aus Holz, notfalls auch leichte Kunststoffbestecke. Schädlich für die kostbaren Pflanzen sind Metall und feuchte Hände!

Blüten Sie gehören zu den feinsten und empfindlichsten Pflanzenteilen und sollten möglichst nicht gewaschen werden. Ernten Sie Blüten, wenn es sich einrichten läßt, kurz nach einem sanften Regen, wenn die Sonne sie gerade wieder getrocknet hat. Breiten Sie sie sehr sorgfältig einzeln nebeneinander auf Hürden zum Trocknen aus. Der Platz sollte unbedingt luftig und nur mäßig warm sein, damit die Blüten rasch und gleichmäßig dörren. Anderenfalls könnten sie sich verfärben oder schimmeln. Empfehlenswert ist auch ein sanft eingestellter Trockenapparat mit Luftbewegung.

Wurzeln Diese festen Pflanzenteile müssen nach dem Ausgraben sehr sorgfältig gesäubert werden. Trockene, leichte Erde können Sie abbürsten; meist müssen Sie die Wurzeln aber unter fließendem Wasser waschen und anschließend sorgfältig mit Küchenpapier oder einem sauberen Tuch abtrocknen.

Schneiden Sie alle beschädigten Stellen weg, und sortieren Sie solche Stücke aus, an denen Sie Würmer oder Fraßstellen entdecken. Die sauberen, trockenen Wurzeln werden dann sofort weiterverarbeitet. Sie dürfen auf keinen Fall liegenbleiben, weil sie Ungeziefer anziehen oder faulen könnten. Dicke Wurzeln schneiden Sie mit einem scharfen Messer der Länge nach durch, damit sie

Trockene Blättchen streifen Sie mit der Hand ab.

rascher durchtrocknen; dünne Wurzeln verarbeiten Sie im ganzen.
Mit Hilfe einer Stopfnadel und eines starken Zwirnfadens können Sie die Kräuter-Ernte »aus dem Untergrund« auffädeln. Achten Sie darauf, daß zwischen den einzelnen Wurzelstücken immer ein luftiger Zwischenraum bleibt; sie dürfen nie dicht aufeinander hängen! Dann befestigen Sie die fertige Schnur zwischen zwei Nägeln in der Nachbarschaft der Trockensträuße. Kontrollieren Sie aber öfter, ob keine Insekten (Fliegen, Wespen usw.) von den Wurzeln, die oft aromatisch und verführerisch duften, angelockt werden. Dann müssen Sie Ihre Ernte eventuell durch einen luftigen Gazevorhang oder eine alte Gardine vor ungebetenen Besuchern schützen.
Auf einem modernen Trockenapparat lassen sich Wurzeln ebenfalls behutsam und luftig dörren. Hier haben Sie den Prozeß auch besser unter Kontrolle. Wenden Sie die Pflanzenteile öfter um, damit sie schneller und gleichmäßiger trocknen.
Samenkörner Sie sind meist von einer harten Schale umgeben und nicht so empfindlich. Bei der Ernte müssen Sie aber besonders gut aufpassen; der günstigste Zeitpunkt ist oft unberechenbar. Wenn die Körner ganz reif sind, fallen sie rasch aus; jeder Windstoß zerstreut sie in der Umgebung. Dann hat der Kräutergärtner das Nachsehen. Sie können solche »Unfälle« vermeiden, wenn Sie die reifenden Samenstände rechtzeitig mit Seidenpapier oder einem dünnen Baumwollstoff (Batist oder Gaze) umwickeln und zubinden. Wenn Sie dann etwa später die reifen Dolden sammeln, fallen die Körner in den kleinen Beutel. Eine andere Möglichkeit besteht darin,

Ein Trockenapparat mit Temperaturregler ist für Kräuter gut geeignet.

An diesem luftig-trockenen Platz ist die Kräuterernte gut aufgehoben.

die Stiele kurz vor der Reife, wenn die Körner sich zu bräunen beginnen, abzuschneiden. Dann können Sie sie zu Sträußen bündeln und zum Trocknen und Nachreifen aufhängen. Breiten Sie aber unter Ihrer Samenernte sauberes Pergamentpapier oder Küchentücher aus. Dann fallen die reifen Körner auf diese Unterlage, und Sie können sie leicht einsammeln. Zum Schluß klopfen Sie die trockenen Dolden oder Schoten noch einmal kräftig über einem Tuch aus, damit auch die letzten Samen herausfallen.

Aufbewahren

Wurzeln sind fertig getrocknet, wenn Sie sie leicht in Stücke brechen können. Dann sollten Sie diese empfindliche Kräuterernte, die durch Feuchtigkeit rasch wieder verderben kann, sofort in Schraubgläsern verschließen.

Von den trockenen Samenkörnern müssen Sie oft noch die »Spreu« (kleine dürre Pflanzenreste) wegblasen, ehe Sie sie in gutverschließbaren Gefäßen aufbewahren. Blätter und Blüten können Sie sofort umfüllen. Von den Zweigen streifen Sie die trockenen Blättchen ab, ehe Sie sie im Vorratsschrank lagern.

Der richtige Zeitpunkt ist immer dann gekommen, wenn Blätter und Blüten so dürr geworden sind, daß sie rascheln und zwischen den Fingern zerbröseln. Dann sollten Sie Ihre Kräuterernte sofort verschließen, damit sie an regnerischen oder nebligen Herbsttagen nicht wieder Feuchtigkeit aus der Luft aufnehmen kann und verdirbt. Am besten eignen sich für eine saubere und luftdichte Aufbewahrung gutverschließbare Schraubgläser oder Gefäße mit geschliffenem Glasstöpsel. Sie können aber ebensogut saubere Teedosen mit dichtem Deckel nehmen.

Vergessen Sie nicht, rechtzeitig alle Gefäße mit einem Namensetikett zu kennzeichnen. Richtige »Kräuterhexen« erschnuppern ihre Tees und Gewürze zwar ohne Schwierigkeiten mit der Nase, aber »Normalverbraucher« sollten vorsichtshalber für Ordnung und Übersicht sorgen. Dann erkennen Sie die unterschiedlichen Drogen auch im Winter wieder und können sie richtig verwenden.

Bewahren Sie Ihre kostbaren Gewürz- und Teevorräte möglichst an einem dunklen, trockenen Platz auf. Heilstoffe und Aroma halten sich in der Regel etwa 1 Jahr. Dann sollten Sie für eine neue Ernte sorgen.

Grundrezepte

Einlegen in Essig, Öl und Alkohol

Durch das Einlegen in Essig, Öl oder Alkohol können Sie Ihre Käruter ebenfalls für längere Zeit konservieren. Diese Mittel verhindern das Eindringen von Fäulnisbakterien. Wichtig ist deshalb, daß alle Pflanzenteile stets ganz von der Flüssigkeit bedeckt sind. Wenn irgendwo ein Blättchen herausragt, wird es unweigerlich schimmeln und verderben!
Die konservierenden Flüssigkeiten verhindern aber nicht nur Fäulnis, sie nehmen auch während der Zubereitung die wertvollen Inhaltsstoffe und das Aroma der eingelegten Pflanzenteile auf. So entstehen nach einigen Wochen herrlich würziger Essig, duftende Öle und heilkräftige Alkoholauszüge.
Nach den folgenden Grundregeln können Sie alle Rezept-Variationen leicht selber herstellen. Das Einlegen in Essig, Öl und Alkohol bereitet dabei keine Mühe und beansprucht nur wenig Zeit. Das Ergebnis sind natürliche Präparate, die der Gesundheit, der Schönheit, dem Wohlgeschmack und der Lebensfreude dienen.

Kräuter-Öle

Benutzen Sie durchsichtige Flaschen, die vor dem Füllen sorgfältig mit heißem Wasser (ohne Spülmittel) gereinigt und gründlich getrocknet werden. Am besten stellen Sie die Gefäße in die Sonne.
Dann füllen Sie die gereinigten, behutsam trockengetupften Kräuter ein. Wenn der Flaschenhals zu eng ist, helfen Sie mit dem Stiel eines hölzernen Kochlöffels nach. Zum Schluß gießen Sie das Öl hinein. Es muß so hoch stehen, daß alle Pflanzenteile reichlich bedeckt sind. Verschließen Sie die Flasche mit einem Korken oder einem Schraubverschluß, und stellen Sie sie auf eine warme Fensterbank in die Sonne. Der Ansatz muß jeden Tag einmal kräftig durchgeschüttelt werden. Wie lange die einzelnen Kräuter durchziehen müssen, ist in den Rezepten angegeben.
Wenn das Öl fertig ist, filtern Sie es ab. Dafür verwenden Sie am besten einen Trichter, in den Sie ein sauberes Taschentuch aus möglichst feinem Baumwollstoff legen. Zum Schluß drücken Sie den »Satz« noch einmal kräftig aus, damit alle wertvollen Bestandteile in das Öl gelangen. Füllen Sie Ihr Heil- oder Gewürzöl anschließend möglichst in kleine, dunkle Flaschen um; es hält sich dann besser. Auf jeden Fall sollten Sie Ihre Vorräte kühl und dunkel aufbewahren.
Verwenden Sie für Ihre Kräuter möglichst kalt geschlagenes Olivenöl. Auch andere gute Pflanzenöle eignen sich; sie sollten aber immer kalt geschlagen und von bester Qualität sein. Es wäre schade, wenn Sie Ihre kostbaren Kräuter mit einem minderwertigen Öl »verschandeln« würden. Heilwert und Würze werden dagegen durch wertvolle Öle noch erhöht.

Kräuter-Essig

Bereiten Sie die Glasflaschen und die Kräuter genau so vor, wie es im Grundrezept für Kräuter-Öle beschrieben ist. Für Gewürz-Essig genügt es, wenn Sie die Gefäße locker mit Kräutern füllen; ein bis zwei Hände voll gemischte Blätter und Zweigspitzen oder 2 bis 3 größere Stengel (zum Beispiel vom Estragon) genügen. Füllen Sie anschließend die Flaschen bis zum Hals mit gutem Essig. Achten Sie auch hier darauf, daß alle Pflanzenteile reichlich mit Flüssigkeit bedeckt sind. Verwenden Sie Obstessig oder einen guten Weinessig für Ihre Kräuter. Von der Qualität der Zutaten ist auch die Güte Ihrer Spezialitäten abhängig.
Die Flaschen werden zum Schluß fest verkorkt oder mit einem Verschluß zugeschraubt. Ab und zu schütteln Sie den Inhalt vorsichtig durch. Es genügt, wenn der Kräuter-Essig etwa 2 bis 3 Wochen auf der Fensterbank in der Sonne stehenbleibt. Dann ist die aromatische Würze fertig. Sie könne die Kräuterzweige und Blätter in der Flüssigkeit lassen. Die Flaschen sehen dann sehr dekorativ aus, und Sie erkennen noch lange Zeit, ob es sich um Estragon- oder Dill-Essig handelt. Bewahren Sie diesen

würzigen Vorrat kühl und dunkel auf. Kräuter-Essig ist fast unbegrenzt haltbar.

Kräuter in Alkohol

Genau wie bei Essig und Öl werden die Zutaten in saubere Flaschen gefüllt und dann mit Alkohol übergossen. Die genauen Mengenangaben finden Sie in den einzelnen Rezepten. Dort ist auch immer vermerkt, wie lange der Ansatz durchziehen muß. Als allgemeine Grundregel können Sie sich merken, daß Alkoholauszüge in verschlossenen Flaschen 3 bis 4 Wochen auf einer sonnigen Fensterbank stehen müssen, bis sie »reif« sind.

Die fertige Essenz wird genau so abgefiltert, wie es beim Kräuter-Öl beschrieben ist. Dann füllen Sie die hochprozentige Flüssigkeit in kleine, braun- oder grüngefärbte Fläschchen um und bewahren sie kühl und dunkel auf.
Auch moderne »Kräuterhexen« werden an diesen duftenden Auszügen in Essig, Öl und Alkohol ihre Freude haben. Schon bald werden Sie die vielfältigen Vorteile der hausgemachten Kräuter-Spezialitäten nie mehr missen wollen. Wenn Sie für Öl und Essig hübsche, dekorative Flaschen oder altmodische Gefäße vom Flohmarkt verwenden, werden Ihre wertvollen Vorräte auch zu Schmuckstücken in der Küche. Estragon-Essig oder rotes Johannisöl eignen sich dann auch gut als Geschenke. Solche Kräuter-Spezialitäten aus der eigenen »Hexenküche« bereiten nicht nur Freude, sie sind auch Beiträge zum gesunden Leben.

Einfrieren

Eisgekühlte Kräuter halten sich lange, sind aber nicht jedermanns Sache. Meist bleibt nach dem Auftauen nur ein wäßriges Häufchen Grünzeug übrig, das kaum noch Aroma enthält. Am besten eignen sich noch Petersilie, Dill, Bohnenkraut und Schnittsellerie zum Einfrieren.
Verwenden Sie zum Tiefkühlen immer nur kleine Portionen, die nach dem Auftauen sofort verbraucht werden können. In kleinen Gefrierbeuteln oder auch in Plastikdosen (Quarkbecher usw.) können Sie Kräuter einzeln oder als fertige Mischung nach den üblichen Vorschriften einfrieren.

Hier sind Würze und Heilkräfte des Kräutergartens in dekorativen Flaschen eingefangen.

Frisch geerntet – richtig zubereitet

Die Ernte für den täglichen Bedarf ist einfach und problemlos. Sie pflücken Blätter oder Zweige vorsichtig ab und verwenden sie sofort. Wenn es möglich ist, sollten Sie Kräuter nicht waschen. In den meisten Fällen wird das aber nicht zu verantworten sein. Unsere Luft ist leider nicht mehr sauber genug; sie hinterläßt fast überall ihre unsichtbaren Rückstände. Wenn Sie also Ihre Kräuter waschen müssen, so tun Sie es möglichst rasch und behutsam unter fließendem, nicht zu kaltem Wasser. Legen Sie die Blätter anschließend zwischen Ihre hohl zusammengefalteten Hände, und schütteln Sie sie einige Male, so daß das Wasser zwischen Ihren Fingern heraustropft. Falls es nötig ist, tupfen Sie die Kräuter anschließend noch behutsam mit Küchenpapier ab. Dann werden sie sofort verarbeitet. Ob Sie sie nur roh verwenden oder mitkochen können, ist bei den Beschreibungen der einzelnen Arten vermerkt.

Zum Schneiden der frischen Kräuter können Sie ein Messer oder eine Küchenschere verwenden. Besonders praktisch ist ein Wiegemesser, mit dem sich grüne Blätter ganz fein zerteilen lassen. Achten Sie immer darauf, daß die Kräuter bei der Zubereitung nicht zuviel Saft verlieren. Ganz gewissenhafte Feinschmecker verwenden anstelle eines Holzbrettes, in dessen Poren der Saft eindringt, eine glasierte Unterlage beim Schneiden der Blätter. So kann auch der letzte kostbare Trofen abgestreift und mitverwendet werden.

Grüne Kräuter, die zum Schluß unter fertige Suppen und Soßen gerührt werden, sollten sehr klein geschnitten sein. In Salaten dürfen sie, je nach Geschmack, auch etwas grober zerteilt werden. Sie wirken dann wie kleine zusätzliche Salatblätter. Kräuter, die in Suppen, Gemüsen oder Fleischtöpfen mitgegart werden, können Sie auch zu einem Sträußchen zusammenbinden und nach dem Kochen oder Braten herausnehmen. Sie haben dann ihre Würze an die Speisen abgegeben. Bewahren Sie sich zum Dekorieren einige Kräuterzweige oder Blätter und Blüten extra auf. Sie werden erst kurz vor dem Servieren gewaschen und verteilt.

Kochen mit Kräutern

Mischen Sie beim Würzen die Kräuter nicht wild durcheinander; sie sollten sich im Aroma harmonisch ergänzen und gleichzeitig zu den jeweiligen Gemüsen, Salaten oder Fleischgerichten passen. Bis Sie die grüne Würze »im Gefühl« haben, orientieren Sie sich am besten nach den folgenden Gruppen:

Die säuerlichen und die frischwürzigen Kräuter Dazu gehören Zitronenmelisse, Boretsch, Sauerampfer, Pimpinelle, Portulak und Kleines Postelein.

Die süß-aromatischen Kräuter Dazu gehören Kerbel, Estragon und Fenchel.

Die scharf-würzigen Kräuter Dazu gehören Petersilie, Kresse, Löffelkraut, Barbarakraut und Meerrettich.

Die kräftig-würzigen Kräuter Dazu gehören Thymian, Quendel, Origano, Salbei, Rosmarin, Bohnenkraut, Minze, Sellerie und Liebstöckel.

Die bitter-aromatischen Kräuter Dazu gehören Wermut, Beifuß und Weinraute.

Die Individualisten Dazu gehört vor allem das Basilikum. Dieses Kraut besitzt eine ganz besondere, edle Würze, die so fein und feurig ist, daß sie immer dominieren sollte. Muten Sie dem herrlichen Basilikum niemals »unpassende Gesellschaft« zu. Ein guter Würzpartner ist zum Beispiel die Zitronenmelisse.

Eigenwillige Kräuter, die behutsam verwendet werden sollten, sind auch Ysop, Eberraute und Balsamkraut.

Die Gewürze der einzelnen Gruppen können Sie immer unbesorgt untereinander kombinieren. Vorsichtig sollten Sie mit »Querverbindungen« sein. Ein so kräftiges Gewürz wie Thymian harmoniert zum Beispiel nicht mit dem frisch-säuerlichen Boretsch. Die scharfe Kresse »erschlägt« die feine frische Würze des Dills; und die Bitterkräuter dürfen nur als Prisen verwendet werden, damit ihr strenger Geschmack nicht ein ganzes Gericht verdirbt und jede andere Würze überdeckt.

Wenn Sie Ihre Kräuter längere Zeit benutzt und in vielen Rezepten ausprobiert haben, können Sie auch einmal gewagtere oder ungewöhnliche Kombinationen versuchen. Dann haben Sie schon ein Gespür für harmonische »Würz-Akkorde« entwickelt und Sie können sich auf Ihr Gefühl und Ihre Erfahrung verlassen.

Die folgenden Rezepte sollen Ihnen nur als Anregung für eigene Versuche und aromatische Küchen-Abenteuer dienen.

Grüne Salate in Kräutersoße

Kopfsalat, Eissalat, Pflücksalat und Zuckerhutsalat können Sie mit frischen Kräutern verfeinern. Diese werden kleingeschnitten und unter eine klassische Marinade gemischt, die aus gutem Pflanzenöl, Weinessig (wahlweise auch Obstessig oder Zitrone), einer Prise Salz und Pfeffer und einem Hauch Knoblauch angerührt wird. Zusätzlich können Sie noch süße oder saure Sahne daruntermischen. Erst kurz vor dem Servieren geben Sie die Salatblätter unter diese Soße.

Folgende Kräuter können Sie einzeln oder nach Geschmack gemischt dazu verwenden: Schnittlauch, Winterheckezwiebel, Petersilie, Kresse, Kerbel, Rauke, Pimpinelle, Boretsch, Zitronenmelisse, Dill, Ysop, Estragon, Eberraute, Sauerampfer, Tripmadam und Kapuzinerkresse.

Frischgeerntete Köstlichkeiten: Bohnen mit Bohnenkraut, Basilikum zu Tomaten und Bauernpetersilie zum Spargel.

Bestreuen Sie einmal eine fertige Salatschüssel mit himmelblauen Boretschblüten! Sie schmecken delikat und sehen bezaubernd aus. Zur Dekoration eignen sich auch die eßbaren Blüten von Kapuzinerkresse, Ringelblumen, Gänseblümchen und Veilchen.

Bunter Kapuzinerkresse-Salat

Bereiten Sie Salat in einer klassischen Marinade aus 3 Eßlöffel reinem Pflanzenöl, einem Eßlöffel feinem Weinessig, einer Prise Salz und Pfeffer zu. Junge Blätter der Kapuzinerkresse werden in feine Streifen geschnitten und unter den Grünen Salat gemischt. Zum Schluß streuen Sie einige Blüten der Kapuzinerkresse in die Schüssel. Dieser farbenfrohe Salat in Rot-Gold und Grün ist eine Delikatesse für die Augen und für den Gaumen!
Sie können auch in der gleichen Marinade einen Salat anrichten, der nur aus Blättern und Blüten der Kapuzinerkresse besteht.

Tomaten mit Basilikum und Zitronenmelisse

Diese Kombination hat ein einmaliges, unvergleichliches Aroma! Schneiden Sie Tomaten in Scheiben, und schichten Sie sie in eine Salatschüssel. Sie werden lagenweise mit Olivenöl beträufelt und mit feingeschnittenen Basilikum- und Melissenblättern bestreut. Da Tomaten reich an eigener Säure sind, sollten Sie auf Essig verzichten. Der Salat darf nur kurz durchziehen und wird sofort serviert.

»Wilder« Frühlingssalat

Sammeln Sie im Garten oder auf der Wiese junge Blätter von Löwenzahn, Brennesseln, Gundelrebe, Scharbockskraut, Schafgarbe und Gänseblümchen. Die Kräuter werden geputzt, gewaschen und grob geschnitten. Lassen Sie sie vor dem Servieren kurz in einer Marinade aus Pflanzenöl, Obstessig, Salz und Pfeffer ziehen. Sie können die herbe Frische dieses gesunden Frühlingssalates auch durch eine Tasse süße Sahne oder Joghurt mildern.

Wildkräutersalat mit Wegerich und Gänseblümchen.

Eine Delikatesse für die Augen und den Gaumen.

Grüne Soße

Die berühmte Frankfurter Grüne Soße wird im Originalrezept mit selbstgemachter Majonäse angerührt. Nach alter Tradition gehören die folgenden sieben Kräuter dazu: Petersilie, Boretsch, Schnittlauch, Dill, Kerbel, Sauerampfer und Pimpinelle.
Hier eine leichtere Variante: Rühren Sie eine Marinade aus Öl, Essig, Salz, Pfeffer und Knoblauch an. Vermischen Sie sie mit reichlich feingehackten frischen Kräutern: je nach Familiengröße nehmen Sie mehrere Hände voll. Wählen Sie aus, was die Jahreszeit frisch zu bieten hat, so zum Beispiel außer den klassischen 7 Kräutern auch Zitronenmelisse, Portulak, Estragon, Ysop und Kapuzinerkresse. Diese Kräutermarinade wird mit je einem Becher saurer und süßer Sahne aufgefüllt. Zum Schluß mischen Sie hartgekochte, kleingeschnittene Eier darunter. Grüne Soße schmeckt am besten zu frischen Pellkartoffeln. Sie paßt aber auch zu gekochtem Rindfleisch.

Meerrettich-Soße

Die frischen Meerrettichstangen werden geschält und auf einer Küchenreibe fein geschabt. Mischen Sie einen gleichfalls geriebenen, säuerlichen Apfel, Essig und etwas Zucker und Salz darunter. Zum Schluß wird der Meerrettich mit steifgeschlagener süßer Sahne vermischt. Diese köstliche frische Meerettichsoße paßt zu Schinkenröllchen, Roastbeef und geräuchertem Lachs.

Suppe quer durch den Garten

Kochen Sie eine kräftige Rindfleischsuppe, die zum Schluß durchgeseiht wird. Erst jetzt fügen Sie geputztes und kleingeschnittenes Gemüse hinzu (Möhren, Lauch, Bohnen, Sellerie usw.), das in der leise kochenden Brühe garzieht. Würzen Sie außer mit Salz und Paprika mit einem rustikalen Kräuterstrauß aus Origano, Thymian, Majoran, Salbei, Bohnenkraut, Liebstöckel und ein paar Sellerieblättern.

Fleischsuppe mit Königskerzenblüten

Kochen Sie aus gutem Rindfleisch oder mit einem Hühnchen eine kräftige Fleischbrühe, die zum Schluß durchgesiebt wird. In diese klare, nur mit Salz und Pfeffer gewürzte Brühe werfen Sie eine Handvoll frische Königskerzenblüten. Lassen Sie die Suppe nach 10 Minuten auf kleiner Wärmestufe durchziehen. Sie soll heiß sein, aber nicht mehr kochen.

Frische Kräuter für die Sommerküche.

Kümmel- oder Majoran-Kartoffeln

Schneiden Sie geschälte, rohe Kartoffeln in dünne Scheiben, und füllen Sie sie lagenweise in eine Pfanne mit heißem Pflanzenfett. Jede Schicht wird mit wenig Salz und Pfeffer, aber reichlich Kümmel gewürzt. Die Kartoffelscheiben müssen mehrmals gewendet werden, bis sie kroß gebacken und gar sind.
Statt mit Kümmel können Sie die Kartoffelpfanne auch mit Majoran würzen. Kleingeschnittene Zwiebeln passen zu beiden Gewürzen dazu.

Grüne Bohnen mit Bohnenkraut

Junge grüne Buschbohnen werden gewaschen, geputzt und in große Abschnitte gebrochen. Dünsten Sie die Bohnen in heißer Butter an und löschen sie mit wenig Wasser ab. Dann würzen Sie das Gemüse mit Salz, etwas Pfeffer und einem großen Strauß frischem Bohnenkraut. Dünsten Sie es in einem festverschlossenen Topf gar. Die Bohnen müssen aber unbedingt ein wenig knackig bleiben.
Sehr gut gelingt dieses Gemüse in einem gußeisernen Topf. Die zarten, schlanken Filetbohnen eignen sich besonders für dieses Rezept. Sie können sie auch mit klein gewürfeltem, magerem Räucherspeck andünsten.

Südländischer Gemüse-Kräuter-Topf

Mischen Sie Paprika, Auberginen, Zucchini, große Gemüsezwiebeln und Tomaten. Das Gemüse wird geputzt und mit der Schale in breite Streifen geschnitten. Die Tomaten werden gehäutet und geviertelt. Schichten Sie diese bunte Mischung lagenweise in eine Tonform. Dazwischen streuen Sie kleingehackte, kräftig-würzige Kräuter: Thymian, Origano, Salbei, Rosmarin, Majoran und, wenn Sie mögen, ein paar Blättchen Ysop. Zusätzlich würzen Sie nur mit wenig Salz, Paprika und einer Zehe Knoblauch.
Die oberste Schicht überstreuen Sie mit Kräutern, geriebenem Käse und Butterflöckchen. Gießen Sie zum Schluß noch 2 bis 3 Eigelb, die Sie vorher mit frischer Sahne verquirlen, über die Gemüsemischung. Lassen Sie alles in der geschlossenen Tonform garen, und servieren Sie dazu körnigen Naturreis.

Überbackene Pizza-Brötchen

Diese Variation der beliebten Pizza ist leicht und schnell anzurichten. Sie schmeckt sehr pikant!

Halbierte Brötchen werden mit Butter bestrichen und mit rohem Schinken oder Salamischeiben belegt. Dann folgen Tomatenscheiben, kleingehackte Oliven und nach Geschmack die folgenden Kräuter: Origano, Thymian, Salbei oder Majoran. Die Brötchen werden entweder mit Parmesan bestreut oder mit Käsescheiben zugedeckt, im heißen Backofen überbacken und warm serviert.

Gefüllte Kräuterröllchen

Lassen Sie sich beim Metzger auf der Wurstmaschine hauchdünne Schnitzel schneiden. Sie werden mit Salz, Pfeffer und Knoblauch gewürzt. Legen Sie auf jedes Fleischstück eine dünne Scheibe rohen Schinken und einige frische Blätter von folgenden Kräutern: Rosmarin, Salbei, Thymian, Majoran und Origano. Nach Geschmack fügen Sie eine Prise Weinraute, Ysop oder Eberraute hinzu. Die Fleischscheiben dürfen durchaus unterschiedliche Füllungen haben! Zum Schluß rollen Sie sie zu kleinen Rouladen zusammen, die mit hölzernen Zahnstochern befestigt werden.
Die Kräuterröllchen werden in heißem Öl angebraten und mit Weißwein abgelöscht. Vor dem Servieren schmecken Sie die leicht gebundene Soße mit einem Schuß Sherry ab.

Selbstangesetzter Kräuteressig ist eine beliebte Spezialität für die eigene Küche und zum Verschenken.

Basilikum-Hähnchen in der Tonform.

Hähnchen mit Rosmarin oder Basilikum

Würzen Sie ein Hähnchen mit Salz, Pfeffer und Knoblauch, und füllen Sie es mit frischen Rosmarinzweigen. Besonders zart wird dieser würzige Braten, wenn Sie das Hähnchen in einer Tonform zubereiten. Außer ein wenig Öl und Wein brauchen Sie dann keine weiteren Zutaten. Sie können das Rosmarin-Hähnchen aber auch wie gewohnt in der Bratpfanne zubereiten oder grillen. Der Bratenfond wird mit Weißwein abgelöscht und leicht gebunden.
Eine wohlschmeckende Variante dieses Rezeptes: Anstelle von Rosmarin verwenden Sie frisches Basilikum.

Römische Salbei-Schnitzel

Dünne Schnitzel werden mit rohem, zartem Schinken und frischen Salbeiblättern gefüllt. Klappen Sie sie dann übereinander, und stecken Sie sie seitlich mit hölzernen Zahnstochern fest. In heißem Öl werden die Salbeischnitzel rasch angebraten. Feinschmecker behaupten, dies seien die delikatesten Schnitzel der Welt.

Kräuter-Essig

Gemischter Kräuter-Essig

Sammeln Sie im Kräutergarten Triebspitzen und einzelne Blätter von Estragon, Dill, Zitronenmelisse, Basilikum, Kapuzinerkresse, Ysop, Eberraute, Zitronenthymian und Thymian. Komponieren Sie die Mischung ganz nach eigenem Geschmack. Die Kräuter werden vorsichtig gewaschen und mit Küchenpapier trockengetupft. Dann füllen Sie ein bis zwei Hände voll in eine Flasche. Sie können auch noch Knoblauchzehen und kleine Zwiebeln hinzufügen. Zum Schluß gießen Sie guten Wein- oder Obstessig über die Kräuter, verkorken die Flaschen und lassen die Mischung 2 bis 3 Wochen in der Sonne durchziehen. Zum feinen Aroma des Estragon ist der etwas derbe Obstessig nicht so empfehlenswert.

Estragon-Essig

Geben Sie einige Zweige Estragon in eine Flasche und füllen sie mit Weißwein- oder Rotweinessig auf.

Basilikum-Essig

Basilikum-Essig wird am besten mit frischem Kraut und feinem Weißweinessig angesetzt.

Dill-Essig

Diesen feinwürzigen Kräuteressig bereiten Sie entweder mit Weißweinessig oder mit Obstessig zu. Sie können auch Dillblüten mitverwenden.
Alle Kräuteressig-Rezepte werden nach dem Grundrezept auf Seite 142 zubereitet.

Kräuter-Öl

Gewürz-Öl

Aus kräftig würzigen Kräutern können Sie ein aromatisches Öl herstellen. Dafür eignen sich Thymian, Salbei, Majoran, Origano und Rosmarin. Sie können diese Gewürze ganz nach Ihrem eigenen Geschmack mischen oder einzeln mit Öl ansetzen. Die gutverschlossenen Flaschen müssen 3 Wochen in der Sonne durchziehen. Danach sollten Sie sie kühl und dunkel aufbewahren.
Die Kräuter brauchen Sie nicht herauszunehmen, solange die Flaschen verschlossen bleiben. Erst wenn Sie das Öl brauchen, müssen Sie sehr darauf achten, daß keine Zweige unbedeckt aus der Flüssigkeit ragen. Nehmen Sie sie entweder heraus, oder filtern Sie das Öl dann ab. Kräuter, die mit der Luft in Berührung kommen, schimmeln immer!
Das würzige Kräuter-Öl können Sie zum Anbraten von Fleisch, für Reis, Soßen und kräftige Gemüse verwenden.

Basilikum-Öl

Dieses besonders delikate Öl wird wie das gemischte Kräuter-Öl angesetzt. Es würzt Salate, Reis, Soßen und Geflügel.

Balsam-Minzen-Öl

Stark würzige Pfefferminzzweige und Blätter des aromatischen Balsamkrautes können Sie ebenfalls in Öl einlegen. Einzeln oder miteinander gemischt ergeben sie eine sehr aparte Würze, die zu Lammfleisch, Reis und besonderen Soßen paßt. Dieses Öl können Sie auch zum Einreiben und als Badezusatz benutzen.

So hübsch verpackt eignet sich Basilikum-Essig auch als Geschenk.

Medizin aus dem Garten

Gegen jede Krankheit ist ein Kraut gewachsen! Von der Wahrheit dieses Satzes waren unsere Vorfahren jahrhundertelang überzeugt. Die Arznei aus den unerschöpflichen Vorräten der Natur war allerdings auch die einzige Hilfe, die ihnen in der Not zur Verfügung stand. Die Erfahrung unzähliger Generationen lehrte sie, den richtigen Umgang mit Spitzwegerich, Salbei, Kamille und vielen anderen Kräutern. Die Menschen vergangener Zeiten brauchten nicht nachzulesen, wie Wermut aussieht und wie man ihn verwendet. Man kannte dieses Kraut wie das tägliche Brot. Ganz selbstverständlich gab man die bittere Arznei den Kühen im Stall und den Menschen im Haus, wenn der Magen streikte. Daß Wermut-Tee half, brauchte man niemandem zu beweisen; man wußte es, weil man es schon oft erlebt hatte.

Noch unsere Urgroßmütter waren mit der Medizin in den Vorräten der Natur vertraut. Ihre Hausapotheke enthielt Tees, Kräutersalben und Heilöle, mit deren Verwendung bei alltäglichen Leiden sie sich bestens auskannten. Erst im Zeitalter der Industrialisierung wurde diese uralte Kette unterbrochen. Massenfabrikation und die Entwicklung chemischer Medikamente verdrängten die guten Kräuter als »altmodischen Kram«.

Heute versuchen wir, zwischen den neuen Erkenntnissen der Medizin und den traditionellen natürlichen Heilkräften wieder ein vernünftiges Gleichgewicht herzustellen. Den richtigen Umgang mit Kräuter-Tees und Pflanzensäften müssen die meisten Menschen allerdings erst wieder lernen. Diese Hinwendung zu neuen, natürlichen Lebensweisen ist sicherlich begrüßenswert. Aber alle, die sich den großen Kräften, die in den kleinen Pflanzen verborgen sind, zuwenden, sollten wissen: Kräuter sind etwas Wunderbares, aber sie wirken keine Wunder auf Knopfdruck. Wer sie wirksam und wohltuend anwenden möchte, der muß auch ein wenig mit ihrem »Innenleben« und ihren unterschiedlichen Heilkräften vertraut sein.

Wissenschaftliche Analysen helfen uns dabei, neues Zutrauen zu alten Arzneimitteln zu fassen. Sie förderten die wirksamen Substanzen der Pflanzen zutage, die für heilende Prozesse verantwortlich sind: ätherische Öle, Schleimstoffe, Bitterstoffe, Gerbstoffe, Saponine, Mineralstoffe und viele andere. In den meisten Fällen wurde durch die Untersuchungen im Labor das Erfahrungswissen von Kräuterweiblein und Naturärzten bestätigt.

Wenn Sie heute zu einer Medizin aus der »grünen Apotheke« greifen, dann können Sie sich auf alte und neueste Erkenntnisse gleichzeitig stützen. Kräuter-Arznei aus der Hausapothekes sollten Sie vor allem bei den vielen kleinen »Wehwehchen des Alltags« benutzen: Magenverstimmungen, Verdauungsstörungen, Nervosität und leichte Erkältungen. Je eher Sie einen Tee oder ein Kamillen-Dampfbad anwenden, desto besser ist die Wirkung. Bei den ersten Anzeichen einer Erkältung sollten Sie gleich handeln. Bei hohem Fieber und ernsten organischen Störungen müssen Sie dagegen immer einen Arzt aufsuchen. Dann wäre eigenes Herumdoktern lebensgefährlicher Leichtsinn. Andererseits brauchten viele Menschen, die nur über Husten oder Halsschmerzen klagen, nicht die Wartezimmer zu füllen, wenn sie wüßten, wie gut ein Kräuter-Tee ihnen helfen könnte.

Die Arznei aus den Vorräten der Natur hat neben allen anderen guten Eigenschaften auch den großen Vorteil, daß sie in der Regel keinerlei schädliche Nebenwirkungen verursacht. Auch dies ist

Die gute alte Kräuterapotheke gewinnt wieder viele neue Freunde.

HERBA
MONARDAE
OLEUM
ODORATUM

Kräuter-Tees sind gesund und preiswert.

für viele Menschen ein Grund, nicht mehr bei jeder Kleinigkeit zu Pillen zu greifen, sondern lieber einen Kräuter-Tee zu trinken.
Die folgenden Rezepte sind geordnet nach den kleinen Leiden des Alltags. So können Sie leichter einen passenden Tee oder ein hilfreiches Heilöl finden, wenn es im Hals kratzt oder in der Schulter zieht. Es handelt sich nur um bewährte Mittel, die Sie vertrauensvoll benutzen können. Wenn Sie sie öfter ausprobiert haben, wird es Ihnen nach einiger Zeit so ergehen wie unseren Urgroßmüttern: Sie werden aus eigener Erfahrung davon überzeugt sein, daß in der Natur auch heute noch viele Kräuter gegen viele Leiden wachsen.
Wenn Sie dann vor den reichen, duftenden Vorräten Ihrer eigenen »grünen Apotheke« stehen, empfinden Sie vielleicht ähnlich wie Pfarrer Kneipp, der schon im vorigen Jahrhundert schrieb: »Fast sämmtliche meiner Thee und Extrakte, Oele, Pulver rühren von früher geachteten, jetzt vielfach verachteten, spottbilligen Heilkräuter her, welche der liebe Herrgott im eigenen Garten, auf freiem Felde, manche um's Haus herum, an abgelegenen und unbesuchten Stellen wachsen läßt, Heilkräuter, die meistens keinen Pfennig kosten.«

Kräuter-Tees richtig zubereitet

Es ist keine schwierige Kunst, einen Tee aus Heilkräutern aufzugießen. Dennoch sollten Sie die wichtigsten Regeln beherrschen, damit Sie die Arzneistoffe der Pflanzen möglichst intensiv ausnützen können. Heilkräftige Substanzen sind in Blättern, Blüten, Wurzeln, Samen oder Rinden enthalten. Die folgenden Zubereitungsarten sind diesen unterschiedlichen Pflanzenteilen angepaßt. Sie wurden aus jahrhundertelanger Erfahrung entwickelt.
Der Aufguß Er ist die gebräuchlichste Form der Kräuter-Tee-Zubereitung. Man rechnet einen gehäuften Teelöffel voll getrocknetes Kraut pro Tasse und überbrüht diese Menge mit kochendem Wasser. Zugedeckt bleibt der Tee noch 10 bis 15 Minuten stehen. Dann wird er durchgesiebt und warm getrunken. Vor allem für getrocknete Blätter und Blüten eignet sich diese Art der Zubereitung. Sie enthalten oft flüchtige ätherische Öle und dürfen niemals gekocht werden!
Die Abkochung Sie löst aus harten Pflanzenteilen, wie ledrigen Blättern, Samen oder Rinden, heilkräftige Bitterstoffe, Mineralsalze und andere Substanzen. Die Dosierung ist die gleiche wie beim Aufguß. Der Tee wird aber mit kaltem Wasser angesetzt, zum Sieden gebracht und muß dann noch 15 Minuten leise weiterkochen. Danach können Sie ihn absieben.
Der kalte Auszug Er soll vor allem Schleimstoff lösen und eignet sich für harte Wurzeldrogen ebenso wie für die zarten Blüten der Malven. Bei dieser Zubereitung nehmen Sie die doppelte Teemenge wie beim Aufguß und gießen kaltes Wasser darüber. Das Gefäß bleibt zugedeckt mindestens 3 bis 5 Stunden stehen; ab und zu rühren Sie die Mischung um. Zum Schluß seihen Sie diesen kalten Tee ab.
Trinken Sie die heilsamen Kräuter-Tees immer langsam und schluckweise. Denken Sie auch daran, daß Heilpflanzen Medizin sind; sie sollten, ebenso wie Tabletten, nicht zur Gewohnheit werden. Dennoch dürfen Sie am Abend eine Tasse Kräuter-Tee als Vorbeugungsmittel trinken. Wechseln Sie dabei aber immer wieder zwischen verschiedenen Pflanzen ab.
Schalten Sie für ein paar Minuten auch den Lärm und die Hetze des Alltags ab, und genießen Sie Ihren warmen, aromatischen Tee mit offenen Sinnen. So kann Ihr Körper die feinen Wirkstoffe am besten aufnehmen. Lauschen Sie einige Augenblicke auf die leise Stimme der Natur, und spüren Sie, wie das warme Getränk ein Gefühl des Wohlbehagens in Ihnen auslöst. Solche besinnlichen Pausen bedeuten keine verlorene Zeit; sie sind heilsam in doppeltem Sinn.

Kräuter gegen Erkältungskrankheiten

Hustenkräuter

Thymian, Quendel, Huflattich, Spitzwegerich, Veilchenwurzeln, Malven, Schlüsselblumen, Königskerzenblüten und Anis wirken krampf- und schleimlösend. Sie können untereinander gemischt werden. Geben Sie ab und zu noch eine Prise Kamille dazu, die Entzündungen heilt. Süßen Sie Ihren Husten-Tee mit Honig.

Husten-Tee-Mischungen

Thymian - Huflattich – Spitzwegerich.
Dieser Tee wird mit heißem Wasser aufgebrüht.
Veilchenwurzeln – Malvenblüten – Schlüsselblumenwurzeln.
Dieser Tee wird als kalter Auszug zubereitet.
Quendel – Königskerzenblüten – Anis – Kamille.
Dieser Tee wird mit heißem Wasser aufgebrüht.

Thymian-Bad

100 Gramm Thymian werden mit 1 Liter kochendem Wasser überbrüht. Lassen Sie den Ansatz 10 bis 15 Minuten zugedeckt durchziehen. Dann sieben Sie den Extrakt ins Badewasser.
Das Thymian-Bad löst Husten und Bronchienverkrampfungen. Es beugt jeder Erkältung vor, wenn es rechtzeitig »beim ersten Kribbeln« genommen wird. Nach dem Bad sollten Sie einen Tee trinken und gleich ins Bett gehen.

Zwiebel-Honig-Brei

Hacken Sie eine rohe Zwiebel aus dem Garten sehr fein, mischen Sie Honig darunter, und nehmen Sie mehrmals am Tag einen Löffel voll von diesem Brei. Er ist besonders für Kinder ein wirksames Hustenmittel.

Schnupfen

Kamillen-Dampfbad

Geben Sie 1 bis 2 Hände voll Kamillenblüten in eine Schüssel, und gießen Sie 1 bis 2 Liter kochendes Wasser darüber. Dann beugen Sie den Kopf über die Schüssel und umhüllen ihn mit einem großen Frotteehandtuch. Atmen Sie die Dämpfe 5 bis 10 Minuten lang durch Mund und Nase ein. Auf diese Weise dringen die heilsamen Kamillenwirkstoffe tief in die Nebenhöhlen und in den Rachenraum. Sie lindern und heilen die Entzündungen der Schleimhäute. Der Schnupfen »fließt ab«. Sie können wieder durchatmen und besser schlafen. Dieses alte Großmutter-Rezept ist ebenso wirkungsvoll wie einfach. Im Gegensatz zu den viel verwendeten Nasensprays hat das Kamillen-Dampfbad keine schädlichen Nebenwirkungen; es drängt den Schnupfen nicht zurück, sondern löst ihn und wirkt heilend auf die Entzündung.

Majoran-Schnupfensalbe

Zerstoßen Sie in einer Porzellanschüssel 1 Teelöffel voll getrockneten Majoran, und gießen Sie 1 Teelöffel Weingeist (70–80%iger Alkohol aus der Apotheke) darüber. Lassen Sie diesen Ansatz 2 bis 3 Stunden zugedeckt stehen, und fügen Sie dann einen Teelöffel ungesalzene gute Butter hinzu.
Stellen Sie die Schüssel in einen Topf mit wenig Wasser, und erhitzen Sie den Inhalt im Wasserbad. Rühren Sie so lange, bis alle Zutaten eine Einheit bilden. Dann seihen Sie sie durch ein Baumwolltuch ab. Beim Abkühlen entsteht eine duftende Salbe, mit der Sie verstopfte Nasen innen und außen einreiben können.
Majoran-Salbe wirkt lindernd und lösend. Sie eignet sich besonders gut für Kinder. Stellen Sie aber immer nur eine kleine Portion davon her, und bewahren Sie sie kühl auf, denn die Butter wird leicht ranzig.

Gegen viele Alltagsbeschwerden ist im Garten der Natur ein Kraut gewachsen.

Halsschmerzen

Salbei-Tee

1 Teelöffel getrocknetes Kraut wird mit kochendem Wasser überbrüht. Trinken Sie den Tee ungesüßt und schluckweise. Mit warmem Salbei-Tee können Sie auch gurgeln. Er wirkt bei Halsschmerzen leicht zusammenziehend und antiseptisch.

Salbei-Kamillen-Tee

Diese Mischung wird wie Salbei-Tee zubereitet und genauso angewendet. Die Kamille wirkt zusätzlich entzündungshemmend.

Salbei-Ysop-Tee

Auch dieser Tee wird wie Salbei-Tee zubereitet. Ysop verstärkt die Wirkung des Salbeis.

Kräuter gegen Magen-Darm-Beschwerden

Magenkrämpfe

Kamillen-Tee beruhigt und heilt Entzündungen. Pfefferminze wärmt und löst Verkrampfungen. Beide Tees werden mit heißem Wasser aufgebrüht.

Magendrücken – Völlegefühl

Bitterer Wermut-Tee mit einer Prise Pfefferminze hilft, wenn Sie zu schwer oder zu viel gegessen haben. Er wird mit heißem Wasser aufgebrüht. Trinken Sie ihn ungesüßt.

Bauchweh-Kräuter

Bei leichten Magen-Darmkrämpfen, die nicht durch ernsthafte organische Störungen verursacht sind, helfen diese Kräuter: Pfefferminze, Kamille, Fenchel, Kümmel, Anis, Bohnenkraut, Schafgarbe und Wermut. Sie können sie einzeln oder gemischt verwenden. Der Tee wird ungesüßt getrunken.

Blähungen

Kümmel, Fenchel und Anis sind die klassischen Bauchwehkräuter, die »die Winde« sanft zerteilen und auflösen. Sie können diese Kräuter einzeln oder vermischt verwenden.
Zerdrücken Sie die Samenkörner etwas, und gießen Sie den Tee dann mit kochendem Wasser auf. Er wird ungesüßt getrunken.

Durchfall

Stopfend und zusammenziehend wirken Kräuter, die Gerbsäure enthalten. Bei Durchfall können Sie Bohnenkraut, Andorn und Schafgarbe verwenden. Fügen Sie noch ein paar junge Brombeerblätter hinzu.
Der Tee wird mit kochendem Wasser aufgebrüht und ungesüßt getrunken.

Nervöse Schlafstörungen

Gemischter Schlaf-Tee

Melisse, Hopfen, Baldrian und eine Prise Kamille werden mit kochendem Wasser aufgebrüht. Trinken Sie diesen Tee, der mit Honig gesüßt werden kann, möglichst heiß auf der Bettkante. Legen Sie

sich anschließend gleich zum Schlafen hin, Sie werden sehr sanft, fast unmerklich einschlafen.

Waldmeister-Tee

Einen leichten, entspannenden Schlaf-Tee können Sie auch aus getrocknetem Waldmeister aufbrühen. Er wird mit Honig gesüßt und warm getrunken. Für alte Menschen ist dieser Tee besonders empfehlenswert.

Diese Kräuter-Schlaf-Tees wirken vorzüglich, ohne zu betäuben. Sie wachen am nächsten Morgen erfrischt und ausgeruht auf.

Aus zahlreichen Kräutern können Sie bewährte Hausmittel selber herstellen.

Nervöse Unruhe

Entspannend, entkrampfend und beruhigend wirken diese Kräuter: Melisse, Lavendel, Hopfen, Johanniskraut, Baldrian und Kamille. Rosmarin stabilisiert den Kreislauf, kräftigt und erfrischt; er hilft auch bei Nervenschmerzen.

Melissen-Tee

Frische oder getrocknete Blätter werden mit kochendem Wasser überbrüht. Süßen Sie diesen Tee mit Honig, und trinken Sie ihn so warm wie möglich.

Johanniskraut-Tee

Dieser ausgezeichnete Nerventee wird wie Melissen-Tee zubereitet. Beide Getränke wirken entspannend und beruhigen die Nerven. Trinken Sie längere Zeit zwei- bis dreimal täglich Melissen- oder Johanniskraut-Tee.

Lavendel-Bad

60 bis 100 Gramm Lavendelblüten werden mit 1 Liter kochendem Wasser überbrüht. Lassen Sie diesen Extrakt 15 Minuten durchziehen, und sieben Sie ihn dann ins Badewasser.
Sie können auch 2 bis 3 Eßlöffel Lavendel-Öl (Rezepte Seite 156) ins heiße Wasser geben. Ein Lavendel-Bad glättet strapazierte Nerven. Es wirkt herrlich erfrischend und entkrampfend.

Rotes Johannis-Öl

Füllen Sie nach dem Grundrezept (siehe Seite 142) gereinigte Blüten und Blätter des Johanniskrautes in eine Flasche, und gießen sie bestes Olivenöl darüber.

Goldenes Ringelblumen- und rotes Johannisöl.

Der erste Ansatz bleibt 2 bis 3 Wochen in der Sonne stehen. Dann können Sie das Öl durchsieben und noch einmal mit frischem Kraut ansetzen. So wird das Heilöl besonders reich an wertvollen Inhaltsstoffen. Nach weiteren 2 bis 3 Wochen hat es sich blutrot gefärbt und wird dann endgültig abgesiebt und umgefüllt. Sie können auch den ersten Ansatz 5 bis 6 Wochen lang durchziehen lassen.
Innerlich nehmen Sie das vorzügliche Rotöl teelöffelweise dreimal täglich vor den Mahlzeiten ein. Spülen Sie gleich mit einer halben Tasse voll möglichst heißem Wasser nach; dann verschwindet der ölige Geschmack sofort.
Bei einer Kur von 5 bis 6 Wochen werden Sie zusehends ruhiger und ausgeglichener. Selbst leichte Formen von Depressionen verschwinden mit Hilfe von Johannis-Öl.

Nervöse Herzbeschwerden und Erschöpfung

Baldrian-Tee

1 bis 2 Teelöffel voll zerdrückte Baldrianwurzeln werden als kalter Auszug angesetzt, der über Nacht durchziehen soll.

Baldrian-Melissen-Tee

Diese Mischung aus Melissenblättern und Baldrianwurzeln überbrühen Sie mit kochendem Wasser und lassen sie ungefähr noch eine halbe Stunde ziehen. Dann gießen Sie ab und trinken den warmen Tee mit Honig.
Baldrian wirkt sehr beruhigend und entspannend. Sie können ihn unbesorgt längere Zeit einnehmen.

Rosmarin-Tee

Brühen Sie das Kraut mit kochendem Wasser auf. Sie können die festen Blättchen auch als Abkochung zubereiten. Der aromatische Rosmarin-Tee belebt und regt den Kreislauf an. Er stärkt das Herz.

Rosmarin-Bad

Bereiten Sie aus 60 Gramm Rosmarin und 1 Liter kochendem Wasser einen Extrakt, der 15 Minuten zugedeckt durchziehen muß und dann ins Badewasser gegossen wird. Ein Rosmarin-Bad wirkt so angenehm belebend, daß Sie es nur tagsüber nehmen sollten. Am Abend steigen Sie zu munter »aus den Fluten«! Falls Sie allerdings noch ausgehen wollen, ist diese Anregung genau das Richtige.

Nervenschmerzen

Lavendel-Öl

Übergießen Sie 2 bis 3 Handvoll Lavendelblüten mit bestem Olivenöl, bis alle Pflanzenteile gut bedeckt sind. Die Mischung bleibt 5 bis 6 Wochen lang in der Sonne stehen und wird dann durchgesiebt. Einreibungen mit dem duftenden Lavendel-Öl lindern neuralgische Muskel- und Kopfschmerzen. Sie wirken kräftigend und beruhigend.

Lavendel-Spiritus

Füllen Sie 30 Gramm getrocknete Lavendelblüten in eine Flasche, und gießen Sie soviel 70%igen reinen Alkohol (aus der Apotheke) darüber, daß die Blumen ganz mit der Flüssigkeit bedeckt sind. Dieser Ansatz muß 4 Wochen gut verschlossen in der Sonne stehen. Dann filtern Sie die duftende Lavendel-Essenz durch ein Tuch ab und drücken die Blüten kräftig aus. Wenn es zu stark ist, verdünnen Sie dieses Konzentrat mit destilliertem Wasser und füllen es dann in kleine Flaschen ab.
Reiben Sie bei Kopfschmerzen Stirn und Schläfen mit Lavendel-Spiritus ein. Bei nervösen Herzschmerzen massieren Sie die Essenz rund um die Brust; bei Verkrampfungen und Gliederschmerzen können Sie Nacken, Arme, Rücken oder Beine damit einreiben.
Lavendel-Spiritus wirkt wohltuend entspannend und schmerzlösend.

Rosmarin-Spiritus

Wie Lavendel können Sie auch Rosmarin in Alkohol ansetzen. Wenn Sie sich damit einreiben, wird die Haut besser durchblutet. So werden rheumatische Nervenschmerzen wohltuend beeinflußt. Rosmarin-Spiritus kann ähnlich wie Lavendel-Spiritus verwendet werden. Er wirkt aber noch anregender.

Kräuter für alltägliche Verletzungen

Kleine Wunden, Verstauchungen, Blutergüsse

Diese Kräuter wirken heilend: Ringelblumen, Beinwell, Spitzwegerich, Johanniskraut.
Sie können daraus Salben, Heilöl oder Umschläge zubereiten.

Ringelblumen-Salbe

Diese Salbe ist sehr bekannt und außerordentlich wirksam. Sie können sie auch fertig in der Apotheke kaufen. Für die Zubereitung einer eigenen Ringelblumen-Salbe brauchen Sie frischgepflückte Blüten und einige Blätter, die zerdrückt oder klein geschnitten werden; hinzu kommt reines Schweineschmalz.
Lassen Sie 3 Eßlöffel Schmalz in einem Topf vorsichtig warm werden. Wenn das Fett flüssig wird, geben Sie 3 bis 4 Eßlöffel Pflanzenteile hinein und kochen diese Mischung ganz langsam auf. Dann nehmen Sie den Topf vom Herd und lassen alles etwa 10 Minuten durchziehen. Bevor das Fett wieder fest wird, filtern Sie es durch ein sauberes Tuch und drücken die Rückstände gut aus.
Nach dem Erkalten muß diese Salbe kühl aufbewahrt werden; dann hält sie sich ungefähr 1 Jahr. Am besten füllen Sie sie in ein leeres Cremedöschen aus Porzellan; das Sie in den Kühlschrank stellen.
Versuchen Sie auf jeden Fall, für eine Heilsalbe Schmalz zu bekommen, das von gesunden, natürlich großgezogenen Tieren stammt. Manche Kräuterexperten empfehlen Lammfett für die Zubereitung der Ringelblumensalbe.
Sie können auch ungesalzene gute Butter verwenden. In diesem Fall zerdrücken Sie die Blätter und Blüten der Ringelblumen ein wenig und verkneten sie dann mit der Butter. Diese Mischung wird erwärmt; zum Schuß seihen Sie die flüssige Butter ab. Diese »Ringelrosen-Salbe« ist natürlich nicht unbegrenzt haltbar.
Ringelblumen-Salbe läßt kleine Wunden, Entzündungen, Geschwüre und Hautabschürfungen rasch abheilen.

Ringelblumen-Umschlag

Brühen Sie mit kochendem Wasser einen Ringelblumen-Tee auf. Nach 10 Minuten wird die Flüssigkeit abgesiebt. Wenn Sie nur noch handwarm ist, tauchen Sie ein sauberes Baumwolltuch hinein und legen diese teegetränkte Kompresse auf Wunden, Geschwüre, Blutergüsse oder verstauchte Glieder. Auch auf diesem Wege fördern Ringelblumen eine schnelle, saubere Heilung.

Beinwell-Salbe

Schneiden Sie gesäuberte Beinwellwurzeln in kleine Stücke, und lassen Sie diese in heißem Schmalz ausziehen wie die Ringelblumen. Das durchgefilterte Fett wird ebenso in Porzellan- oder Glasgefäßen kühl aufbewahrt.
Beinwell-Salbe hilft bei der Heilung kleiner Wunden, Risse, Quetschungen und Blutergüsse.

Beinwell-Umschläge

Lassen Sie 100 Gramm gesäuberte, kleingeschnittene Beinwellwurzeln in 1 Liter Wasser 10 Minuten aufkochen. Dann sieben Sie den Sud ab und verwenden ihn für feuchte Umschläge. Damit können Sie Wunden, Geschwüre und Quetschungen verbinden. Beinwell-Umschläge lindern aber auch rheumatische Muskelverhärtungen.

Spitzwegerich-Kamillen-Umschlag

Frisch ausgepreßter Spitzwegerich-Saft wird mit Kamillen-Tee verdünnt. Mit dieser Flüssigkeit können Sie Umschläge machen, die über kleine frische Verletzungen gelegt werden. Beide Kräuter fördern die Wundheilung. Kamille wirkt außerdem entzündungshemmend.

Ringelblumensalbe darf in keiner Hausapotheke fehlen.

Kräuter gegen Insektenstiche

Bienen und Wespen stechen im allgemeinen nur dann zu, wenn sie sich bedroht fühlen. Wenn also ein solches schwirrendes Insekt Sie umkreist, weil es vom leuchtenden Rot Ihres Sommerkleides oder vom Duft eines Parfüms angelockt wurde, dann bleiben Sie am besten ganz ruhig. Die Honigsucher fliegen von selbst weg, sobald sie ihren Irrtum bemerken. Erst wenn Sie wild um sich schlagen, reizen Sie die Tiere. Angst und Notwehr enden dann oft mit einem schmerzenden Stich.
Wenn Sie sich aber, aus welchen Gründen auch immer, eine solche typische Sommerverletzung zugezogen haben, dann helfen Ihnen die folgenden Mittel aus der »grünen Apotheke«. Je eher Sie angewendet werden, desto rascher spüren Sie die lindernde Wirkung.

Zwiebelsaft und Honig

Versuchen Sie immer zuerst, den Stachel herauszuziehen, falls er in der Einstichstelle steckenblieb. Anschließend träufeln Sie den frischen Saft aus einer durchgeschnittenen Zwiebel auf die Wunde. Auch ein wenig flüssiger Honig wirkt heilend und desinfizierend.

Kräuter-Pflaster

Unter den heilsamen Pflanzen aus dem Gewürzgarten oder vom Wiesenrand können Sie auswählen, wenn ein Insekt zugestochen hat. Nehmen Sie immer dasjenige Kraut, das am schnellsten zur Hand ist:
Frische Blätter der Zitronenmelisse werden ein wenig zerquetscht und über den Einstich gelegt. Sie können auch die Stelle vorsichtig mit den Blättern einreiben. Ähnlich wirkungsvoll ist eine Auflage aus Balsamkraut oder aus den Blütenblättern der Ringelblumen.
Sehr gut eignet sich zur Ersten Hilfe auch der Spitzwegerich. Zerdrücken Sie seine Blätter ein wenig, damit der heilkräftige Saft heraustritt, und legen Sie einen Umschlag aus diesem wilden Kraut über die schmerzende Stelle. Spitzwegerich sollten Sie sich unbedingt merken, weil er im Notfall meist überall am Wegrand zu finden ist. Achten Sie aber darauf, daß die Blätter sauber sind!
Wenn sie rasch handeln, werden die Insektenstiche unter dem heilenden Kräuter-Pflaster bald zurückgehen und nicht schmerzhaft anschwellen. Falls aber unglücklicherweise eine Wespe in die Mundhöhle gerät und dort zusticht, dürfen Sie keine Zeit verlieren. Fahren Sie sofort zum nächsten Arzt! Diese Schwellung kann lebensgefährlich werden. Wenn Sie im Freien süßen Pflaumenkuchen essen oder Limonade trinken, sollten Sie deshalb immer auf Wespen achten.

Kräuter gegen Sonnenbrand und kleine Brandwunden

Johannis-Öl

Das kostbare rote Johannis-Öl (Rezept Seite 155) ist ein hervorragendes Heilmittel bei Verbrennungen.
Ob Sie sich nun unter den Strahlen der Sonne verbrannt oder ob Sie mit der Hand aus Versehen ans heiße Bügeleisen gefaßt haben – wenn Sie sofort Johannis-Öl über die Hand streichen, treten keine bösen Folgen auf. Der Schmerz läßt überraschend schnell nach. Auch ein starker Sonnenbrand heilt bald ab. Wichtig ist nur, daß Sie das heilsame rote Öl so schnell wie möglich verwenden.

Die Kräuter-Rezepte in diesem Kapitel zeigen nur einen kleinen Ausschnitt aus den vielfältigen Möglichkeiten, die die Natur Ihnen bietet. Sie gehören zu denjenigen Mitteln, die jeder ausprobieren und in der eigenen Hausapotheke aufbewahren kann. Wenn Sie mit diesen wirkungsvollen natürlichen Arzneien vertraut geworden sind, dann werden Sie sicher noch mehr Rezepte entdecken und nützen.
In den einzelnen Kräuterbeschreibungen dieses Buches finden Sie dafür unter den Stichworten »Verwendung in der Hausapotheke« und »Historische Verwendung« noch zahlreiche weitere Anregungen.

Kräuter für jeden Tag

Entspannter Schlaf auf Kräuterkissen

»Die Melisse macht anmutige Träume«, verspricht ein altes Arzneibuch. Und Plinius der Ältere gab den Römern den Rat, Anis als natürliches Schlafmittel zu benutzen, denn dieser »erleichtert schwere Träume, wenn man ihn so über dem Kopfkissen aufhängt, daß der Schlafende ihn riecht.«

Aus guter Erfahrung weiß man also schon seit vielen Jahrhunderten, daß bestimmte Kräuter einen tiefen, entspannenden Schlaf fördern, der nicht durch quälende Alpträume gestört wird. In unserer hektischen Zeit greifen wir das Wissen um solche wohltuende Eigenschaften dankbar wieder auf. Viele Menschen leiden unter nervösen Anspannungen und finden nach den vielfältigen Reizüberflutungen des Tages am Abend keinen Schlaf. Wer in einer solchen Situation nicht ständig zu Tabletten greifen möchte, der sollte es einmal mit einem duftenden »Traum-Kissen« versuchen. Es wird mit einer bestimmten Kräutermischung gefüllt und schenkt angenehme Entspannung.

Dieses natürliche Schlafmittel gehört durchaus nicht zu den Märchen aus der guten alten Zeit. Seine Wirksamkeit läßt sich ganz realistisch mit modernen Erkenntnissen erklären: Alle Kräuter, die für das Schlafkissen benutzt werden, enthalten ätherische Öle und entspannende, nervenberuhigende Wirkstoffe. Wenn Sie das kleine Duftpolster am Abend direkt neben Ihr Gesicht auf das Kopfkissen legen, dann löst die Wärme Ihrer Haut jedesmal einen Teil der ätherischen Öle. Diese heilsamen Substanzen, die sich leicht verflüchtigen, atmen Sie nun ein. So nehmen Sie die nervenberuhigenden Wirkstoffe direkt auf. Fast unmerklich gleiten Sie dabei in den Schlaf.

Auch wenn Sie nachts wach werden und sich unruhig im Bett hin- und herdrehen, sollten Sie sich Ihr Traumkissen greifen und seine »Medizin« einatmen. Schon bald erfüllt es seine einschläfernde Wirkung. Auch bei Bronchialkatarrh und asthmatischen Beschwerden entfaltet das Kräuterkissen seine wohltuenden, entkrampfenden Eigenschaften.

Auf viele Menschen wirkt das duftende kleine Polster schon deshalb angenehm und besänftigend, weil sie seinen herrlichen Wohlgeruch lieben. Wenn Sie die Augen schließen, träumen Sie, auf einer blühenden Wiese oder im würzigen Heu zu liegen. Für viele wurde das duftende kleine Kuschelkissen auch zu einem tröstlichen und beruhigenden Begleiter in einsamen Stunden.

Wenn Sie nach einem natürlichen Schlafmittel suchen, das keinerlei schädliche Nebenwirkungen verursacht, dann sollten Sie einmal ein solches Kräuterpolster ausprobieren. Sie können es ganz leicht selber herstellen. Die trockenen Kräuter werden in einer Schüssel vermischt und in einen kleinen Kissenbezug geschüttet. Die Füllung soll locker sein, so daß sie sich von selbst immer wieder durcheinandermengt. Sie dürfen nur reine Baumwolle oder feinen Baumwollbatist für die Hülle verwenden. Synthetik ist ungeeignet. Der Stoff soll »atmen«.

Ein Traumkissen, gefüllt mit Kräutern, die Entspannung schenken, können Sie auch leicht selber herstellen.

Ein praktischer Tip: Kaufen Sie preiswerte Taschentücher im Kaufhaus, und nähen Sie diese mit der Maschine aufeinander. An einer Seite bleibt ein Schlitz offen zum Füllen. Diese Stelle nähen Sie zum Schluß mit der Hand zu. Aus kleinen Stoffresten können Sie aber auch längliche Kissenbezüge herstellen, etwa im Format 25 × 35 cm.

Die folgenden Kräuter eignen sich für die Füllung. Sie können sie nach ganz persönlichem »Duftgeschmack« miteinander kombinieren. Wählen Sie nur diejenigen Wohlgerüche, die Sie als angenehm empfinden.

Anis Die Samen sind reich an ätherischem Öl und wirken krampflösend.

Baldrianwurzeln Sie sind als Nervenberuhigungsmittel bekannt, lösen Streß und Ängste und lassen Sie sanft einschlafen.

Hopfen Er entfaltet nicht nur im Bier, sondern auch im Kräuterkissen seine entspannenden Eigenschaften.

Kamille Die Blüten sind für ihre krampfstillende Wirkung berühmt; sie enthalten ätherisches Kamillen-Öl.

Melisse Das Kraut entspannt und beruhigt das Herz.

Pfefferminze Sie wirkt wärmend und entkrampfend; ihr Duft bereichert jedes Kräuterkissen.

Quendel Dies ist der wilde Verwandte des Thymian. Er löst Krämpfe und beruhigt die Nerven.

Rosmarin Er wirkt anregend und stärkend auf Herz und Nerven. Nehmen Sie davon nur eine Prise.

Salbei Die Blätter haben allgemein kräftigende Eigenschaften. Ihr Geruch ist herb-würzig.

Thymian Er lindert Krämpfe und Husten. Das Kraut darf in keinem Kissen fehlen.

Insgesamt benötigen Sie etwa 250–300 Gramm Kräuter für ein Kissen. Nach etwa einem Jahr sind die Wirkstoffe verbraucht. Dann sollten Sie Ihr Traumkissen wieder frisch füllen. Am besten fertigen Sie gleich einige Duftpolster auf Vorrat an; sie eignen sich gut als Geschenke. So verhelfen Sie auch schlaflosen Freunden zu angenehmen Träumen.

Kräutersträuße gegen Motten und Fliegen

»Stabwurtz (Eberraute) in die Truhen zwischen die Kleider geleget / verhütet sie vor den Motten und Schaben / daß sie nicht geschädiget werden.«

Motten und andere ungebetenen Hausgenossen waren immer schon ein lästiges Übel. Zu einer Zeit, als Nahrungsvorräte noch in Säcken und Holzkisten lagerten, war es besonders wichtig, rechtzeitig wirksame Abwehrmaßnahmen zu ergreifen. Die intensiven, oft bitter-herben Düfte mancher Pflanzen erwiesen sich dabei als hilfreich. Unsere Vorfahren kannten sich aus in der Verwendung der Kräuter. Sie nutzten ihre vielseitigen Eigenschaften nicht nur als Medizin, sondern auch zu ganz profanen Zwecken, wie der Vertreibung von Motten, Insekten oder Flöhen. Der Kräutervater Tabernaemontanus gab seinen geplagten Mitmenschen dazu zahlreiche praktische Rezepte an die Hand:

»Ein andere Kunst die Flöh zu vertreiben: Nimm Corianderkraut / zwei Theil/ Holderblätter / Wermuth / jedes ein Theil. Lass die Stück in Wasser sieden / und begieß die Gemach damit / so sterben sie alle. Die Kleider mit dieser Kochung besprenget und gerieben / tötet auch die Läus und Nisse.«

Die Kenntnis solcher Kräuterrezepte für den Haushalt geriet im Lauf der Jahrhunderte zeitweise in Vergessenheit. So beklagte ein Kräuterkenner bereits im 19. Jahrhundert, daß der Lavendel im Wäscheschrank zu wenig benutzt würde.

Es ist durchaus nicht abwegig, sich die insektenabwehrenden Eigenschaften mancher Würzkräuter heute wieder zunutze zu machen. Sie riechen bestimmt angenehmer als Mottenkugeln, sind ungefährlicher als chemische Mittel und machen Sie um einige Naturerfahrungen reicher. Auch Ihr Kräuterbeet gewinnt an Duft und Vielfalt, wenn Sie die Pflanzen, die in den folgenden Rezepten aufgeführt sind, im eigenen Garten anpflanzen.

Kräuter gegen Motten

Schneiden Sie Lavendelblüten mit einem Stückchen Stiel ab. Binden Sie sie zu einem Sträußchen, und hängen Sie diese Kräuterernte an einem luftigen, schattigen Ort zum Trocknen auf. Danach legen Sie diese herrlich frisch duftenden Lavendelbüschel in den Kleiderschrank. Um die Wäsche vor Krümeln zu schützen, können Sie die trockenen Blüten auch abstreifen und in kleine Stückchen aus feinem Baumwollstoff füllen.

Gute Dienste erweist der Lavendel auch Ihren Wintersachen. Er schützt Pullover und Pelze vor Motten.

Die Eberraute, die die Kräuterväter des ausgehenden Mittelalters priesen, können Sie ebenfalls in Büscheln trocknen und in den Schrank hängen. Von dieser aromatisch duftenden Pflanze verwenden Sie die gefiederten graugrünen Blätter. Die Franzosen nennen das nützliche Kraut übrigens aus gutem Grund »garde robe« (Kleiderschutz).

Wenn Sie experimentierfreudig sind, können Sie gegen Motten auch getrocknete Büschel aus Weinraute, Heiligenkraut, Balsamkraut, Rainfarn, Rosmarin oder Waldmeister verwenden. Natürlich lassen sich diese Pflanzen auch untereinander mischen. So können Sie sich eine Duftnote zusammenstellen, die den Insekten zuwider, Ihnen selbst aber angenehm ist. Balsamkraut und Lavendel ergeben zum Beispiel eine wohlriechende Kombination.

Auch die aromatischen Wurzeln mancher Heilpflanzen schlagen Motten in die Flucht. Von Alant und Calmus können Sie die Wurzeln ausgraben und trocknen. Besonders lange hält sich der süße Duft der Schwertlilienwurzeln. Sie müssen allerdings die alte heilkräftige Florentiner Iris *(Iris florentina)* in Ihren Garten holen. Die getrockneten Wurzeln dieser Schwertlilie duften nach Veilchen. Sie sollten sie einmal zwischen die Wäsche legen. Dieses wohlriechende Anti-Mottenmittel aus der Natur ist wirklich ein Experiment wert. »Veilchenwurzeln« bleiben übrigens jahrelang »dufte« wirksam!

Kräuter gegen Fliegen und Mücken

Gegen lästige Fliegen und Mücken in der Wohnung sollten Sie es in den Sommermonaten einmal mit aromatisch riechenden Kräutersträußen versuchen, die eine angenehme Atmosphäre im Raum verbreiten. In den Zimmern hängen Sie die Büschel, die Fliegen und andere Insekten abwehren, an der Decke, unter der Lampe oder direkt vor dem Fenster auf. Für kleine Sträuße genügen eine dünne Kordel und zwei Reißbrettstifte; größere Zweige befestigen Sie besser an einem Bilderhaken, der rasch eingeschlagen und auch wieder entfernt werden kann.

Als Anti-Fliegenkräuter eignen sich die süß-würzig duftenden Zweige des blühenden Rainfarns, der bittere Wermut und die Eberraute mit ihrem herb-zitronenartigen Geruch. Rainfarn ist besonders leicht zu finden, falls Sie ihn nicht im Garten angepflanzt haben. Das Wildkraut gedeiht auch heute noch an Wegrändern und Böschungen. Schneiden Sie das ganze blühende Kraut, und hängen Sie es locker gebündelt auf. Dieser Strauß bildet – abgesehen vom Duft und vom Nutzen – wochenlang einen hübschen Anblick.

Fliegen drehen auch ab, wenn ein Topf mit würzigem Basilikum auf der Fensterbank steht. Wo die Insektenplage schlimm wird, da sollten Sie Holunderblätter und einige Stengel mit starkriechendem Tomatenlaub von außen vor das Fenster hängen. Dazu eignen sich zum Beispiel Seitentriebe, die Sie herausbrechen, damit die Pflanzen nicht zu stark ins Kraut schießen. Das Insektenschutz-Angebot der Natur ist viel reichhaltiger, als wir im allgemeinen ahnen. Wir sollten es wieder nutzen, denn diese Pflanzen verursachen keine schädlichen Nebenwirkungen.

Wenn die natürlichen Mittel nicht hundertprozentig wirken, dann können Sie zusätzlich Fliegengitter einsetzen. Vor allem in der Küche, wo Lebensmittel lagern und kleine Kinder herumkrabbeln, sind solche ungefährlichen Methoden empfehlenswert. Freude am Anblick der altmodisch-charmanten Kräutersträuße werden Sie auch dann haben, wenn die eine oder andere Fliege die »Duftbarrikade« durchbricht.

Blühender Rainfarn vertreibt lästige Insekten. Hängen Sie überall dort, wo Sie Plagegeister vertreiben wollen, Sträuße des aromatisch duftenden Krautes auf.

Schluß-betrachtung

Wenn Sie bis hierher vorgedrungen sind – beim Lesen und Ausprobieren – dann ist der Umgang mit Kräutern für Sie keine Hexerei mehr. Aber es wird Ihnen ergehen wie dem Zauberlehrling, der die Geister, die er rief, nicht mehr los wurde. Sie werden sich, wenn Sie Wohlgeruch, Würze und Heilkraft der Kräuter einmal ausprobiert haben, Ihren Garten und Ihre Küche ohne sie nicht mehr vorstellen können. Ein Leben ohne Kräuter – das ist wie eine Rose ohne Duft! Mit frischen würzigen Kräutern krönen Sie Ihre Garten- und Kochkünste. Mit heilkräftigen Kräutern leben Sie ausgeglichener und gesünder.

Betrachten Sie Ihren Duft-, Heil- und Gewürzgarten aber auch als Zugang zu einem Bereich der Natur, der noch eine große Lebensfülle enthält. Die Kräuter der Wiese und des Gartens können in einer gefährdeten Umwelt der Erde, den Tieren und den Menschen zu einem ausgewogeneren Dasein verhelfen.

Kräuter-Liebhaber und Kräuter-Kenner sind Lebenskünstler im weitesten Sinne. Von nun an gehören Sie dazu!

Blütenträume aus dem Kräutergarten: Boretsch, Ringelblumen und Weinraute.

Bezugsquellen

Spezialisten für Kräuter und Duftpflanzen

Rühlemanns
Kräuter und Duftpflanzen
Auf dem Berg 166
27367 Horsted
(Riesenauswahl heimischer und internationaler Kräuter-Spezialitäten)
Internet: www.ruehlemanns.de

herb's
Bioland Gärtnerei & Pflanzenversand
Stedinger Weg 16
27801 Nuttel
(viele Spezialitäten, großes Minzensortiment)
Internet: www.herb-s.de

Magic Garden Seeds
Philosophenweg 54
34121 Kassel
(Heil- und Zauberpflanzen, ethnobotanische Raritäten)
Internet: www.magic-garden-seeds.de

Kräuterey Lützel
Im stillen Winkel 5
57271 Hilchenbach-Lützel
(Bioland-Gärtnerei, große Auswahl von Küchen-, Duft- und Heilkräutern, Raritäten)
Internet: www.kraeuterey.de

Otzberg-Kräuter
Gewürz- und Duftpflanzen
Erich-Ollenhauer-Straße 87a
65187 Wiesbaden
(große Vielfalt, kontrolliert biologischer Anbau)

Blauetikett-Bornträger GmbH
Postfach 30
67591 Offstein
(Gewürz-, Heil- und Wildkräuter)
Internet: www.blauetikett.de

R. Wiedemann
Gärtnerei
Ditzenbacherstr. 22
73312 Geislingen-Aufhausen
(u. a. Pfefferminze-Auswahl, Salbei-Sortiment, große Auswahl Duftblattgeranien)

Reinhold Krämer
Waldstetter Gasse 4
73525 Schwäbisch Gmünd
(Saatgut von Kräuter- und Duftpflanzen-Spezialitäten)

Syringa – Samen
Dipl.-Biol. B. Dittrich
Postfach 1147
78245 Hilzingen
(Duftpflanzen, reiche Auswahl z. T. seltener Gewürzkräuter, Samen und Pflanzen)
Internet: www.syringa-samen.de

Wolfhart Lau
Hof Berggarten
Lindenweg 17
79737 Großherrischwand
(Samen und Pflanzen von Heil- und Wildkräutern)
Internet: www.hof-berggarten.de

Blumenschule
Rainer Engler & Sabine Friesch
Naturlandbetrieb
Augsburger Straße 62
86956 Schongau
(viele Spezialitäten, reiche Auswahl von Minzen, Salbei und Basilikum)

Dieter Gaißmayer
Staudengärtnerei
Jungviehweide 3
89257 Illertissen
(Duft- und Aromapflanzen, Zauberkräuter, großes Minzensortiment)
Internet: www.staudengaissmayer.de

Raritätengärtnerei Fam. Treml
Eckerstraße 32
93471 Arnbruck
(Kräuter, Gewürze, Duft- und Zauberpflanzen aus aller Welt, großes Duftblattgeranien-Sortiment)
Internet: www.pflanzentreml.de oder www.kraeutertreml.de

In Österreich:
Gartenbau H. + H. Wagner
Gutendorf 36
A-8353 Kapfenstein
(sehr großes Kräuter- und Duftpflanzen-Sortiment mit vielen Spezialitäten)
Internet: www.gartenbauwagner.at

In der Schweiz:
Gärtnerei Silberdistel
Ch. und U. Fotsch-Eicher
Kräuter und Heilpflanzenkulturen
CH-3855 Brienz
(großes Kräuter- und Heilpflanzen-Sortiment, Duftblattgeranien, große Auswahl Salbei, Thymian, Minzen, Zauberkräuter)

Saatgut aus biologischem oder biologisch-dynamischem Anbau

Allerleirauh GmbH
Saatguthandel
Kronstraße 24
61209 Echzell
(biologisch-dynamischer Anbau)
Internet: www.allerleirauh.com

Blauetikett
Bornträger GmbH
Arznei- und Gewürzpflanzen
Postfach 30
67591 Offstein
(Heilkräuter aus biologischem Anbau)
Internet: www.blauetikett.de

Dreschflegel Saatgut
Föckinghauser Weg 9
49324 Melle
(kontrolliert biologischer Anbau)
Internet: www.dreschflegel-saatgut.de

HILDsamen GmbH
Postfach 1161
71666 Marbach
(Kräuter aus anerkannt ökologischem Anbau)
Internet: www.hildsamen.de

Keller GmbH & Co. KG
Biogarten und Gesundheit
Konradstraße 17
79100 Freiburg i. Br.
(biologisch-dynamischer Anbau)
Internet: www.biokeller.de

In der Schweiz:
Andermatt Biocontrol AG
Stahlermatten 6
CH-6146 Großdietwil
(biologischer Anbau)
Internet: www.biocontrol.ch

C. und R. Zollinger
CH-1894 Les Evouettes
(biologischer Anbau)

Saatgut aus konventionellem Anbau – ungebeizt

HILDsamen GmbH
Postfach 1161
71666 Marbach
Internet: www.hildsamen.de

Bruno Nebelung GmbH & Co.
Kiepenkerl Pflanzenzüchtung
Postfach 1263
48348 Everswinkel

Carl Sperling & Co.
Saatzucht
Postfach 2640
21316 Lüneburg
Internet: www.sperli-samen.de

Julius Wagner GmbH
Samenzucht, Samengroßhandel
Juliwa Markensaat
Postfach 105880
69048 Heidelberg
Internet: www.juliwa.de

(Hobby-Gärtner-Portionen aller genannten Firmen sind im örtlichen Fachhandel erhältlich)

Biologische Dünge- und Pflanzenschutzmittel

Snoek GmbH
Tannenweg 10
Mulmshorn
27356 Rotenburg (Wümme)
(Dünger, Pflanzenschutz- und -pflegemittel)

Die Biologischen von Neudorff
W. Neudorff GmbH KG
Postfach 1209
31857 Emmerthal
(Dünger, Pflanzenschutz- und -pflegemittel)
Internet: www.neudorff.de

Celaflor GmbH
Konrad-Adenauer-Straße 30
55218 Ingelheim
(Dünger, Pflanzenschutz- und -pflegemittel, Niembaum-Präparat)
Internet: www.celaflor.de

Niem-Handel
August-Bebel-Straße 45
64347 Griesheim
(Große Auswahl von Niembaum-Produkten)
Internet: www.niem-handel.de

H. + W. Richter
Bio-Express
Zellerstraße 51
73275 Ohmden-T.
(Pflanzenschutz- und -pflegemittel)

Gebr. Schaette KG
Postfach 1308
88331 Bad Waldsee
(Pflanzenpflegemittel, Milsana)
Internet: www.schaette.de

Keller GmbH & Co. KG
Biogarten und Gesundheit
Konradstraße 17
79100 Freiburg i. Br.
(Dünger, Pflanzenschutz- und -pflegemittel)
Internet: www.biokeller.de

Oscorna Dünger GmbH & Co.
Postfach 4267
89032 Ulm
(Organische Spezialdünger, Pflanzenschutz- und -pflegemittel)
Internet: www.oscorna.de

In Österreich:
BioCosmos
Ober Laaer Straße 170
A-1100 Wien
(Pflanzenschutz- und -pflegemittel)
Internet: www.biocosmos.at

Bio-Furtner
Hauptstraße 5
A-3031 Rekawinkel
(Pflanzenschutz- und -pflegemittel)
Internet: www.bio-furtner.com

Bio-Terra
Johann Loidhold
Fohregg 1
(Pflanzenpflege, Düngemittel)
A-3244 Ruprechtshofen

In der Schweiz:
Ledona AG
Postfach 262
CH-6030 Ebikon
(Bodenpflege, Pflanzenstärkung)

Andermatt Biocontrol
Stahlermatten 6
CH-6146 Grossdietwil
(Pflanzenschutz- und -pflegemittel)
Internet: www.biocontrol.ch

Spezialangebote

Carl Sperling & Co.
Saatzucht
Postfach 2640
21316 Lüneburg
(Sperli-Bodenkur und Gründüngung)
Internet: www.sperli-samen.de

H. + W. Richter
Bio-Express
Zeller Straße 51
73275 Ohmden-T.
(Bio-Grabgabel, Sauzahn)

Keller GmbH & Co. KG
Biogarten und Gesundheit
Konradstraße 17
79100 Freiburg i. Br.
(Dörrapparate, verschiedene Schneckenzäune, Bio-Grabgabel, Sauzahn, Steinmehl-Zerstäuber und andere Geräte)
Internet: www.biokeller.de

Register

Fettgedruckte Zahlen bedeuten Hauptverweisung
* bedeutet Abbildung

Literatur

ABTEI FULDA: Comfrey – was ist das?, Abtei Fulda 1978
AICHELE, DIETMAR: Was blüht denn da?, Franckh'sche Verlagsbuchhandlung, Stuttart 1981
BIANCHINI/CORBETTA/PISTOIA: Der große Heilpflanzenatlas, BLV-Verlagsgesellschaft, München 1978
BOCK, HIRONYMUS: Kreutterbuch, 1577, Faksimile-Nachdruck Verlag Konrad Kölbl, Grünwald bei München 1964
FISCHER, GEORG: Heilkräuter und Arzneipflanzen, Haug-Verlag, Heidelberg 1978
FLAMM/KROEBER/SEEL: Die Heilkraft der Pflanzen, Hippokrates-Verlag Stuttgart 1944
GARLAND, SARAH: Der große BLV-Buch der Kräuter und Gewürze, BLV-Verlag München 1981
GESSNER/ORZECHOWSKI: Gift- und Arzneipflanzen von Mitteleuropa, Carl Winter, Universitätsverlag, Heidelberg 1974
GÖÖCK, ROLAND: Das Buch der Gewürze, Mosaik-Verlag, Hamburg 1965
HELM, EVE-MARIE: Feld-, Wald- und Wiesenkochbuch, BLV-Verlag, München 1982
BREINDL, ELLEN: Das große Gesundheitsbuch der Hl. Hildegard von Bingen, Paul Pattloch Verlag, Aschaffenburg 1983
KÜNZLE, JOHANN: Das große Kräuterheilbuch, Walter-Verlag, Olten und Freiburg i. Br., Neuauflage 1974
LONICERUS, ADAMUS: Kreuterbuch, 1679, Faksimile-Nachdruck Verlag Konrad Kölbl, Grünwald bei München 1962
MADAUS, GERHARD: Lehrbuch der biologischen Heilmittel, 3 Bde., Leipzig 1938, Nachdruck Georg Olms Verlag, Hildesheim–New York 1979
MESSÉGUÉ; MAURICE: Das Mességué Heilkräuter-Lexikon, Verlag Fritz Molden Wien–München–Zürich 1976
MESSÉGUÉ; MAURICE: »Die Natur hat immer recht«, Verlag Fritz Molden, Wien–München–Zürich 1973
PAHLOW, MANNFRIED: Das große Buch der Heilpflanzen, Verlag Gräfe & Unzer, München 1979
SCHAUER/CASPARI: Pflanzenführer, BLV-Verlagsgesellschaft, München 1979
STOBART, TOM: Lexikon der Gewürze, Hörnemann-Verlag, Bonn 1972
TABERNAEMONTANUS JACOBUS THEODORUS: Neu vollkommen Kräuter-Buch, 1731, Faksimile-Ausgabe Verlag Konrad Kölbl, Grünwald bei München 1975
TIME LIFE Handbuch der Gartenkunde: Der Kräutergarten, Time Life International (Nederland) B. V. 1979
WILLFORT, RICHARD: Gesundheit durch Heilkräuter, Rudolf Trauner Verlag, Linz 1959
ZIMMERER, E. M.: Kräutersegen, 1896, Neudruck Verlag Ludwig Auer, Donauwörth

Bildnachweis

Alle Fotos von Werner Dittmer, außer:
Apel: 46; 100; 101o; 117r; 120; 132u; 135
Bildarchiv Gitte: 51; 56u; 59u; 62
Borstell: 10/11, 14
de Cuveland: 54; 66
DWS-Werbeagentur: 26o
Fischer: 42
Lochstampfer: 99; 114/115
msg: 58; 132o; 134; 146; 152
msg/Burda/Eijstler: 94u; 150
msg/Burda/Fischer: 69; 145
msg/Burda/Krieg: 2/3; 4/5; 23; 140/141; 148o; 149; 153; 154/155
msg/Burda/Stork: 147
Pforr: 43u
Redeleit: 40/41; 124
Reinhard: 2/3; 12; 17; 22; 28o; 36/37; 44/45; 48; 49; 61; 76; 83; 84; 89; 90; 113; 126o+u; 127; 130; 136/137; 143; 161; 162
Schrempp: 53; 91; 92; 98o; 102; 117l; 129; 131; 133o
Seibold: 81; 108; 112; 121; 122
Seidl: 65; 68u; 70; 73; 74; 78; 80; 110; 132o
Skogstad: 18; 35; 47o; 47u
Stehling: 63
Strauß: 82; 158/159
Streicher: 68o
Wothe: 56o; 57; 67; 86; 88; 93; 95; 108o; 128; 133u

BLV Verlagsgesellschaft mbH
München Wien Zürich
80797 München

10., durchgesehene Auflage

Die Deutsche Bibliothek – CIP-Einheitsaufnahme
Ein Titeldatensatz für diese Publikation ist bei Der Deutschen Bibliothek erhältlich

Umschlaggestaltung: Studio Schübel, München
Titelfoto: Ursel Borstell (oben und unten rechts); Reinhard (unten links)
Rückseite: v.l.n.r.: Borstell, Reinhard, Borstell; unten: Franke

Lektorat: Barbara Kiesewetter
Layout: Anton Walter, Gundelfingen

Satz: Filmsatz Schröter, München
Druck und Bindung: Stalling, Oldenburg

Gedruckt auf Primaset 135g/qm, chlorfrei gebleicht, made by StoraEnso, geliefert von Papier Union

Printed in Germany · ISBN 3-405-16209-2